大国

从专精特新
到隐形冠军的
深圳经验

创新

李序蒙　｜　著
姚泽鑫
汪小娟

深圳出版社

竞争力

成为"离用户最近的科技型企业"

深圳创新之谜

靠什么实现创新成长？

升级

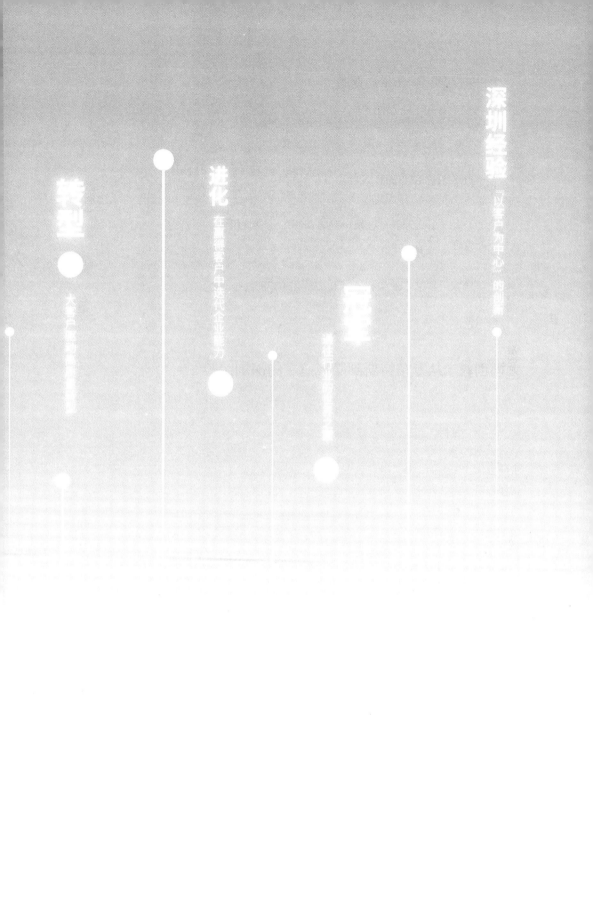

图书在版编目（CIP）数据

大国创新：从专精特新到隐形冠军的深圳经验 / 李
序蒙，姚泽鑫，汪小娟著 . -- 深圳：深圳出版社，
2023.7

ISBN 978-7-5507-3821-8

Ⅰ . ①大… Ⅱ . ①李… ②姚… ③汪… Ⅲ . ①企业创
新－创新管理－案例－深圳 Ⅳ . ① F279.276.53

中国国家版本馆 CIP 数据核字 (2023) 第 087952 号

大国创新：从专精特新到隐形冠军的深圳经验

DAGUO CHUANGXIN: CONG ZHUAN JING TE XIN DAO YINXING GUANJUN DE SHENZHEN JINGYAN

出 品 人	聂雄前
项目策划	南　芳
责任编辑	朱丽伟　童　芳
责任校对	彭　佳
责任技编	郑　欢
装帧设计	知行格致

出版发行　深圳出版社
地　　址　深圳市彩田南路海天综合大厦　（518033）
网　　址　www.htph.com.cn
订购电话　0755-83460239（邮购、团购）
设计制作　深圳市知行格致文化传播有限公司
印　　刷　中华商务联合印刷（广东）有限公司
开　　本　787mm×1092mm　1/16
印　　张　18
字　　数　325 千字
版　　次　2023 年 7 月第 1 版
印　　次　2023 年 7 月第 1 次
定　　价　68.00 元

探索深圳创新之谜

党的二十大报告提出"创新是第一动力"，实现中国经济高质量发展，必须靠创新。创新的主体是企业，创新最积极、最主动的要素是企业家。充分发挥企业家作用，推动企业不断创新，从而实现社会经济发展，深圳就是一个较为典型、较为成功的案例。

深圳的经济活力来自企业家和企业家精神。深圳人常说，深圳的土特产不是海鲜，也不是荔枝，而是企业家精神。企业家精神的核心就是创新，创新意识是企业家精神的核心。我到深圳就能感受到非常浓厚的创新创业氛围。在深圳，家家都在创业，人人都在创新。时不时还有中小企业的企业家邀请我到他们的企业参观，热情地介绍他们的创新成果。深圳为什么是创新的热土？这是我常常思考的问题。

深圳的创新实际上是以民营企业创新为主的。有时候我会和大家说应该"倒立着"看深圳，深圳的创新来自底层的创新文化和热情。美国经济学家米尔顿·弗里德曼（Milton Friedman）曾在博鳌论坛提到，如果去美国的话，要"倒立着"看美国，因为"正着看"是华盛顿、华尔街，"倒立着"会看到美国民间的创新。他指出，硅谷并不是政府主导的开发区，而是斯坦福大学的老师带着学生敲敲打打做起来的。这个民间创新的力量是巨大的。

深圳的创新也得益于资本市场的支持，资本市场对企业创新发挥了重要的作用。深圳毗邻香港，20 世纪 90 年代初就设立了深交所。目前深圳的上市公司有 400 多家，我去过的粤海街道居然有 100 多家上市公司。深圳的大学，如南方科技大学、深圳大学，也为深圳培养了许多新一代的创新人才。

从企业管理的视角看，深圳为何能取得如此巨大的成就？本书为我们揭开了这个谜题。本书通过深度复盘六家深圳土生土长的民营企业，解读这些企业在走向行业冠军道路上的创新历程和关键事件。

深圳的创新有什么独特之处？本书提出，深圳企业是"以客户为中心的创新"，这也回答了企业到底该怎么创新。创新要突出质量，因为创新是有风险的活动，是高投入、高风险的，当然也是高回报的。我们常讲，"不创新等死，盲目创新找死"，创新要讲究目的和方法，要很好地规划，战战兢兢地创新。创新不是口号，也不能运动化，对企业来说，要以科学、务实的态度去创新。从深圳经验看，企业要进行高质量的创新，就要从客户需求出发，从客户的场景出发。

创新就是一个新的组合，用技术把不同要素组合在一起，通过不同的组合方法形成了不同的产品、企业，产生了不同的效果。客户的需求和需求场景就为如何进行组合、形成高质量的创新提供了依据。

深圳创新的技术来源在哪里？企业最核心的竞争力是技术，一定要找到技术来源。本书提出了一个人们容易忽视的事实——企业创新的技术源于客户。深圳企业在服务客户中获得技术，提升技术。在这个过程中，客户为企业提供了技术知识和指导、研发的场景知识以及先进的管理理念。这也告诉我们，在国际贸易保护主义抬头的今天，要在国际大循环中积极巩固和提高中国在全球产业链中的地位，加强与跨国公司的技术合作。

深圳经验告诉我们，创新的最终目标是实现客户价值，而不在于技术含量的高低。深圳市杰普特光电股份有限公司（以下称为杰普特）的MOPA激光器、深圳中集天达空港设备有限公司（以下称为中集天达）的登机桥是高科技的创新。深圳市锐明技术股份有限公司（以下称为锐明）、深圳市今天国际物流技术股份有限公司（以下称为今天国际）采用了世界前沿的高新技术。对于从事制造业和服务业的企业来说，创新不见得都是高科技，中科技、低科技和零科技创新的贡献率也很高。欣旺达电子股份有限公司（以下称为欣旺达）、深圳市国显科技有限公司（以下称为国显）这两家制造业企业就是制造工艺创新。零科技创新是什么？就是商业模式的创新。深圳企业的创新中有很多是"以客户为中心"的服务创新，比如国显独特的全流程解决客户问题、今天国际的售后服务。中集天达、杰普特这种高技术的创新也有优质服务进行配合，让技术更好地服务客户，解决客户的问题。科学和技术不同，技术和创新不同，创新其实是技术的商业化。创新应该放在更大的空间去看，一种新的组合或变化实现了客户价值、创造了财富，就是创新。

深圳不仅是创新的热土，还是隐形冠军的摇篮。深圳涌现了一批高质量发展的专精特新、隐形冠军企业。在思考如何做世界一流企业的时候，我总是推崇隐形冠军的发展理念。本书提到的企业家很好地践行了我认为的企业经营中不变的三大主义：务实主义，专业主义，长期主义。

务实主义就是关心如何做好自己的企业，提高质量、降低成本、开拓市场、赚钱盈利。本书提及的深圳企业都是聚焦主业、聚焦核心专长、聚焦核心市场、聚焦核心客户，扎扎实实地为客户创造价值，做好自己的企业。

专业主义就是心无旁骛地做好一个主业。习近平总书记说过这样一句话:"做实体经济,要实实在在、心无旁骛地做一个主业,这是本分。"深圳的专精特新企业就是在一个很窄的行业,经营得很深,心无旁骛地在客户需求上进行深度思考、深度工作。

长期主义是指做企业是一个长期过程。做企业不是百米冲刺的短跑,而是马拉松式的长跑,需要一直坚持跑下去。做好一个企业没有一二十年不行,做到极致需要三四十年,要做到更好,可能需要50年。本书提及的企业从成立至今都一直在自己的行业深耕,有的甚至超过30年。

这本书是我比较喜欢的类型,它采用的是案例研究的方法,讲述的是企业家亲身经历的故事。企业的管理研究是为了解决企业面对的问题而开展的。对于企业研究者来讲,是需要深入企业,了解企业的变化和问题,针对企业的问题进行研究,并找出解决问题的方法,再将这些方法升华为管理理论,进一步指导企业的工作。卓越汇团队长期陪伴深圳民营企业成长,为他们提供近距离的管理指导,非常熟悉深圳企业的发展过程和创新模式。这本书也是他们在企业管理研究方面的贡献。

今天,我们中国的企业家依然面临很多困难和挑战,比如国际贸易保护主义、国内产业升级的历史任务等。在多种不确定因素的影响下,企业应该如何应对困难和思考问题,在危机中寻找机遇,在变局中开创新局?相信这本书里的深圳创新经验可以给大家带来一些思考和启发。

宋志平

中国上市公司协会会长

以客户为中心，传承和弘扬深圳企业家精神

本书是数家深圳第一代民营企业创新成长的经验总结，是这些企业不断开拓创新、做强做大、坚持"以客户为中心"的理念的具体体现，更是对深圳企业家精神的一种传承和弘扬。

欣旺达和书中提到的其他企业一样，都是深圳本土的民营企业。20世纪90年代末期，我和弟弟王威创立了欣旺达。那时的深南路还没修好，20多年过去了，深圳已经成长为大都市。书中提到的企业，以及许许多多不断发展，规模由小变大的深圳企业，一起经历和见证了国家经济的飞速发展和深圳的沧桑巨变。

过去40多年，改革开放让深圳的民营企业有机会参与地方的经济建设，并随着改革开放的不断深入，迅速融入世界经济发展格局，深度参与全球产业链的分工合作。欣旺达幸运地与国人共同参与、见证了中国的改革开放，一起创造了深圳经济增长的奇迹。在这个过程中，民营企业的产品制造能力、管理水平、技术研发能力等都得到了极大的发展和提升。作

为市场经济中的一部分，民营企业家对深圳取得的令世界瞩目的成绩也有些微贡献。到了今天这样一个新时代，的确有必要静下心来回顾下过往，总结过去的成败得失。当深圳市明德创新企业成长研究院决定通过复盘深圳民营企业发展之路，提炼总结其高质量发展和世界级制造能力的演进规律时，我很是赞同，也非常愿意去做这件事。

欣旺达从一个小微企业发展到现在，在本领域还算小有成就。新能源行业起起落落，有大规模的企业，比如比亚迪，也有很多艰难生存的企业，每个企业的发展都相当不容易。民营企业能够走到今天，除了要感恩这个时代，感恩党的领导，感恩改革开放的政策，感恩深圳政府所营造的良好的营商环境外，还要感谢客户、供应商、员工。企业家都是打不死的小强，有着顽强的生命力。只有专注务实，在极速变化的环境中不断创新，才能生存下去。不仅要生存，还要想方设法活得更好、更强，更有责任和担当。这些都是过去激烈的市场竞争中深圳民营企业家身上的一些特质，也可以称作深圳企业家精神。这些特质包括创新务实、敢闯拼搏、开放包容、坚韧专注、有责任担当。我想应当把这些特质的形成过程还原出来，把企业家精神传承下去，去影响更多的后来者。本书很好地帮我们完成了这个愿望。

为了更好地传承和弘扬企业家精神，我和书中提到的深圳市锐明技术股份有限公司创始人赵志坚、深圳市今天国际物流技术股份有限公司创始人邵健伟、深圳市裕同包装科技股份有限公司创始人王华君、深圳市杰科电子有限公司创始人黄荣添，同汪小娟博士一起，共同创立了卓越汇企业家创新学院。书中提到的深圳中集天达空港设备有限公司、深圳市国显科技有限公司和深圳市杰普特光电股份有限公司也属于学院第一批创新企业学习基地，他们将自己的企业开放给深圳的企业家进行参访考察、交流学习。

　　我与其他联合创始人都希望把学院建设成为中国第一所真正意义上的"企业家自己的创新学院"，由企业家引领、企业家深度参与和传播，由企业家激励自身成长，不断创新追求卓越，实现企业的长远发展、基业长青。创办学院是非常有意义的事业，体现了我们这一代企业家的责任和担当。办好这所学院所带来的贡献和影响力不亚于做成一个千亿级的企业。希望提炼深圳企业家的精神特质，去影响新一代的企业家，影响更多的企业家，激励大家共同奋斗，持续创新。从这个意义上，本书是学院在弘扬和传承深圳企业家精神上非常重要的阶段性成果！

　　习近平总书记在深圳经济特区建立40周年庆祝大会上的讲话中说道："永葆'闯'的精神、'创'的劲头、'干'的作风，努力续写更多'春天的故事'，努力创造让世界刮目相看的新的更大奇迹！"在新的时代中，在更高的起点上，面对建设中国特色社会主义先行示范区的艰巨任务和新的挑战，作为在深圳成长起来的企业家应该责无旁贷地承担起推动经济和社会高质量发展的责任，继续发挥企业家精神。本书的出版也非常应时和应景，在受到国际局势与国内多重因素影响的营商环境中，为当前企业家走出后疫情时代提供鼓励和方法支持。

　　当前，中国进入全面深化改革的阶段。对于民营企业来说，面临着又一个重要的转型升级的时机。面对未来，我们必须继续发挥深圳民营企业家特有的艰苦奋斗、不断创新的企业家精神，拿出当年从无到有、战胜各种困难的信心和决心，脚踏实地、扎扎实实地加大对研发的投入、加强对人才的培养，系统性地创新，真正努力地提升产品能力和管理水平，提升战略思考能力和洞察力，持续推动和促进企业朝更高质量、更高效益、更强竞争力的方向发展。

　　这本书不是关于几位企业创始人的传记，也不是企业宣传资料的汇总，而是扎扎实实地用管理学理论去复盘和分析创业经历、公司的发展历程，总结在产品创新、在企业经营管理上的经验方法，希望能为深圳乃至全国的企业家朋友们带来一些有益的思考和帮助。

王明旺

欣旺达电子股份有限公司创始人

卓越汇企业家创新学院创始校董

　　"创新是一个民族进步的灵魂，是一个国家兴旺发达的不竭动力，也是中华民族最深沉的民族禀赋。在激烈的国际竞争中，惟创新者进，惟创新者强，惟创新者胜。"①"高质量发展是全面建设社会主义现代化国家的首要任务"，创新既是高质量发展要坚持贯彻的新理念，又是推动实现高质量发展的方法和路径。

　　深圳是中国乃至世界上最具创新力的城市之一。然而，号称"中国硅谷"的深圳却远远没有美国硅谷那么丰富的创新资源。深圳本土既没有世界知名的高校提供科技人才和孵化服务，也没有专业的风险投资机构保驾护航。与制造业大国德国相比，深圳虽贵为世界制造中心，却没有弗劳恩霍夫研究所的产学研合作机制——国家级的科研组织为中小企业创新赋能。尽管如此，深圳依旧能从一穷二白发展成世界上最具创新活力、最具创新能力的城市之一。对此现象，我们称之为"深圳创新之谜"。本书旨在揭开深圳的创新之谜，并在揭开这个谜题的过程中展示深圳企业独特的

---

① 习近平. 在欧美同学会成立 100 周年庆祝大会上的讲话 [R/OL]. (2013-10-21) [2023-02-26]. http://www.gov.cn/ldhd/2013-10/21/content_2511441.htm.

经营方法——"以客户为中心"的创新。

深圳企业是创新的主体，也是深圳经济奇迹的缔造者。提起深圳企业，人们最先想到的是腾讯、华为、比亚迪等这些令国人骄傲的世界品牌。事实上，深圳的创新实力还隐藏在数量众多的中小企业中，它们中还有不少是所在细分行业的冠军。这些企业不为人所关注，却是深圳创新和经济发展的中坚力量。

本书从其中挑选了六家行业翘楚作为深度研究案例，复盘和解读它们从创立到成为行业领导者的历程，以此揭开深圳创新之谜。围绕企业创新成长，本书将从突破性创新和颠覆性创新的产品，从产品研发到技术解决方案，从服务走向解决方案，从低成本制造走向高质量的制造、长期稳定的高质量制造，从本土第一走向全球冠军等主题进行分析，几个主题之间层层递进又相互关联。

"以客户为中心"是深圳企业的基因，是实现企业创新成长的方法。"以客户为中心"的理念也为复盘企业发展提供了一种新思路。本书开篇就介绍了这种简单实用的方法，可以帮助企业认识自己，理解过去成功、失败的原因，进而识别企业的核心竞争力。

本书的第二章到第四章非常值得高新技术企业关注，尤其是进行产品研发和提供行业解决方案的企业。第二章是关于突破性创新和颠覆性创新的故事。这个故事试图解答以下问题：创新的机会从哪里来？如何科学地进行技术路线战略选择？以及实施颠覆性创新的关键有哪些？第三章则展示一种独特的竞争力——"离用户最近"的竞争力。本章开篇就展示了技术选择的误区——忽视市场的技术选择将让企业错失大赛道。故事中的企业经历从"基于技术能力选市场"到"基于客户场景布局技术"的转变，这种转变为我们提供了研发管理和战略管理的启发。第四章的企业从价值较低的代理环节起家，在不断满足客户需求中走向价值链高端。在洞察到技术发展趋势，却没有掌握技术的情况下，如何把握住时代机遇？如何从代理逐步发展成一家掌握技术能力的集成方案商，成功实现国产化替代？我们细致地重现了这条路径。

第五章和第六章则从两个维度为制造业企业提供了高质量发展的思路。第五章聚焦在一次成功的战略转型——从低端市场走向高端市场，以及在此过程中从低成本制造到高质量制造的企业能力转变。企业管理变革总是困难的，从低端市场走向高端市场需要完成的制造能力和组织能力升级更是难上加难。这个案例还能帮我们全方位理解低端市场客户和高端市场客户在制造能力上完全不同的要求，以及世界级的客户对企业长期高质量发展的意义。第六章则是在长坡厚雪的黄金赛道上长期追求高质量发展，练就大批量、快速且高品质制造的故事。企业即使身处一条持续增长的大赛道，要持续跟上行业的快速成长也并非易事。这需要企业不断追求更高的标准，同时提前投入和布局，做好能力建设。这其中，深圳企业提供了一种思路：以客户的高标准来"倒逼"企业成长。

第七章是写给那些志存高远的企业家的，他们希望重塑世界对中国制造的看法，不断突破自我，追求行业的超前创新，并渴望在全球市场上成为长期的领导者。本章的案例企业本身就非常具有魅力。它在创立后迅速成为本土第一，却在进军美国市场中遭遇滑铁卢，跌至谷底。此后又在家门口打败世界巨头，涅槃重生。进而进军欧洲市场，从谷底走向世界第一的宝座。这个故事既有王者归来的霸气，又有中国崛起的热血。在企业管理上，既有产品创新的奇思，又有战略设计的妙想。除了给予后来者很多激动人心的鼓励外，这个案例还蕴藏着很多关于战略、产品研发、市场营销方面的管理思考。

本书最后对深圳的创新之谜进行解答，提出了一种理解客户关系的新视角。同时，第八章还提炼总结出深圳企业从专精特新到隐形冠军的独特成功经验和经营方法——"以客户为中心"的创新。

本书的目标不是歌颂成功者，相反，它试图带领大家复盘深圳冠军企业的成长，回到这些深圳优秀企业最窘迫的时刻，分析它们是如何从白手起家，甚至一度濒临破产，最终却走到了行业领先、世界之巅的地位。因而本书首先是写给那些希望成为行业赢家的企业家朋友，深圳经验能给予他们鼓励、方法和经验。深圳经验有其特殊的时代背景，但在成为胜利者的道路上，它们却是在遵循着共同的管理规律。同时，这也是写给创业者的书，我们对深圳企业的探索旅程都是从创立开始的，企业所走的弯路、遭受的曲折，以及从中得到的经验教训，是给创业者最好的礼物。

目录 CONTENTS

001 | 第一章
深圳创新之谜：靠什么实现创新成长？

第一节 深圳创新之谜　　　　　　　　　　　002
第二节 客户，独特的创新资源　　　　　　　011
第三节 "以客户为中心"的研究　　　　　　　018

029 | 第二章
创新的机会：让客户变得更好

第一节 比客户还懂客户　　　　　　　　　　032
第二节 技术选择：从客户场景出发　　　　　035
第三节 创新的机会：让客户变得更好　　　　046
第四节 总结：创新是"让客户变得更好"　　　059

061 第三章
竞争力：成为"离用户最近的科技型企业"

第一节 技术创业者的思路及误区 064
第二节 从客户出发，而非技术 070
第三节 聚焦客户场景，提前布局技术 079
第四节 总结："离客户最近"的竞争力 093

095 第四章
升级：在深度服务客户中走向价值链高端

第一节 没有技术，就从代理服务开始 098
第二节 沿着客户需求升级能力 104
第三节 跨行业提供解决方案 114
第四节 拥抱智能时代，迈向更高价值 121
第五节 总结：在客户需求牵引下创新成长 125

127 第五章
转型：大客户驱动高质量转型

第一节 深圳企业的生存之道 130
第二节 大客户战略与高质量转型 137
第三节 创造独特的价值和优势 147
第四节 总结：大客户驱动高质量转型 155

157 | 第六章
进化：在赢得客户中迭代企业能力

第一节 追求高品质的企业基因 160
第二节 时刻准备超预期的创新 163
第三节 在快速大量制造中保持高品质 174
第四节 总结：在赢得客户中迭代能力 187

191 | 第七章
冠军：通往行业的世界之巅

第一节 敢闯敢拼的蛇口精神 194
第二节 "造得出"和"造得好"的差距 198
第三节 不懂游戏规则的灭顶之灾 201
第四节 必争的客户 205
第五节 低价必胜？ 212
第六节 打败世界第一 218
第七节 总结：不断进攻！在一次次胜利中登顶 226

231 | 第八章
深圳经验："以客户为中心"的创新

第一节 为什么"以客户为中心"能成功？ 232
第二节 客户的战略牵引 235
第三节 客户作为知识来源 242

第四节　在服务客户中完成能力升级　　　　251

第五节　深圳经验，还适用吗?　　　　　　258

263 ｜ 后记

267 ｜ 参考文献

第一章

CHAPTER 1

深圳创新之谜：
靠什么实现创新成长？

第一节　深圳创新之谜

一、深圳，最具创新能力的城市

创新是深圳的重要标签。改革开放以来，深圳的创新成就举世瞩目。如今，深圳已经是中国最具创新能力的城市。2022 年，科技部中国科学技术信息研究所发布《国家创新型城市创新能力评价报告 2021》，深圳市连续三年蝉联第一名，创新能力指数的总得分（85.17 分）高出第二名杭州（78.82 分）不少。①

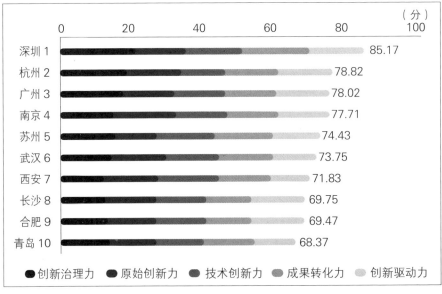

图 1-1　2021 年国家创新型城市创新能力排名

---

① 深圳新闻网.《国家创新型城市创新能力评价报告 2021》发布，深圳排名第一 [N/OL].(2022-02-21)[2023-01-31].http://www.sznews.com/news/content/2022-02/21/content_24945877.htm.

深圳龙头企业的创新实力在全国，乃至全球都遥遥领先。2021 年，全球 PCT^① 国际专利申请人排行榜上，华为占据世界第一的位置，以 6952 份申请连续第 5 年占据榜首^②。跻身世界前 50 强的 13 家中国企业中，就有 7 家来自深圳。除了华为之外，还有平安科技、中兴通讯、深圳大疆、深圳瑞声声学科技、深圳华星光电、腾讯。深圳企业的创新实力由此可见一斑。

高新技术企业的大规模集聚和快速成长，让深圳拥有"中国硅谷"的美誉。"回顾深圳经济特区的发展奇迹，创新是第一动力，企业无疑承担了创新主体责任。"^③深圳的商业主体超过 300 万户，年度研发投入高达 4.2%，处于世界领先水平。^④深圳创新形成了"6 个 90%"的独特现象："90% 以上的创新型企业是本土企业、90% 以上的研发机构设立在企业、90% 以上的研发人员集中在企业、90% 以上的研发资金来源于企业、90% 以上的职务发明专利出自企业、90% 以上的重大科技项目发明专利来源于龙头企业"。^⑤

深圳的创新实力不仅体现在世界级巨头企业上，还体现在众多不知名的中小企业上。"专精特新"是近年来的热词，所谓"专精特新"，指主营业务专注专业（专），经营管理精细高效（精），产品服务独具特

---

① PCT 是专利合作条约（PATENT COOPERATION TREATY）的简称，是在专利领域进行合作的国际性条约。其目的是解决就同一发明创造向多个国家或地区申请专利时，减少申请人和各个专利局的重复劳动。在此背景下，《专利合作条约》于 1970 年 6 月在华盛顿签订，1978 年 1 月生效，同年 6 月实施。我国于 1994 年 1 月 1 日加入 PCT。

② 国家知识产权局 . 2021 年我国 PCT 国际专利申请再次蝉联全球第一，华为连续 5 年位居申请人榜首 [EB/OL].(2022-02-11)[2023-01-31].http://www.cneip.org.cn/html/246/43197.html.

③ 中国（深圳）综合开发研究院常务副院长郭万达对深圳创新的评价，转引自：新华社 . 企业唱主角：深圳"6 个 90%"的创新密码 [N/OL].(2020-09-21)[2023-01-31].http://www.gov.cn/xinwen/2020-09/21/content_5545461.htm.

④⑤ 新华社 . 企业唱主角：深圳"6 个 90%"的创新密码 [N/OL].（2020-09-21）[2023-01-31].http://www.gov.cn/xinwen/2020-09/21/content_5545461.htm.

色（特），创新能力成果显著（新）。为扶持"专精特新"企业高质量发展，国家将创新型中小企业划分为四个梯次，创新型中小企业、专精特新企业、专精特新"小巨人"、制造业单项冠军企业，并予以相应的中小企业发展专项资金支持。截至 2022 年 8 月，在全国评选的四批"专精特新"企业中，深圳共计有 445 家国家级专精特新"小巨人"企业，全国排名第三，仅次于北京和上海。截至 2022 年 10 月，第七批国家制造业单项冠军名单上，深圳市累计有 65 家企业，获评国家制造业单项冠军，占广东省总数超过一半，位列全国大中城市第二，高于北京、上海、广州等一线大城市；单项冠军产品有 45 个，位居全国第一。①

表 1-1　创新企业梯次介绍

创新企业梯次	定义
创新型中小企业	创新型中小企业是指拥有具有自主知识产权的核心技术、知名品牌，具有良好的创新管理和文化，整体技术水平在同行业居于先进地位，在市场竞争中具有优势和持续发展能力的企业。
专精特新企业	"专精特新"企业则是企业中的佼佼者，指具备专业化、精细化、特色化、新颖化优势的中小企业。"专精特新"企业虽然规模不大，但拥有各自的"独门绝技"，其专注于产业链上某个环节，聚焦核心主业，创新能力和抗风险能力较强，在产业链上具备一定的话语权。
专精特新"小巨人"	专精特新"小巨人"企业是"专精特新"企业中的佼佼者，是专注于细分市场、创新能力强、市场占有率高、掌握关键核心技术、质量效益优的排头兵企业。
制造业单项冠军企业	制造业单项冠军企业是指长期专注于制造业某些特定细分产品市场，生产技术或工艺国际领先，单项产品市场占有率位居全球前列的企业。

备注：来源于《中国专精特新企业发展报告（2022）》②、工信部《优质中小企业梯度培育管理暂行办法》。

---

① 参见工信部公布的国家制造业单项冠军名单。
② 清华大学金融科技研究院.中国专精特新企业发展报告（2022）[R/OL].(2022-06-06)[2023-01-31].https://www.weiyangx.com/407051.html.

提起深圳的创新成就，自然离不开国家改革开放的历史大背景，离不开深圳先行示范区先行先试的政策支持，也离不开深圳市政府对人才的吸引、对创新和技术成果转化的鼓励、对知识产权成果的保护，以及创造相对公平和充满活力的营商环境的努力。

深圳的创新主体是企业，企业创新的基础是人才。在引进人才方面，深圳出台政策最早，支持力度最大，一直走在全国前列。早在 1987 年，深圳就颁布了 18 号文《深圳市人民政府关于鼓励科技人员兴办民间科技企业的暂行规定》，鼓励技术人才创业，此后便有了"孔雀东南飞"的故事。深圳很早就吸引了一大批技术人才来兴办企业。人们熟知的华为的任正非、比亚迪的王传福、腾讯的马化腾、大疆的汪滔等众多知名企业的创始人，都是高新技术人才。后来引进人才的系列政策也吸引了不少在科技领域卓有成就的海归科学家和高层次领军人才。这批高水平的技术人才，可以说是深圳创新的基础，是深圳企业创新的"原始资本"。

技术能力也是企业创新的基础。"技术能力附着在企业员工、技术软硬件系统和组织管理中，并体现为各要素内生知识存量的总和。"①深圳长期的人才吸引政策为这座城市源源不断地吸引高技术人才，从而弥补了本地高等院校不足，解决了后备技术人才培养的问题。当然，随着企业自身发展壮大，员工也在过程中得到成长，技术能力不断提高，企业的创新能力也随之提升。另外，除了技术人才自身掌握的技术知识外，还有他们与科研院所的关系，比如和原来毕业高校的导师、同学关系，这些关系也直接或间接地为企业引进更多的人才，带来了新知识、新技术。

国家和深圳市政府也非常重视创新技术成果的转化。中国国际高新技术成果交易会（简称高交会）就是一个典型案例。高交会由多个政府部

①陈劲，郑刚．创新管理：赢得持续竞争优势 [M]．北京：北京大学出版社，2016：220．

门、科研机构和深圳市人民政府共同主办，是中国规模最大、最具影响力的科技类展会。高交会是"官产学研资介"的有机结合，集成果交易、产品展示、高层论坛、项目招商、合作交流于一体，每年都吸引了海内外众多国际知名跨国公司，为它们寻求项目、技术、产品提供便捷通道，也为本土企业带来全球商机。

二、深圳创新之谜

长期以来，对于深圳创新的研究和经验总结汗牛充栋。这些研究更多是聚焦在公共政策、产业经济、大企业的故事上，而对深圳企业创新的发生机制、企业内部创新管理的微观视角，却鲜有涉及。我们试图去追问：在深圳企业内，创新是如何发生的？创新的能力又是如何构建和提升的？在这种追问中，我们发现一个令人惊讶的事实：这是一座最具创新能力的城市，然而，这座城市在很长一段时间里却连一所211、985的高校都没有！深圳的创新成就与其天然禀赋之间形成了巨大的反差。深圳的创新成就越高，这种现象就越让人费解！

诚然，政府的政策支持和制度创新，起到了很好地吸引技术人才、鼓励创新创业、激发企业家精神、为企业创新保驾护航的重要作用。然而，深圳的创新成就始终与其依托的创新资源形成巨大反差。尤其是将深圳和美国的硅谷、将深圳制造业和德国制造业放在一起进行对比，就会发现除了改革开放的政策红利，深圳在很多方面都明显处于劣势。在影响创新的关键要素上，深圳所拥有的资源远远不及国际上的对标对象。

虽然享有"中国硅谷"的美誉，但深圳却没有美国硅谷基于高等学府的创新资源和创业条件。硅谷的技术创新是有高校作为依托和源头的，早在 20 世纪 60 年代，硅谷就聚集了一批实力雄厚的美国一流大学。其中，斯坦福大学对于硅谷的崛起至关重要。斯坦福大学不仅为硅谷培养技术人才和创业家，还支持和投资学生创业，是硅谷早期科技企业的孵化器。世界上第一个大学科技园就诞生于斯坦福大学，第一批入驻园区的企业就有家喻户晓的通用电气、洛克希德、惠普等。在学界和商界的互动下，科技变革带来的一波又一波创新浪潮都是由硅谷的企业引领的。在这些科技浪潮中也诞生了一批批伟大的公司，比如电子时代诞生了惠普，集成电路时代诞生了英特尔、AMD（美国超威半导体公司），互联网时代诞生了思科、雅虎、谷歌。

虽与"北上广"一起位于国内一线城市之列，但相比其他一线城市，深圳的发展几乎从零开始。北上广都有世界顶尖学府，深圳却长期只有一所高校。深圳更没有直辖市、省会城市那样近水楼台的政府客户关系，自然也很难收获政府订单，承接官方项目。提起深圳的高校，深圳本地建立起的大学只有一所，即深圳大学。后来出现在深圳的清华、北大等一系列知名高等学府分校，也是近年开设的。

深圳的优势是先进制造业。提到制造，人们往往会先想到德国。中国的"'专精特新'企业""制造业单项冠军企业"是类似于隐形冠军的概念。隐形冠军指的是在细分领域中占有领先市场份额的中小企业。隐形冠军是德国制造崛起的秘密，也是德国能够长期占据全球出口贸易第一的原因。[1]同样盛产"隐形冠军"，深圳却没有德国那样的创新支持体系。每当深圳企业家们到德国参观的时候，他们都会对德国的产学研体系羡慕不已。

---

[1] 隐形冠军是德国管理学家赫尔曼·西蒙（Hermann Simon）为了解释德国长期占据世界出口第一而发明的概念。深圳的中集集团、比亚迪是赫尔曼·西蒙长期跟踪的隐形冠军案例。关于隐形冠军可以见其著作《隐形冠军：未来全球化的先锋》。（赫尔曼·西蒙. 隐形冠军：未来全球化的先锋 [M]. 张帆，吴君，刘惠宇，等译. 北京：机械工业出版社，2019.）

弗劳恩霍夫应用研究促进协会（简称"FhG 协会"）是德国产学研的典型代表，它是德国乃至欧洲最大的应用科学研究机构。FhG 协会是公益性的非营利科研机构，其在经济中扮演创新引擎的角色，帮助企业（尤其是中小企业）开发新技术、新产品、新工艺，将科技成果转化为市场产品。①

深圳既没有斯坦福大学那样常年排名世界前列的知名学府，也没有德国弗劳恩霍夫模式那样的产学研体系。《深圳奇迹》一书的开篇就以"文化沙漠"一词描述深圳——深圳作为迅速崛起的移民城市，却在文艺、科学、教育、精神生活等方面比较匮乏。②缺少高校、科研院所的支持，深圳中小民营企业天生就没有提供技术的源头，也没有技术成果转化的支持和指导。

此外，资本是创新的重要支持，风险投资是硅谷成功不可或缺的一大助力。创新创业是失败率很高的事，完善的投融资体系能够让企业在失败中存活，熬到成功的那天。在硅谷那条著名的沙丘路上，聚集了 300 多家风险投资机构，也成就了很多世界知名的风险投资公司，比如大名鼎鼎的红杉资本。红杉资本在中国有很高的知名度，互联网巨头阿里巴巴、京东都得到过它的投资，它还投资了苹果、谷歌、思科、甲骨文等对世界具有深远影响的公司。纳斯达克上市公司总数的 20% 以上都曾获得红杉资本的投资，甚至还有"没有红杉资本就没有纳斯达克"的赞誉。③硅谷成熟的风险投资机构，让很多小公司都有机会实现梦想，从而造就了伟大的科技公司。

相比之下，深圳的中小企业在资本支持方面就显得捉襟见肘。深圳在

①企业智能制造．一文带你读懂德国科研机构 Fraunhofer，揭秘德国制造创新的秘密 [EB/OL]．(2019-03-11)[2023-01-31]．https://www.sohu.com/a/300381598_728387．
②张军．深圳奇迹 [M]．北京：东方出版社，2019：9．
③吴军．硅谷之谜 [M]．北京：人民邮电出版社，2015．

投融资方面走在全国前列，早在 1990 年就成立了深圳证券交易所，专业投资的深创投也在 1999 年成立。深圳虽然走在了全国前列，但中国的创业投资服务和发达国家成熟的金融服务还存在较大的差距。关于 2010 年以前深圳的风险投资，网络上很难找到相关报道和统计信息。2009 年的一篇《深圳十年风险投资沉浮》提供了一些深圳早期风险投资的历史片段。报道中有这样一段描述：

"2000 年，深圳市政府推荐了 23 家预选企业上创业板。这 23 家企业自然就成为风投企业打破头争抢的'香饽饽'。"①

从这篇报道可以窥视 20 世纪 90 年代和 21 世纪之初的深圳风投：一方面风投机构缺乏好的标准；另一方面，当时的风投缺乏识别优质种子企业的方法。当时的风投更像跟风和炒作，通过投机进行短期套利，而非通过帮助被投企业成长、实现价值增值来获利。

深圳很多民营企业在发展早期，都面临着融资贵、融资难的问题。就连银行贷款这种基础的服务，中小企业也往往因为缺乏贵重抵押物而难以获批。在我们访谈的企业中，我们发现很多成功的深圳民营企业很少借助资本市场的力量去放大自己的能力，有的企业家甚至为了事业不惜抵押、变卖房产。

2010 年左右，一位早已在深圳购买多处房产的企业家为了投身制造业，在公司陷入困境之时变卖了自己的多套房产帮助企业渡过资金周转困境。现在的人肯定会感到十分惋惜，因为深圳房产带来的回报可能不亚于做实业赚到的财富。

2013 年，一位企业家为了更好地形成战略聚焦，不得不在两个增长都

---

① 经济观察报. 深圳十年风险投资沉浮 [N/OL].(2009-11-03)[2023-01-31].http://style.sina.com.cn/news/2009-11-03/093750822.shtml.

不错的业务中做取舍。后来他坦言，如果放在今天，他就会运用资本市场的力量去补强研发能力，而不需要放弃增长势头较好的业务去进行战略聚焦。尽管历尽艰辛，这几家企业后来都成长为行业领军企业，而且都在各自行业做出了创新贡献。

深圳企业在既缺乏技术源头和技术成果转化支持，又缺少风险投资等投融资服务的情况下，究竟如何发展出赢得商业成功的创新能力呢？这是深圳的创新之谜。

第二节　客户，独特的创新资源

一、创新不是局限于产品

创新是深圳的标签，制造业是深圳的支柱产业。长期以来，人们对制造业、中国制造可能存在某种刻板印象——认为制造业就是低成本、低附加值的行业，更多的是拼廉价劳动力。对于不熟悉制造业的读者，可能很难将创新和制造业这种传统行业联系起来。

提起创新，人们最容易想到的就是具有创意的新产品。苹果公司是这方面的典型：iPhone 手机对功能手机的颠覆，iPad 作为电子产品的一个"新物种"的出现。终端产品的创新是消费者最容易接触到和体验到的，但产品背后的设计、制造工艺、材料应用，消费者接触和购买产品的方式（比如先买后付、分期付款），其实也是非常重要的创新成果。创新无处不在，在各行各业，在企业发展的不同阶段，都以多姿多彩的形式，为消费者创造独特的价值。[①]

中国以无可匹敌的低成本优势成为世界工厂，为全世界提供物美价廉的产品。提到低成本优势，人们总是会想到人口红利、土地成本优势。事实上，早在 2010 年，企业家就感受到人口红利大不如前了。更低的产品价格其实是一种重要的创新成果。[②]深圳作为世界制造中心，深圳企业的低成本已经不再是来自低价的劳动力，而是来自完善的产业链，以及企业内部的高效管理和技术创新，比如采用自动化制造技术。在回答深圳创新

---

①②彼得·德鲁克. 管理的实践 [M]. 齐若兰，译. 北京：机械工业出版社，2009：30.

之谜时，我们需要先界定什么是创新，划定深圳创新的讨论范围。

创新的定义最早来自奥地利经济学家约瑟夫·熊彼特（Joseph Alois Schumpeter），他第一次从经济学的角度定义了"创新"，强调了创新的本质——作为经济活动中生产要素组合的新变化。熊彼特将创新概括为五种模式：①新产品或产品质量提升；②采用新的生产方法、新的工艺过程；③开辟新的市场；④开拓并利用新的原材料或半制成品的新的供给来源；⑤采用新的组织形式。

国际上，经济合作与发展组织（即"OECD"）将创新定义为："新的或重大改进的产品或工艺，或者新的营销方式，或者在商业实践、工作场所组织或外部关系中出现的新的组织方式"①。OECD 的技术定义某种程度上也借鉴了熊彼特的定义，并进一步明确将创新划分为产品创新、工艺创新、营销创新和组织创新四种类型。

中国官方也对创新做了系统定义。1999 年颁布的《中共中央、国务院关于加强技术创新，发展高科技，实现产业化的决定》（简称《决定》）对技术创新做出了明确的定义："技术创新，是指企业应用创新的知识和新技术、新工艺，采用新的生产方式和经营管理模式，提高产品质量，开发生产新的产品，提供新的服务，占据市场并实现市场价值。企业是技术创新的主体。技术创新是发展高科技、实现产业化的重要前提。"②《决定》对技术创新的定义非常符合深圳创新的实践。

《决定》对创新的定义是在改革开放初见成效，要加快现代化建设，实现高科技技术产业化的时代背景下提出的，也正是深圳企业创新发展的

---

①经济合作与发展组织(OECD)，欧盟统计署．奥斯陆手册：创新数据的采集和解释指南[M]．高昌林，译．北京：科学技术文献出版社，2011：35.
②中共中央、国务院关于加强技术创新，发展高科技，实现产业化的决定[EB/OL]．(1999-08-20) [2023-01-31].http://rdbk1.ynlib.cn:6251/Qw/Paper/100407.

时代背景。深圳的经济发展得益于国家改革开放的大政方针，得益于经济特区先行先试的创新政策。

《决定》强调技术创新的主体是企业，企业也正是深圳创新的主体。不仅如此，该定义中的"技术创新"具有明确的目标指向——"占据市场并实现市场价值"。市场导向也是深圳企业发展的重要特征。深圳的创新是在中国实行社会主义市场经济，扩大对外开放的背景下进行的，深圳企业是面向全球市场，服务全球客户，以市场价值为导向的。深圳企业的创新也是具有明确目标的，那就是——面向客户需求，实现客户价值的创新。

从创新定义覆盖的范围上，《决定》的创新定义涵盖了产品、技术、工艺、生产方式、经营管理模式。我们所讨论的深圳企业的创新也应该包括技术创新、材料创新、工艺创新、产品创新、服务创新和管理创新，而不仅仅限于面向终端消费者的产品创新。如果深入深圳的制造企业，就会发现制造企业也充满了创造力。它们的创新不仅仅体现在制造工艺上，在客户服务和商业模式上也有很多独特的实践，从而来为企业创造差异化，让客户感受到独特的价值。

二、客户是深圳独特的创新资源

深圳的创新成就与其具有支持创新的资源禀赋形成巨大的反差，但深圳的企业走出了一条独特的创新道路。深圳创新之谜可以总结为"三不足"：一是创新技术源头上缺少高校和科研院所提供人才和科研成果；二是产学研合作机制仍在不断完善中，缺少技术成果转化支持；三是投融资服务也是从零开始建立，企业创新没有足够的试错保护机制。企业作为深圳创新的主体，它们是如何克服这三个方面的不足，从而实现创新的？是否有其他方式来替代高校、科研院所提供技术？是否存在其他机制来帮助其实现技术成果转化，同时让企业在创新试错中提高存活率呢？

回顾深圳的发展，深圳创新大致经历三个阶段，从加工制造到模仿创新再到自主创新。从 20 世纪 80 年代开始，深圳企业就开始从事"三来一补"的制造模式。深圳企业以 OEM 模式①、ODM 模式②，为国外著名企业设计、生产产品。代工看上去是体力活，但却是一个很好的学习机会，是企业从外部获得技术能力的重要来源之一。苹果供应链便是最好的例子，苹果公司每年都会派大量的工程师从美国飞到中国，据说平均每天有 50 名工程师从加州飞往上海，帮助中国的供应商不断完善制造工艺。

世界级的客户就是深圳企业可以依赖的独特创新资源。那些伴随着改革开放政策进入中国市场，主导产业链转移的世界级企业，就是足以跟美国硅谷高等学府、德国产学研体系相媲美的创新资源。对于中国这样的发展中国家，"国外技术引进被认为是改善自主技术能力、调整产业技术结构和发展经济的有效方式"③。在世界制造中心往中国转移的时代机遇中，深圳企业的创新和成长得益于跨国公司的知识外溢效应，本土企业在跟外国企业的合作中不断提升创新能力。

只有世界一流的公司，才能提供媲美世界一流学府和研究机构的创新资源。硅谷的很多企业，比如苹果、谷歌等巨头，都是深圳企业的关键大客户。这些国际知名品牌客户恰恰能够扮演提供世界最前沿的科研、技术资源的角色。在为世界一流企业服务的过程中，在频繁的交流和互动中，

---

①OEM是原始设备生产（Original Equipment Manufacturer）的英文缩写，指按原公司（品牌公司）委托合同进行产品开发和制造，用原公司商标，由原公司销售或经营的合作经营生产方式。
②ODM是原始设计制造商（Original Design Manufacturer）的英文缩写，指公司根据客户的规格要求来设计和生产产品。
③陈劲，郑刚 . 创新管理：赢得持续竞争优势 [M]. 北京：北京大学出版社，2016：270.

知识的外溢和技术转移、组织间的学习总会发生。无论是直接提供前沿技术，还是启发对未来创新的理解，无形中这些世界知名企业便为深圳企业提供了创新的源头。早期的世界级客户主要是世界知名的跨国企业。随着中国经济的腾飞，很多中国本土的优秀企业也成为深圳中小企业的世界级客户。

与此同时，服务世界知名品牌也降低了深圳企业创新的试错成本和风险。优质客户能带来稳定的订单，这为深圳企业带来稳定资金来源，持续的订单让它们能够不断生存和成长。更重要的，世界知名的大客户通常会为供应链赋能，挑选好的供应商并将它们培养成自己的合作伙伴，这种商业模式培育和提升了深圳企业的创新能力。在这种长期的良性合作伙伴关系中，深圳企业不断接受跨国公司的挑战，在完成挑战中完成能力迭代，提升创新能力，最终成长为大企业。

三、"以客户为中心"的创新

在深圳经济特区建立 30 周年之时，深圳报业集团发起了"深圳最有影响力的十大观念"评选活动，"时间就是金钱，效率就是生命"高居榜首。这句口号出自"蛇口之父"袁庚。1981 年，袁庚为了鼓励蛇口建设，加快发展速度，提出了这句口号。完整版的口号是："时间就是金钱，效率就是生命，顾客就是皇帝，安全就是法律，事事有人管，人人有事管。""顾客就是皇帝"，这句口号放在当时的时代背景下着实令人惊讶！原来"以客户为中心"的理念在深圳经济特区建立之初就已经深深地烙在深圳基因里。

深圳最成功的民营企业之一，世界知名的华为公司，其核心价值观是

"以客户为中心，以奋斗者为本，长期艰苦奋斗"。华为吸收了西方的管理学思想和方法，基于本土实践发展出一套适合中国企业的管理理论。"以客户为中心"是贯穿华为业务管理的主线，华为管理方法的精髓，也是华为官方提炼的经营逻辑 [①]。华为的经营方式向我们展示了"以客户为中心"不仅是一句响亮的口号，而是一种经营之道。这种经营之道会体现在战略决策的制定、战略落地执行、企业组织设计和变革、管理流程，以及员工的行为等多个方面。华为著名的三大业务流程产品集成开发（IPD）、从线索到回款（LTC）、从问题到解决（ITR）都是始于客户、终于客户，在实现客户价值中形成闭环。客户需求是华为的创新之本，华为不是为创新而创新，而是在企业里建立起追求价值的创新文化和机制。华为"以客户为中心"的创新是成功的，在 2022 年波士顿咨询公司发布的全球最具创新力公司中，华为高居第八位。

图 1-2　华为三大流程

---

① 黄卫伟. 以客户为中心：华为公司业务管理纲要 [M]. 北京：中信出版社，2016：07.

"以客户为中心"一直是企业管理的热词，华为的成功也让这句话高频地出现在管理培训的课堂上。那么，华为"以客户为中心"的创新是深圳的个案吗？深圳数量庞大的中小企业也是如此吗？在与深圳众多企业家的交往，以及对深圳企业常年的跟踪研究中，我们发现："以客户为中心"的创新不仅限于华为这样的大企业，也是很多中小企业的创新管理之道。本书关注的专精特新、隐形冠军企业更是其中的佼佼者。

"以客户为中心"是深圳企业信奉的价值观，这也放大了世界知名企业对深圳企业创新的赋能。优秀的客户为深圳企业提供创新资源，而市场导向的创新模式则在无形中成为一种技术成果转化机制。深圳的创新是市场导向的，深圳企业的创新是围绕客户需求展开的。企业在实现客户价值中完成创新。在客户需求的牵引下完成创新，满足客户需求的同时也完成了技术创新和成果转化。以客户为中心，在不断服务客户、贴近客户的过程中实现创新，不断成长，是深圳企业创新成功的独特经验。

第三节 "以客户为中心"的研究

一、研究对象：深圳腰部企业

"深圳创新的主体是企业。深圳要论千亿级以上的企业，并不突出，没有北京、上海多。超过百亿的企业有多少？可能有 1000 多家。如果问超过十亿的企业有多少家？有一万多家。如果说超过亿级的企业，那就没法数了……它构成一个非常活跃的企业群体。第二是创新跟分工有关，而不是大而全。深圳企业的特点是——专注于做一两个产品，一两个方向，做出世界级。一个小企业，它规模不大，一个亿，但在世界细分行业排名前三，高度专业化……深圳这一点上不仅在国内，在全球都是突出的。"[①]

这是深圳市原副市长唐杰对深圳创新的一段精彩的总结。提起深圳的企业，人们多把注意力放在华为、腾讯等世界级巨头身上。除了人们耳熟能详的世界级巨头，深圳还有一大批不知名的细分行业领军企业。它们成绩斐然，或为隐形冠军，或专精特新，注重高质量发展、长期主义和价值经营。它们深耕实体经济，默默专注于一个细分行业，是推动世界产业进步的幕后英雄。它们的创新让人们生活更美好，但却很少受人关注。

这些深圳企业的成长经历弥足珍贵，有很多值得研究和总结的管理实践和创新方法，值得管理学研究者去总结和深入解读。本书的研究对象就是这些在细分行业排名世界前列，创新能力突出，却很少受人关注的企

[①] 唐杰. 解码深圳的创新之道 [EB/OL]. (2017-12-21) [2023-01-31].https://www.yicai.com/video/5385196.html.

业。如果说华为、腾讯是深圳的头部企业，我们则将这类企业称为"深圳腰部企业"，它们是深圳经济发展的中坚力量，代表深圳经济发展的基本盘，也是深圳创新的主要力量。我们选择了六家具有代表性的深圳企业。它们常年专注于某个细分领域，并发展成为细分行业的领军企业。这些企业都是做 2B 业务的，服务对象都是世界级大客户。它们分别是：

1. 深圳市杰普特光电股份有限公司（简称"杰普特"）：杰普特是一家集研发、生产和销售激光器、激光 / 光学智能装备和光纤器件于一体的国家级高新技术企业。公司由多名海外留学归国博士和国内知名大学博士于 2006 年创立，于 2019 年成功登陆科创板。杰普特是中国首家商用脉宽可调高功率光纤激光器生产制造商。

2. 深圳市锐明技术股份有限公司（简称"锐明"）：锐明创立于 2002年，是以人工智能及视频技术为核心的商用车安全及信息化解决方案提供商。公司的产品和解决方案广泛应用于全球 100 多个国家和地区，成功为北京奥运会、上海世博会、全国两会、北京公交、深圳出租、美国校车、土耳其出租等大型交通安保项目提供安全保障及信息化服务。

3. 深圳市今天国际物流技术股份有限公司（简称"今天国际"）：公司成立于 2000 年，是一家专业的智慧物流、智能制造系统综合解决方案提供商。今天国际为客户量身打造生产物流解决方案、配送中心解决方案、智能工厂解决方案、供应链信息化解决方案，其服务覆盖烟草、新能源、石油化工等 20 多个行业。今天国际被认定为国家级高新技术企业、深圳市重点（技术型）物流企业、深圳市仓储智能化工程技术研究开发中心、深圳市 5G 智慧物流和智能制造示范单位等。

4. 深圳市国显科技有限公司（简称"国显"）：公司成立于 2006 年，专业从事液晶显示模组、电容 / 电磁 / 电阻触摸屏的设计、研发、制造和销售，产品广泛应用于平板电脑、笔记本、智能手机、车载系统、智能穿戴、工控医疗等领域，为客户提供"触控显示＋指纹识别"一体化解决方案及产品。国显是国家高新技术企业、全国高技术产业化显示技术示范企业，属于深圳质量百强企业。2015 年与世界 500 强之一中国建材旗下凯盛科技达成联合重组。

5. 欣旺达电子股份有限公司（简称"欣旺达"）：欣旺达以锂电池电芯及模组研发、设计、生产及销售为主营业务。公司创立于 1997 年，并于 2011 年在深交所创业板上市。欣旺达已经成为全球锂离子电池领域的领军企业，形成了 3C 消费类电池、电动汽车电池、能源科技、智能硬件、智能制造与工业互联网、第三方检测服务六大产业群。公司先后荣获深圳市市长质量奖、广东省政府质量奖，获评国家技术创新示范企业，智能手机用锂离子电池模组被认定为国家"制造业单项冠军产品"。此外，欣旺达多次上榜深圳工业百强、中国民营企业 500 强、全球新能源企业 500 强。本书主要聚焦在欣旺达的智能手机锂电池业务上。

6. 深圳中集天达空港设备有限公司（简称"中集天达"）：公司成立于 1992 年，其前身是中集集团在 20 世纪 80 年代的登机桥业务。中集天达为全球城市提供高端、智能的服务装备及解决方案，主营业务范围包括空港与物流装备、消防与救援设备两大板块。本书主要聚焦在登机桥业务。公司此项业务长期稳居全球第一，国内市场占有率超过 90%，欧洲市场占有率超过 60%。中集天达已为五大洲 80 多个国家和地区超过 380 个机场提供了近 8000 座登机桥。中集天达的登机桥也被工信部认定为"制造业单项冠军产品"。

二、"以客户为中心"的企业成长复盘

自 20 世纪 80 年代以来，"以客户为中心"在管理学界、管理咨询领域和企业界都备受关注。大量的研究关注市场导向、客户导向所带来的影响，包括创意、创新、新产品的表现、公司绩效。"以客户为中心"几乎是学界和企业家的共识，是企业成功的前提或者必要条件。以客户为中心要求企业实现客户价值，深度理解客户并且和客户建立一种长期关系。因而研究的关注点多是聚焦在如何建立一个以客户为中心的组织，比如组织设计、战略性的客户关系的建立、聚焦客户的品牌和技术。①

很多深圳企业家在创业时并没有受过商学教育和熏陶，更没有管理咨询机构或个人为他们出谋划策。客户对于初创企业就是最重要的资源，加上他们都怀有朴素的企业家情怀，"以客户为中心"便成为深圳企业家的信条，也落实到他们的企业活动中，全心全意为客户服务。这也是他们成功的重要原因。

为什么"以客户为中心"能够成为企业成功的默认前提，在学界和企业界得到高度共识，甚至如公理一般不言自明呢？更进一步，"以客户为中心"的坚持与企业的成功之间有什么关系？如果不理解背后的深刻联系，"以客户为中心"就很容易沦为一句口号，只是挂在公司墙上的标语，很难落实到企业员工日常的行动中去。

客户是管理学最基本也是最永恒的话题。现代营销学之父西奥多·莱维特认为企业的目的就是吸引和留住顾客②。管理学之父彼得·德鲁克则更

---

① Palmatier R. W., Moorman C., Lee J. Y. Handbook on Customer Centricity: Strategies for Building a Customer-centric Organization[M]. Gloucester: Edward Elgar Publishing, 2019.
② 西奥多·莱维特. 营销想象力[M]. 辛弘，译. 北京：机械工业出版社，2007：1.

进一步,发人深省地指出企业的目的是"创造顾客"①。客户定义了企业的存在:"是顾客决定了企业是什么。因为只有当顾客愿意付钱购买商品或服务时,才能把经济资源转变为财富,把物品转变为商品……顾客认为他购买的是什么,他心目中的'价值'何在,将决定这家企业是什么样的企业,它的产品是什么,以及它会不会成功兴旺。"②客户也是衡量商业计划是否可行的重要依据。投资人总会让创业者用一句话表达清楚自己的商业计划——回答自己能够给客户创造的价值。

"客户"是一切企业活动的起点,企业的研发、制造、服务等价值创造环节都要围绕客户需求来展开。因而"以客户为中心"本身就是企业考虑长远发展,制定战略应该遵循的指导思想。莱维特就直接指出:"没有哪一项有效的公司战略不是营销导向的,不是最终要遵循下面这条永恒的规则的:企业的目的就是创造和留住顾客。"③战略的思考总是离不开客户价值的。大前研一用 3 个关键词——"顾客(customer)、竞争对手(competition)、公司自身(corporation)"来定义战略,即 3C 战略——"战略就是以优于竞争对手的形式,不断向客户提供他们需要的东西"④,他将客户放在战略目标的位置上。

相反,失去"客户"这个中心,公司的发展往往会陷入迷茫,设计出的战略就会成为束之高阁的漂亮文档,停留在一份又一份漂亮的 PPT 上。这是大部分战略难以落地的根本原因。战略的关键和难点都在于落地执行。为什么现实中的战略和执行总是容易脱节?在企业精致的战略报告里,市场分析勾勒了美好的前景,竞争对手分析全面展示了对手的能力,

①②彼得·德鲁克.管理的实践[M].齐若兰,译.北京:机械工业出版社,2009:28.
③西奥多·莱维特.营销想象力[M].辛弘,译.北京:机械工业出版社,2007:1.
④大前研一.企业参谋[M].裴立杰,译.北京:中信出版社,2007.

一个个漂亮的模型试图理性地描述公司所处的世界。看上去用心制作的PPT却很难经得起推敲，跟现实没有太多的关联，更难以谈落地执行。问题出在哪里？一个关键的漏洞就是缺少关于"客户价值"的问题和回答。

事实上，"以客户为中心"的道理很容易得到人们的认可，但到实践中却容易被遗忘。为何？在企业早期，它们会把所有的注意力放在客户身上，所有活动都围绕客户展开。随着企业不断成长，它们会遇到竞争对手，随之把注意力转移到对手身上。当企业成长为大型企业的时候，官僚主义的出现又不可避免，企业内部问题会分散人们的注意力，比如组织管理、财务管理、研发流程等。身在企业中，领导者很容易被日常琐事牵绊，被问题或利益迷惑，忘记了创办企业的初衷。

这个问题在郭士纳时期的IBM公司得到重视和解决。面对IBM这个增长乏力的庞然大物，郭士纳认为公司的文件抽屉柜里满是成功的战略，而现实中的公司僵化了，眼睁睁地让对手抢走了生意。战略就是执行！郭士纳一语中的。而之后的故事，便是他将IBM从一家硬件公司转型为提供解决方案的服务型公司。IBM将其战略目标定为整合技术去解决客户的问题，整合系统去解决客户的商业问题也就是IBM战略执行的核心能力。郭士纳的变革让IBM"这头大象也能够跳舞"，企业重新走上了持续发展的道路。

IBM的宝贵经验也传到了中国，华为的"以客户为中心"就深得其精髓。在国内管理咨询和培训领域，IBM的领导力模型（Business Leadership Model，简称BLM模型）是在企业家群体中最流行的战略管理工具。华为通过IBM咨询引进并使用了该方法，并在其基础上发扬光大，发展出适合中国本土企业的战略设计工具。"以客户为中心"便是BLM模型的精髓。BLM模型强调战略的目的首先是发现和理解客户需求，消除满足客户需求的障碍，其次才是打败竞争对手。BLM模型分为战略洞察和战略执行两大部分，洞察是发现机遇，执行是抓住机遇，而机遇则都是基于客户需求的。[1] "以客户为中心"是企业实现可持续增长和开展业务活动的战略性指引，而非一句讨好客户、消费者的口号。

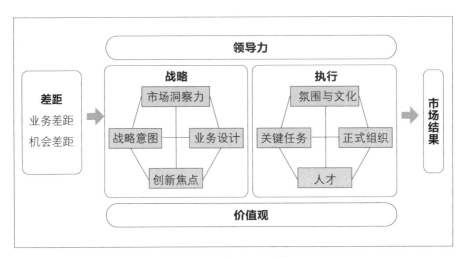

图 1-3 华为 BLM 模型

战略管理在中国的历史并没有太长，深圳企业在早期的发展中也没有太多战略的概念，更没有系统、科学的战略思考方法。秉承"以客户为中心"的理念，深圳的企业家们恰好切中战略的要害，天然地具有很好的战略感觉——他们希望为客户提供更好的产品、服务，希望帮助客户变得更好，能够更长远地服务客户，同时希望获得更多的客户。而且，这种追求也让企业愿意在长期能力上进行投入，从而建立起核心竞争力，吸引和赢得更多的客户，进入一种良性循环的战略增长路径。这种朴素的情怀和想法让他们发现了更多的机会，抓住了时代机遇。

①Harreld J. B., O'Reilly C. A., Tushman M. L. Dynamic Capabilities at IBM: Driving Strategy into Action[J]. California Management Review, 2007, 49（4）: 21-43.

为了复盘深圳企业的成长，我们需要设计一种"以客户为中心"的研究方法。企业成长可以抽象成一系列成长曲线的集合，而每一个对企业营收有贡献的业务则是一条成长曲线。以欣旺达为例，它有消费 3C 电池、新能源汽车动力电池、智能硬件等业务，消费 3C 电池就是其中一条成长曲线。每一条成长曲线都是由一个个客户案例汇聚起来的——每一个客户案例就是分析企业成长的最小单位。从财务的角度看，通常情况下，每个业务的营收总和来自每个客户订单的累加，而公司的总体营收则由多个业务的营收合计而成。本书将通过分析客户案例来揭示成长曲线形成的原因。

对于每个客户案例，我们要分析客户价值是如何通过创新实现的。德鲁克认为，企业的目的是创造客户，营销和创新是其两个基本功能：营销的目的是了解顾客需求，并将潜在需求变为实际需求；创新则要求企业不能只提供产品和服务，而是要不断地提供更好的产品和服务。[1] 对于管理者而言，创新是"将社会需求转化为盈利生意的机会"[2]。每个客户案例中，我们需要挖掘企业家对客户需求的理解，以及他们是如何通过产品和服务创新去满足这种需求的。

一家历经二十载的企业所积累的成功客户案例数不胜数，我们不可能对所有案例都进行详细分析，因而，我们复盘深圳企业的成长就是寻找一个个具有里程碑意义的典型客户案例。所谓里程碑意义，就是让企业抓住时代机遇，做出重大创新的客户案例。对于每个里程碑客户案例，我们分析：①时代机遇：这个客户代表什么时代机遇，比如手机的普及、智能手机对功能手机的替代、平板电脑的兴起；②企业行为：分析企业的创新行

---

① 彼得·德鲁克. 管理的实践 [M]. 齐若兰，译. 北京：机械工业出版社，2009：28-30.
② 彼得·德鲁克. 创新与企业家精神 [M]. 蔡文燕，译. 北京：机械工业出版社，2007.

为，为了抓住时代机遇，企业采取了哪些创新行为从而赢得客户；③竞争优势：这一系列创新行为构建了怎样的竞争优势？竞争优势与实现客户价值之间是何种关系？在实现客户价值的过程中，企业又积累了哪些优势？

研究的一手数据主要来自企业高管的访谈，而与企业背景相关的数据则来自企业招股说明书、企业研报、行业研究报告、企业相关新闻报道等。对于每家企业，我们会对公司创始人、创始团队的核心成员、跟公司一起成长的高管或重要岗位负责人进行访谈。

表1-2 研究对象企业及访谈对象名单

研究对象企业	访谈对象
深圳市杰普特光电股份有限公司	创始团队：董事长、CEO、CTO
深圳市锐明技术股份有限公司	创始团队：创始人、2位副总、1位高管 业务负责人：AI负责人、出租车业务负责人
深圳市今天国际物流技术股份有限公司	创始团队：创始人、CEO、3位副总
深圳市国显科技有限公司	创始人 销售中心：销售总监、销售副总 研发中心：公司副总、2位总监 信息化：公司副总、总监 制造：公司副总 采购中心：公司副总
欣旺达电子股份有限公司	创始团队：创始人、高管 3C业务：研发负责人、生产负责人、销售高管 相关专家＆负责人：自动化事业部负责人、质量管理专家、检测实验室专家、人力资源负责人、注塑子公司负责人、电芯子公司负责人
深圳中集天达空港设备有限公司	董事长兼CEO、2位副总经理、总裁助理、总工程师

高管访谈部分我们分两个阶段完成：一是梳理成长曲线，选取关键里程碑客户案例；二是尽可能多地挖掘和收集每个里程碑客户案例中关键决

策和实现客户价值的详细信息。

第一阶段的调研对象是企业负责人、董事长、原始股东、创始人等对企业发展历史熟悉的企业管理者。该阶段调研目的是通过访谈，复盘企业的发展历程，探索企业从创始之初到如今的成功，分别经历了哪些增长波次，产生每一个增长波次拉起增长曲线的主要因素有哪些。譬如可能是发现的时代需求，抑或是技术创新带来的时代需求等。引导被访谈的企业管理者介绍第二次深入调研的重点和对象，比如，里程碑事件、关键产品、特殊部门的相关负责人。调研问题大纲如下：

①创立至今，如果要给公司历程划分阶段，您觉得可以分为哪几个阶段？请讲述每个阶段的里程碑关键事件和具体案例。

②公司之所以能够获得目前的成功，最主要的是抓住了哪些机会？

③公司之所以抓住了这些机会，是因为做对了哪些事情？特别是，做出了哪些重大的创新？

④现在回头看，您觉得当时成功做出以上创新的原因有哪些？

第二阶段的调研对象是里程碑事件、关键产品、特殊部门的相关负责人。调研目的是通过访谈，复盘探索企业的发展历程中每一个波次拉起成长曲线的过程，挖掘大量具体客户成功案例，选择关键案例进行深度访谈，收集尽可能多的信息。调研问题包括：

①该创新事件的价值：对当时企业业绩增长及战略发展的贡献度是多少？

②当时做出这样选择的原因：过去业务的痛点是什么？又是如何洞察到新的市场机会和客户需求的？背后的驱动因素是什么？体现了什么样的核心理念和价值观？

③当时赢的关键是什么：最终为客户提供了什么价值？构建了什么样

的竞争优势？培养了什么样的新能力？

④做出了哪些关键行为：投入了哪些资源？力度有多大？克服了哪些困难？做出了哪些与过去不一样的创新？

本研究历时两年，完成了对这六家企业的深度访谈和企业走访参观。其间，我们也通过这些企业的创始人分享会活动补充了解到更多不为人知的故事细节。这些企业高管都非常有耐心地为我们解答他们产业中专业而复杂的技术问题，帮我们更好地理解技术对于客户的价值，让我们能够更准确地理解和传递深圳企业的创新精神和价值主张。

第二章

创新的机会：
让客户变得更好

创新的机会从哪里来？

如何确信这个机会可行，值得为之冒险？

如何在新技术的潮流中把握创新机会，并将新技术转化为满足市场需求的产品？

从技术到产品，从研发到量产，创新总是艰难的！如何能够保持决心，坚持到胜利的那一天？

深圳市杰普特光电股份有限公司（简称"杰普特"）的创新故事很好地回答了这一系列问题。杰普特是一家集研发、生产和销售激光器、激光 / 光学智能装备和光纤器件于一体的国家级高新技术企业。公司发展大致可以分为四个阶段。

第一个阶段：2006—2009 年的光纤连接器供应商阶段。凭借着对产品用途的深刻理解，杰普特收获了华为、中兴等大客户，为其光纤激光器研发造血。

第二个阶段：2010—2013 年的 MOPA 光纤激光器研发和量产阶段。在洞悉光纤激光器的技术前景后，杰普特选择了 MOPA 激光器技术，并在 8 年后成功实现量产。杰普特是国内首家实现 MOPA 激光器商业化的企业，并在该细分领域占据绝对领导地位。

第三个阶段：2014—2019 年的智能装备阶段，杰普特的科学家发现 MOPA 激光器能够为更广泛的工业场景带来便利，开始从激光器单一部件走向激光装备，从事激光装备的研发和制造。利用 MOPA 激光器的突破性技术，他们成功在激光装备上实现颠覆性创新。

第四个阶段：2019 年上市以来的跨越式发展阶段，杰普特围绕激光技术，为客户提供全面的解决方案。

在杰普特的发展历程中，有两个非常关键的创新战略选择。第一个关键战略决策是从光纤连接器走向光纤激光器。光纤激光器是未来趋势，但却面临着跟随成熟技术还是自主创新的选择。自主创新则是选择更为小众的创新技术路线。杰普特对 MOPA 激光器技术的路线选择为我们展现了关键技术选择的方法和依据——基于客户场景的创新，以及一项突破性技术从概念到产品所需要的执着和坚持。

第二个关键战略决策是从光纤激光器走向激光装备。光纤激光器是激光装备的关键部件之一，而杰普特掌握的 MOPA 光纤激光器技术能让他们在激光装备市场实施颠覆性创新，从而颠覆原来的激光装备市场。杰普特调阻机的成功研发，则让我们看到了企业该如何发现创新机会——让客户变得更好就是创新的机会。

"以客户为中心"是杰普特的战略，也是公司进行关键技术选择的指导。我们在杰普特发展的每个阶段，都能够看到他们对客户需求的理解，和基于这种理解做出的正确技术路线选择。这种对客户的深刻理解不仅成为杰普特进行战略性技术选择的重要依据，也支撑了杰普特人坚持走完从技术到产品的研发历程，度过那段漫长的只见投入、不见经济回报的煎熬时光。

第一节　比客户还懂客户

杰普特是一群科学家创立的，它汇聚了一批海归博士和国内知名大学的博士。在杰普特的高管团队中，就有两位获得了深圳"孔雀计划"的 A 类人才认定。"孔雀计划"是深圳引进海外高层次人才的重要项目，目标是吸引战略性新兴产业的人才，其中 A 类更是世界一流的技术专家。在人们的印象中，象牙塔里的科学家总是离现实很远。他们尽管掌握先进的技术，洞悉技术发展的前景，却不一定能将技术转化为产品，取得商业成功。杰普特的科学家让我们看到了不一样的一面，他们非常理解一项技术对客户的意义，甚至比客户还懂客户。

技术人才难得，同时具有专业技术知识，又能洞悉市场、擅长销售的人才更难得。杰普特的科学家就属于后者。早期的杰普特选择从光纤连接器做起，他们满世界地找客户，并一举拿下了多家来自欧洲的大客户，甚至还一度进军印度市场。2008 年国际金融危机之后，国际市场发展形势不好，杰普特便将重心从海外市场转到国内市场。国内市场最大的几家客户，一家是华为，一家是中兴通讯。面对这两家巨头，杰普特一没有品牌，二没有人脉资源，却都顺利赢得了订单。

跟中兴通讯接触没多久，杰普特就发现很多采购负责人对连接器的用途和优劣的了解都不够深入。无论是部长还是科长，杰普特团队都给他们一一解释了物料的用途，具体到某个物料对系统的关键作用。杰普特团队还专门给中兴设计了一款光缆组件，帮助客户降低成本。这是一种上塔的连接器，降低上塔断掉的风险。上塔是在通信铁塔安装基站的光纤连接场景。室内场景的光纤连接断了，还比较好维修，而铁塔上的光纤连接一旦断掉，维修起来不仅非常麻烦，而且成本很高。一根线才几十块人民币，但如果上塔断掉的话，在欧洲的维修人工费起码需要 1000 欧元。可以说，杰普特比客户更懂客户的需求，这让他们很快拿下了中兴通讯的订单。更令杰普特骄傲的是，中兴在珠穆朗玛峰南坡建的全球最高基站，用的就是杰普特的连接器，中兴通讯后来还给杰普特送来了表扬信。

斩获中兴通讯的订单后，杰普特很快又拿下了另一个行业巨头——华为。赢得华为可以说是杰普特团队深刻理解客户需求，并能够清晰表达产品如何解决痛点的又一体现。站在华为门口的竞争对手有七八家，而且全都是上市公司，产品做得比杰普特还丰富和全面。最终，华为选择了杰普特。

光纤连接器都是结构件，本身的原理并不复杂，因此也难以突出自身产品的优势和差异点。杰普特团队把握了光纤连接器最重要的技术点——长期的可靠性。华为需要的产品量非常大，动辄几个亿的出货量，因而华为对产品的一致性和可靠性要求更高，长期使用中光纤一次也不能断。杰普特意识到这个产品如果要做好，工艺更重要，于是就在研磨和组装的手法上下功夫，全部依靠手工工艺。

除了满足长期可靠性的需求，团队还敏锐地洞察到了华为对互换性的需求。由于光纤产品本身的特点，一个交换机里，反复插拔连接器会产生损耗和波动。比如出货的连接器将会用在不同的系统里，操作损耗不一样，指标就会有比较大的变动。对此，杰普特的科学家用科学的方法进行验证并且提供解决方案，从而保证不管怎么换，一万个连接器之间的连接性依旧非常好。利用丰富的光通信知识，杰普特向华为介绍了自身在高精度、高可靠性、高互换性方面的研究。不仅如此，杰普特还给华为设计了一种筛选高互换性产品的方法，这是竞争对手完全没想过的事情。跟华为部长对话的人中，只有杰普特的科学家是博士学历，也只有他能够用专业的科学知识将华为的需求分析透彻。在华为的系统里，杰普特把最主要的关键模式都讲清楚了。尽管产品品种不如对手齐全，但懂客户、与客户更契合，让杰普特赢得了华为的信赖。

想要赢得中兴、华为这种世界级的大客户，单单突出自己的优势是远远不够的。大客户需要供应商对他们的业务有深度的理解，甚至帮助他们构建竞争优势。可以说，杰普特团队把客户的痛点理解得很清楚，把自己产品的卖点展示得非常彻底。

杰普特的早期创业故事很好地展示了这群科学家的特质：杰普特团队不是一群只关注技术的科学家，他们很了解自己掌握的技术对客户的意义，甚至比客户还了解他们的工作、任务和需求。这是他们实现光纤激光器技术突破和商业化的关键，正是因为理解新技术对客户的价值，他们才会持续研发。一方面，这种深刻的客户洞察让他们能发现新技术的市场前景，而且必须是足够大的市场，才能给予企业足够大的动力去进行突破性技术的研发和产品化。另一方面，对客户需求的深刻理解帮助他们做出了合理的技术路线选择，并让他们在研发和量产的困难中不放弃，坚守自己的选择。

第二节　技术选择：从客户场景出发

一、判断下一代技术的依据

早在 2006 年杰普特成立时，公司创始团队就认为光纤连接器的天花板太低了，公司想要做大还需要探索新的业务。尽管光纤连接器是一个海量市场，但行业的技术含量并不高。光纤连接器制造始终属于劳动密集型行业，这是由光纤材料本身的特点决定的。光纤是脆的、柔性的，连接器很难采用自动化设备生产，需要人工进行精巧的安装。光纤对自动化产线的要求很高，但光纤的利润却不大，因而企业缺乏投入光纤自动化生产线的动力。光纤连接器产品价值太低，科学家出身的杰普特高层觉得缺乏成就感。

于是，杰普特积极探索新的业务，希望从无源光走到有源光。杰普特原来做的光纤连接器是无源的，光纤只是一个媒介、介质，是没有提供电源的，就像集成电路里的电阻，技术门槛较低。但是如果加入放大器、芯片，就是有源的了。有源的技术门槛比较高，对应的价值也比较高，市场也很广阔。杰普特的高层通过以往的创业项目，反复地进行市场调研，认识到了光纤激光器的市场前景。他们立马寻找资源和人才来投入光纤激光器的研发，开始了近六年的光纤激光器的研发和量产的研究工作。

激光广泛应用于各种工业制造领域，产生和输出激光的器件是激光器，又叫激光光源。激光器是激光及其技术应用的基础，是激光加工系统设备的核心器件。按照介质不同，激光器分为固体激光器、光纤激光器、气体激光器。21 世纪之初，固体激光器是激光器市场的主流，而杰普特选择的，是行业的突破性技术——光纤激光器。固体激光器使用的介质是晶体，比如红宝石，光纤激光器是用掺稀土元素玻璃光纤作为增益介质的激光器，具有电光转换效率高、可靠性高、结构简单等优点。[①]

相比固体激光器，光纤激光器有以下四个方面的优势：一是能量表现效率高，二是稳定性好，三是光束质量好，四是使用寿命长。光纤激光器从电到光的转换率大约是40%，而固体激光器只有5%。固体激光器强供电六千瓦，输出功率只有一千瓦。按照杰普特团队的说法，如果那时中国工业应用场景里30%的固体激光器换成光纤激光器的话，一年可以节省一座三峡大坝的发电量。成本方面，固体激光器是5万元，而光纤激光器可能要8万元，表面上成本增加了，但随着使用量的上升，加上较长的使用时长，实际上成本是大幅下降的。从技术角度分析，光纤激光器对固体激光器的替代几乎是没有悬念的。

表2-1　固体激光器和光纤激光器的比较 [②]

激光器类型	YAG 固体激光器	光纤激光器
激光器波长 μm	1.0—1.1	1.0—1.1
电光转换效率	3%—5%	35%—40%
输出功率（kW）	1—3	0.5—20
光束质量	15	< 2.5
聚焦性能	光束发散角大，不易获得单模式，聚焦后光斑较大，功率密度低	光束发散角小，聚焦后光斑小，单模和多模光束质量好，峰值功率高，功率密度高

①深圳市杰普特光电股份有限公司.深圳市杰普特光电股份有限公司招股说明书[EB/OL].（2019-10-30）[2023-01-31].https://q.stock.sohu.com/newpdf/201937506203.pdf.

②锐科激光(RAYCUS).选择哪种激光器更合适？一张表告诉你[EB/OL].(2019-05-27)[2023-01-31].https://www.raycuslaser.com/view/1186.html.

续表

激光器类型	YAG 固体激光器	光纤激光器
切割耐性	较差，切割能力低	一般适合切割金属材料，切割速度快，能适应不同厚度板材的切割，效率高，切割厚度大
焊接特性	适用于点焊、三维激光焊接、高反材料的焊接	适用于点焊、钎焊、激光复合焊、激光扫描焊接、高反材料焊接
可加工材料类型	可加工铜、铝	可加工高反材料
体积	较小	小巧紧凑
维护周期	300 小时	无须维护
相对运行成本	较高	较低
技术代际	旧	新
使用寿命	大于 300 小时	大于 10 万小时

21 世纪初，光纤激光器在美国已经取得了不小的商业成功。一家叫 IPG Photonics（简称 IPG）的美国企业横空出世，给了杰普特的研发人员巨大的震撼，IPG 的爆发式增长让他们感受到了工业发展对技术进步的强大驱动力。IPG 是全球第一家把光纤放大技术运用到工业激光加工的企业。在 2002 年进入光纤激光器领域后连续几年保持高速增长，当时它占据了全球光纤激光工业加工领域 90% 以上的市场份额。IPG 的成功在学术界掀起了研究高功率光纤激光器的热潮。

从市场前景看，光纤激光器未来会替代固体激光器成为主流设备。杰普特研发人员专门查阅了美国历年激光行业市场的统计分析报告，发现光纤激光器的市场占有率在逐年上升，而固体激光器则已经到达顶峰开始走下坡路了。虽然光纤激光器起步很晚，但是预估未来市场占有率会增长很快。

除了技术参数对比和市场研究外，固体激光器糟糕的用户体验是杰普特选择投身光纤激光器研发最重要的因素。杰普特的研发人员此前体验过激光在真实的先进制造场景的应用。在半导体制造中，从晶圆切割到最后的封装，整条产线上有大量的工业制造环节需要用到激光。而固体激光器使用体验之糟糕让他们印象深刻。他们发现固体激光器开机后会发热，需要稳定一段时间后才可以使用。而且激光器不能停机，一旦停机了，就需要重新调整，整个生产都会停止。要等半小时，机器慢慢稳定后才可以再进行生产。作为先进制造工具，固体激光器存在很多局限性。相比之下，光纤激光器显得更完美。固体激光器的晶体是棒状的，就像筷子一样，而光纤外形细长，表面散热很快，所以光纤激光器只要一开机就能用。

结合技术分析和市场研究，杰普特高层一致认为光纤激光会是下一代激光技术发展方向，会替代传统的固体激光器。于是，他们全力投入光纤激光器的研发中。杰普特是国内最早从事光纤激光器研发的三家企业之一，当时行业内最大的上市公司还没有注意到这项新技术。

二、突破性创新，还是跟随？

在确定从事光纤激光器的大方向后，杰普特还面临着光纤激光器的技术路线选择。光纤激光器有调 Q、锁模和 MOPA 等多种设计结构。调 Q 技术是当时的市场主流。此前提到的领先巨头 IPG 采用的就是调 Q 技术，而且做得非常成功，占据了很大的市场份额。在 2008 年之后，IPG 的光纤激光器就开始在中国推广应用起来。国内最早做光纤激光器的两家企业都采用的是调 Q 技术，而且都是做最便宜的打标机。激光打标是利用高能量密度的激光对工件进行局部照射，使表层材料汽化或发生颜色变化的化学反应，从而留下永久性标记的一种打标方法。国内客户群庞大，而且大多数客户的需求都是打标，因而中国上千家激光企业，基本上 90% 都会做打标机。

如果杰普特也按着这个思路参与游戏，就会变成三家生产调 Q 激光器的企业进行低价竞争，最终看谁能把价格压到最低。因为调 Q 激光器的技术相对成熟，是相对简单的技术路线，大家可比的参数没有太多，最多就是在功率和价格上进行比较。但杰普特希望在技术路线上做差异化竞争。此时，一家叫 SPI Lasers（简称 SPI）的英国公司引起了杰普特团队的注意，它采用了与 IPG 截然不同的路线——MOPA 技术。

MOPA 技术的全称是主控振荡器的功率放大器（Master Oscillator Power-Amplifier）。在光纤激光器技术上，调 Q 是成熟技术，相比之下，MOPA 则是新技术。二者最大的区别是，除了可以控制功率和频率两个维度外，MOPA 激光器多了一个脉冲宽度的调节维度。脉冲宽度就是激光脉冲跟材料作用的时间，这个时间可以是 1 纳秒、2 纳秒，也可以是 10 纳秒、100 纳秒、1000 纳秒，这也是一个非常重要的维度。MOPA 激光器通过控制不同的接触时间、不同的频率、不同的功率，从而满足不同的需求。相比之下，调 Q 则只能控制频率和功率，而不能控制激光跟材料接触的时间。关于二者的区别，一位研发主管用自行车做了一个形象的比喻。调 Q 激光器是普通自行车，两个轮子一副脚踏板一个车把可以实现骑行；而 MOPA 激光器则是变速自行车，可以根据山路还是公路等不同场景进行调节。

表 2-2　调 Q 激光器和 MOPA 激光器的比较 [1]

应用名称	调 Q 激光器	MOPA 激光器
薄板表面剥除	基材易形成凸包，底纹粗糙	采用小脉宽，热残留小，基材不变形，底纹细腻亮白

[1] 光电汇. MOPA 光纤激光器，标刻界的新宠 [EB/OL].（2017-09-23）[2023-01-31]. http://139.224.26.190/informationdetail/3568.

续表

应用名称	调 Q 激光器	MOPA 激光器
阳极打黑	仅可有限度地低质量打灰	通过广域的参数设置,可以进行不同程度的打灰打黑处理
不锈钢打彩	需要离焦,效果较难调,且颜色单调,一般不用于打彩	通过调节脉宽、频率、功率等,可组合出丰富多彩的颜色效果
透光案件剥除	较难清除干净	易于清除干净,边缘轮廓清晰,透光性更好,效率高
塑料加工	易发黄,手感重,速度快	无手感,不易发黄,加工细腻
金属深雕	力度大,适合深雕,底纹粗糙	雕刻深度相对较弱,但底纹细腻锥度小,可做亮白处理
贴片电阻划线	热效应大,调阻精度较低	采用小脉宽,热效应小,干净不沾锡,线宽小,调阻更精细
PCB 板条形码 / 二维码标刻	单脉冲能量高,但环氧树脂对激光能量比较敏感	采用小脉宽、中等频率,条码更清晰,不易去除,容易扫描

SPI 把 MOPA 技术的应用报告放到网上给客户观看,而且 SPI 做了大量的真实的工业应用场景的展示。SPI 的宣传卖点说到了杰普特团队心坎里,很好地回应了杰普特工程师使用激光器时候的痛点。MOPA 参数独立可调的技术优势,刚好解决了使用激光器时候的痛点。一位杰普特研发人员曾回忆起使用固体激光器的痛苦体验。那时候他买了一台香港的固体激光器,当设置完使用的频率参数,想把功率往上调的时候,他发现光束变成高频的,而变成高频之后激光的脉冲又变了。他很希望频率和脉冲是独立可调的,这样就能优化机器的应用。后来他让工程师再发一台激光器,但发过来的机器依旧无法实现频率独立调节。他打了一个有趣的比方,就好比汽车加速了,车里的空调温度也会随着加速而变化。这种使用经历让杰普特团队深深感受到:激光器上工艺参数单独可调是一个很重要的客户需求点。

作为激光器的使用者,杰普特的研发人员一直就希望激光跟材料作用的时候能够多一些调节的维度，能够让激光的效率更高，做出来的效果更好。比如说打黑，最好可以通过调节激光的频率或脉冲的特性，得到更多不同的效果，能够根据材料的特点满足客户不同的需求。未来的激光器在这方面是有发挥空间的，MOPA 能够在细分市场做出比其他技术更好的效果，而且能够避开与国内光纤激光器企业的价格战，这是实施光纤激光器差异化战略的关键。选择技术路线，需要对客户的使用场景和痛点都有透彻的理解。杰普特的研发人员自己就是用户，这是他们创意的一个重要来源。

苹果对 MOPA 技术的采用也给了杰普特信心。苹果 iPhone 6 的 logo 就采用了 MOPA 激光器对表面的氧化铝进行打黑。相比调 Q 激光器，MOPA 激光器的灵活性更高。调 Q 激光器脉宽参数则是固定的，无法进行更多样的调节。而 MOPA 激光器多了一个维度，客户在生产制造加工的时候，就可以根据材料变化调节参数。苹果的工程师发现调 Q 激光器是不可能做出那种效果的，而 MOPA 激光器可以通过调节脉宽实现，获得别人做不到的效果。要知道，苹果的工程师会追求最极致的效果，苹果的选择就是 MOPA 技术前景最好的证明。

用户的需求总是会更加多样化，对产品美观的要求也会更高，因此 MOPA 才是市场的未来。由于控制了脉冲宽度这个维度，杰普特培养了很多忠实的客户，也发掘了很多细分市场。MOPA 激光器发展至今，杰普特不仅是首家国产商用 MOPA 光纤激光器的制造商，也是第一家做成而且做大的客户体验最好的制造商。

三、客户带来未知的应用场景

激光器销售的早期，由于杰普特的 MOPA 激光器的价格比较贵，客户接受不了。当问及如何解决客户在意的问题的时候，杰普特团队认为主要还是靠时间，客户慢慢就会发现 MOPA 激光器的好处。毕竟 MOPA 激光器在技术上的优势是很明显的，只是需要杰普特团队不断发现能够发挥 MOPA 激光器优势的需求场景，让 MOPA 激光器有更多表现的机会。

第一个买了杰普特激光器的企业主要从事 3C 产品的加工，购买激光器是为了给手机氧化铝板破氧。手机拆开后，手机壳的氧化铝板是绝缘的，需要在边角把氧化铝破坏掉，即破氧。由于 MOPA 激光器用的是高频和小脉宽激光，所以采用 MOPA 激光器破氧效率比较高，比调 Q 激光器加工速度更快。面对不同的材料，MOPA 激光器可以通过调节，实现更高的效率。就像激光清洗一样，扫掉某一片，调 Q 激光器可能需要 10 秒，而 MOPA 激光器五六秒就可以做完。

杰普特 MOPA 激光器的最大客户是一家台湾的世界级芯片电阻制造商 G 公司。在 2012 年左右，G 公司主动找到杰普特，需要 MOPA 激光器来做 AOI 检测设备。AOI 检测的原理是用视觉拍照的方式找出不良电阻，做个记号，然后用激光破坏它。

为什么需要使用 MOPA 激光器呢？虽然同样是电阻，但 G 公司工厂生产的电阻是各种各样的，材料不同，面积不同，有薄膜、厚膜、合金膜等多个品种。这个时候调 Q 激光器就派不上用场了，因为需要能够变化的"火力打击"方案，需要独立可调的参数，就必须要用到 MOPA 激光器了。

对于杰普特来说，G 公司不仅带来了订单，还带来了 MOPA 激光器的新应用场景。G 公司每个月的产能是 800 亿颗电阻，每一颗都要用 AOI 来检测不良情况。但是电阻的不良率很低，一万个里面可能也就发现一两个不良的需要用激光处理掉，因而激光器的需求量不是很大。杰普特还是决定试试，毕竟这一工业场景只有 MOPA 激光器可以实现。而这个订单，不仅帮助杰普特找到了新的应用场景，也打开了杰普特对于 MOPA 激光器在工业中使用的思路，为后来杰普特从激光器走向激光装备埋下了伏笔。

杰普特是通过技术服务来慢慢进行市场推广的，关键在于通过深度服务让客户认识到 MOPA 激光器的优势。一家友商的公司规模要比杰普特大得多，但它在全国只有三四名应用工程师，而杰普特却有 20 名。当客户拿样品来的时候，杰普特的团队向他们证明了 MOPA 激光器价格只贵10%，但可以帮助他们把整个系统的效率提高 20%—30%。

杰普特不仅要给客户展示效果，还要证明产品会比别人好，而且别人无法超越。为此，杰普特的团队给客户带去的不只是激光器，还有一套定制的解决方案。他们会根据客户不同的应用场景、不同的需求调节机器的参数。这相当于跟客户联合开发，他们带着方法论到客户那边去帮助完成客户的任务，最后帮助客户拿到订单。通过这种方式，杰普特慢慢培育了一批用户。同时，在面对集成商推广的过程中，集成商会带来各种各样的问题和需求，反过来刺激杰普特对各种工业场景的理解。

杰普特对激光器工作场景的理解是其创新的源泉，而 MOPA 激光器具体的应用场景则是在实践中一步一步碰出来的。AOI 的不良率检测、超精细的二维码，以及其他逐渐被发现的新的应用场景都是如此。MOPA 激光器的创新本质上就是去了解很多客户的需求，然后整合技术资源解决客户的问题。在完成 MOPA 激光器的研发后，杰普特团队就一直在寻找最适合他们的独特应用场景，最有竞争力的市场空白，然后在很多细分市场一一突破。譬如从苹果 iPhone 6 的氧化铝打黑这一场景中，杰普特就发现，像打黑机这种高效的、低热效应的、处理一些特殊材料的需求，在消费电子 3C 类产品中会越来越多。随着 MOPA 激光器应用在更多的工业场景中，杰普特的应用工程师团队也慢慢地培养了很多忠实客户。

四、方向对了，更难的是坚持

关于 MOPA 激光器的成功，杰普特团队是这样复盘的：一是聚焦到客户的关键需求点，即能实现工艺参数的独立可调；二是避开低价竞争，寻找差异化路线，这意味着放弃调 Q 技术的光纤激光器；三是坚持，因为在开发过程中，他们不仅面临着技术的难题，还需要面对客户的不理解。

市场教育是一件很困难的事情。有时你希望帮客户创造价值，但他们会认为不需要。客户在没有体验到新产品所带来的不同效果之前，会选择更保守的策略，会更关注产品的价格。客户甚至跟杰普特说，哪怕只是多了一千元也不会用你的，一定要用便宜的。早期的市场推广之难让杰普特团队一度怀疑自己。好在他们坚持了下来。在 2014 年 iPhone 6 推出后，就带动了市场对氧化铝打黑的需求，一众手机厂商纷纷跟随苹果，采用杰普特的 MOPA 激光器做打黑。杰普特发现 MOPA 激光器的市场是存在的，只是中国的先进制造场景还没有那么丰富，市场还没有培育起来。

在研发尚未成功，早期市场没有打开，公司还处于亏损的情况下，团队会产生很大动摇，甚至想回去采用调 Q 技术，但杰普特的高层坚决反对。因为杰普特进入光纤激光器时已经晚于国内两家调 Q 激光器制造商了，如果现在放弃 MOPA 技术的攻关而回头去选择调 Q 技术，就会永远跟在别人后面。别人已经在市场上有了先发优势，到时杰普特面临的局面只会更加糟糕。

从 2006 年开始有想法，到 2008 年开始投入研发并做出样机，到 2009

年才开始稳定成型，再到 2012 年开始量产，最后直到 2014 年杰普特的 MOPA 激光器才真正实现盈利。一路下来，杰普特的研发人员都咬紧牙关不断坚持。他们的坚持也得到了高层的支持，杰普特的高层也不愿意杰普特落入同质化、低价竞争的泥潭。杰普特选择了最有爆发性增长潜力的技术方向，加上团队的坚持不懈，最终实现了 MOPA 激光器在商业上的成功。现在，杰普特的 MOPA 激光器占据了 70% 左右的中国市场，而且国内所有做调 Q 激光器的企业的利润加在一起，都不如 MOPA 激光器的利润大。

第三节　创新的机会：让客户变得更好

一、在服务客户中发现新机会

客户给杰普特带来的不仅是订单，还有 MOPA 激光器的潜在使用场景，这意味着新的机会。在服务 G 公司时，这家全球最大的电阻厂丰富的被动元件产品和多样的电阻加工方式让杰普特团队大开眼界。在客户的制造现场，杰普特团队发现了 MOPA 光纤激光器在其他应用领域的潜能。他们发现了一个巨大的机遇——激光调阻机。

这是一种利用激光进行电阻加工的设备：利用一束极细的激光束打在厚、薄膜电阻上，通过对电阻涂层物质汽化实现厚、薄膜电阻的切割。激光器是激光调阻机的关键部件之一。在 G 公司，杰普特团队发现客户使用的调阻机内置的激光器都是固体激光器，这无疑是个潜在的巨大商机。

当时的调阻机使用的都是固体激光器来产生激光光束，如果将这些固体激光器替换为光纤激光器，将给杰普特的 MOPA 光纤激光器带来不少的出货量。当年 G 公司需要采用激光调阻技术的电阻产能为每个月 800 亿颗，需要投资 600 到 800 台调阻机。按照全球市场算，全球每个月的电阻产能为 2000 亿颗，需要 2000 台调阻机，这些调阻机 70% 在中国大陆完成生产，30% 则在台湾。对于杰普特来说，2000 台可不是一个小数目，当时杰普特最大客户的 AOI 检测设备的出货量也才七八十台。如果能够把 G 公司的调阻机中的固体激光器替换为 MOPA 激光器，就可能给杰普特带来四五百台的订单。

调阻机的光源替换对杰普特非常有吸引力。除了数量，这种替换还能带来更丰厚的利润，因为设备生产商的付费能力更强。按照当时的情况，一台 MOPA 激光器卖给用来激光打标的厂家的价格是 3 万至 4 万元，而且还会被不断压价。如果卖给设备生产商，则完全不同，比如卖给做 AOI 检测的厂家，MOPA 激光器的定价可以高达 8 万元，而且不需要讲价和现货。此时还没有任何一家制造激光光源或调阻机设备的公司留意到"调阻机内的激光器"这个机会。

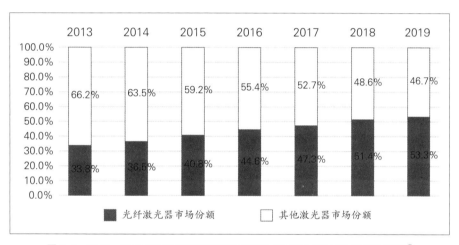

图 2-1　2013—2019 年光纤激光器和其他激光器占工业激光器市场份额的变化①

　　那么，将调阻机中的光源替换为 MOPA 光纤激光器是不是一个好的创新机会呢？经过分析，从综合效率、成本、便利性等多方面考虑，这的确是客户更好的选择。首先，MOPA 光纤激光器具有脉宽独立可调的优势，能够用一个光源同时满足电阻厚膜、薄膜的多种需求，调阻机不再需要更换多个不同品类的激光光源。这样能够实现产品标准化，做一台适合所有

① 光电汇 . MOPA 光纤激光器，标刻界的新宠 [EB/OL]. (2017-09-23) http://139.224.26.190/informationdetail/3568.

电阻的标准机。

其次，MOPA 光纤激光器要比固体激光器便宜很多。MOPA 光纤激光器的售价是 1 万多美元，而最便宜的固体激光器的售价也高达 3 万美元，替换一台设备就能够节约一万多美元的成本。

此外，采用 MOPA 光纤激光器的调阻机可以免去固体激光器自身不足带来的发热和开机需要等待机器冷却的烦恼，带来使用的便利性。

而且，固体激光器慢慢被市场淘汰，逐渐成为小众产品。当时的市场报告显示，固体激光器的市场份额是逐渐下降的，而光纤激光器则在快速增长，市场份额不断攀升，几年时间就追上了固体激光器。在 2012 年到 2015 年之间二者完成了地位的互换，原来占据主流市场的固体激光器被挤到小众市场，而光纤激光器则从小众市场走到主流市场，这也不利于设备部件的更换。对于客户来说，采用 MOPA 光纤激光器的调阻机显然是一个更好的选择！

二、抓住颠覆性创新的机会

如何替换调阻机中的光源，最简单的方法便是找到调阻机设备的制造商，跟他们合作，为他们提供新的激光器——让 MOPA 光纤激光器成为新一代调阻机的部件。基于此，杰普特团队便开始寻找潜在的合作伙伴。他们在全球范围内寻找调阻机供应商。综合考虑市场规模、客户关系和交流能力，杰普特最终锁定了台湾 L 公司。杰普特团队直接跑去找 L 公司寻求合作，并且向他们分析了将 MOPA 光纤激光器应用于调阻机的多种优势。

用 MOPA 光纤激光器替换调阻机中的固体激光器，这种做法所带来的好处连外行听起来都是一件双赢的事情，尤其是对于电阻厂来说，更是能直接地节约成本和提升效率。然而，一个好的想法想要实现总是一件困难的事情。

当杰普特的研发人员兴冲冲地拿着激光器上门给 L 公司工程师试用的时候，L 公司的工程师却拒绝了杰普特的提议。L 公司的工程师对杰普特存在一些偏见。他们自认为是设备应用领域的专家，对行业了如指掌，不认可杰普特的设备产品，认为杰普特的设备难以达到他们想要的效果。他们甚至觉得杰普特纯粹就是想换掉他们设备中的核心光源。

另一方面，想要对成熟的产品进行修改往往会受到多方的抗拒。L 公司的调阻机已经是生产多年的标准化产品，公司上下都很难有动力去更换核心部件。这种阻碍还不只来自设备制造商，还有设备的使用者，更换核心部件对于 L 公司来说是一种风险：那些现在天天使用调阻机的工程师不会很快接受新的产品。更换核心光源后，工程师需要重新适应新款调阻机的使用方式。而且万一新的设备运转出现问题怎么办？杰普特的样机一直放在 L 公司的实验室，团队也来来回回跑了很多次，折腾了一年多，却始终没有得到太多正面的回应。

说服别人尝试新的方法总是一件复杂而困难的事情，L 公司的拒绝让杰普特不得不自己从事调阻机的研发和制造。杰普特团队始终坚信 MOPA 激光器的市场足够广阔，希望通过调阻机进一步发挥这款产品的优势。他们非常理解 MOPA 激光器对调阻机的价值，以及更换光源对客户的价值提升。找不到合作伙伴，他们便选择自己做，踏上了从部件走向整机的道路。

这种选择意味着更大的困难和挑战，因为替换调阻机中的光源和调阻机的研发制造，完全是两个不同的事业，自然也将面临不同的竞争态势。对于杰普特这样一家光源制造企业来说，前者是一片蓝海，也是它擅长的事业；后者既是一片红海，又是一个陌生领域。如果仅仅是更换光源，杰普特还是在激光器的赛道，面临的不外乎是 MOPA 激光器与其他调 Q 激光器的竞争。而选择进入调阻机领域则完全不同了。调阻机设备市场是一个成熟的市场，原来的厂商已经做了近二十年，技术和制造已经非常稳定了。对于杰普特来说，调阻机却是一款全新的待开发产品，而且要面对那么多成熟的竞争者，杰普特将面临艰巨的挑战。

但对于杰普特而言，从事调阻机研发也是一次实施颠覆性创新的机会。而他们把握住了这次机会——成功地颠覆了传统的调阻机市场。2014年，杰普特开始销售第一台调阻机。很快，杰普特制造的调阻机在电阻市场得到了验证，也得到了客户的广泛认可。电阻制造厂甚至会反过来要求他们的调阻机设备供应商使用光纤激光器。就在杰普特调阻机上市三年后，L 公司回过头来找杰普特，希望购买 MOPA 激光器用于制造调阻机。这不是 L 公司自己的选择，而是来自其客户的要求。L 公司的客户发现使用光纤激光器的调阻机更好用，于是要求 L 公司使用杰普特的 MOPA 激光器。

考虑到与杰普特在调阻机市场的竞争关系，一些调阻机制造商会想办法避免使用杰普特的 MOPA 激光器。他们也不太懂光纤激光器的原理，于是便选择了使用调 Q 激光器作为光源。然而，由于 MOPA 激光器具有参数可调的优势，杰普特的调阻机也始终领先其他采用调 Q 激光器的竞争对手。

三、解决领先客户的燃眉之急

决定自己从事调阻机的研发后，杰普特便开始组建自己的调阻机研发团队，从而走上装备制造的道路。通过并购团队的方式，杰普特找到了有设备研发经验的人才，开始从部件走向整机的研发。由于跟 G 公司有很好的商业合作关系，杰普特原本希望做出调阻机后给 G 公司的工程师们免费试用，让他们看到采用光纤激光器的价值。但考虑到调阻机市场的激烈竞争，杰普特团队决定从一个小众的专业市场切入调阻机设备行业。他们把目光投向了电阻的一个特殊品类——超低阻。电阻种类繁多，而超低阻的制造商是比较适合杰普特的目标客户。一方面，超低阻的制造过程可以发挥 MOPA 激光器的独特优势；另一方面，超低阻这个细分市场的产品产量足够多，因而有足够多的制造商，能够给杰普特带来更多的机会。在研发的同时，杰普特也开始在台湾寻找潜在客户。

很快，杰普特团队就感受到了调阻机市场的激烈竞争。一次，他们在台湾找到了客户，但却被日本公司捷足先登，拿下了该客户，作为后来者的杰普特就很难拿下订单。

杰普特的所有产品都是在领先用户的真实场景下优化和迭代研发，用户的场景知识就是产品优化改进最主要的支撑。作为调阻机的"新玩家"，非常幸运的是，杰普特机缘巧合地遇到了一位行业顶尖的领先用户。杰普特的调阻机研发刚好遇上客户痛点的出现，这成为短时间完成产品研发的最佳机遇。

"领先用户"是借用 2C 业务的一个概念。这种用户往往是新产品的早期用户，他们对现有的产品不满意，并乐于参与产品的创新，他们现有的强烈需求将在不远的将来成为市场的普遍需求。[1]杰普特就遇到了类似的客户——台湾的 K 公司，从而成功打造出了他们的调阻机。

K 公司在小型化和高度集成的电阻产品和解决方案的研发方面一直处

---

[1]Eric von Hippel. The Sources of Innovation [M]. New York: Oxford University Press, 1988:
107.

于领先地位。尽管 K 公司的电阻产量远远不能跟 G 公司相比，其产能只有后者的五分之一，但 K 公司生产的却是高端电阻，它拥有电阻制造行业最好的技术，服务的客户都是苹果公司这样的世界巨头。

杰普特调阻机的第一笔订单是在机缘巧合下找上门的。彼时的 K 公司刚刚接到苹果的超低阻订单。订单量非常大，而且时间又非常紧迫，加上苹果对精度的要求很高，K 公司团队不得不迅速采取行动扩产。他们从日本又预订了 12 台调阻机，可是从日本预订的调阻机需要六个月后才能完成交付，他们急需寻找新的调阻机供应商来解燃眉之急。恰好这个消息被杰普特认识的一位台湾老教授所知晓，这位老先生原来也从事调阻机的销售工作。他得知 K 公司的处境后，迅速将需求告知了杰普特，并说明了订单的迫切程度，要求杰普特一周之内提供调阻机的样机。

出人意料的是，这几台样机不仅帮助 K 公司解决了棘手的问题，也完成了杰普特调阻机的第一笔生意。杰普特调阻机的成功得益于他们针对超低阻在量测系统上的提前布局。在超低阻的测量有效性上，杰普特的产品表现远远超过日本的设备。日本设备在做超低阻产品时良率很低，只有40% 左右，而杰普特做出来的超低阻良率居然高达 90%。

K 公司的管理团队当时可高兴坏了，他们立马要了 6 台设备。杰普特的调阻机不仅帮助他们解决了燃眉之急，还为他们节约了设备支出和使用场地。如果苹果的订单延期交付，对他们的影响会很大，杰普特的设备相当于救他们于水火之中。杰普特在非常关键的时刻帮助了他们，因此杰普特也得到了客户的认可。此后，K 公司的高层就成了杰普特团队的好朋友，还经常请杰普特团队吃饭。在 K 公司销售产品的成功也让杰普特团队非常有成就感。

在此次合作后，由于对杰普特团队非常认可，领先用户 K 公司还不断帮助杰普特完善调阻机产品。K 公司的母公司 T 公司是全球电源管理与散热管理解决方案的领导厂商，在多项产品领域居世界级重要地位，在全球 ITC 电子设备行业更是占据了领导地位。K 公司特地邀请 T 公司的工程师团队为杰普特进行指导。调阻机本身是一种自动化设备，而 T 公司具有很强的自动化能力。在台湾的工厂里，他们一边进行自动化工程的实施，一边帮助杰普特一点点改进调阻机。T 公司的工程师提供了很多改进办法，也非常有耐心，哪怕杰普特的团队一时没学会，他们也会很认真地多教几遍。这为杰普特后来在调阻机市场的成功打下了很好的基础。

此外，K 公司既是领先用户，还是战略客户。由于 K 公司在电阻行业的地位，杰普特只要把 K 公司的案例在行业内一宣传，就会有很多电阻行业的同行找上门来，具有很强的辐射效应。与其他实施颠覆性创新的公司相比，杰普特确实非常幸运。

四、缩短研发周期的关键

克莱顿·克里斯坦森曾说："为了让创新变得更具可预测性，必须了解其根本的因果机制，也就是用户在特定的情境中想要获得的进步。"[1]深刻理解客户想要进步的目标是缩短研发周期的关键。杰普特研发 MOPA 激光器耗时 8 年，而研发调阻机却只用了很短的时间。他们从 2014 年发现调阻机的机会，到出售样机给 K 公司，只经历了短短一年时间，就实现了商业成功。杰普特成功的关键，在于理解了超低阻厂商客户的需求，并从制造加工超低阻的场景中识别出关键环节，围绕这些环节进行创新。

---

[1]克莱顿·克里斯坦森，泰迪·霍尔，凯伦·迪伦，等 . 创新者的任务 [M]. 洪慧芳，译 . 北京：中信出版社，2019：21.

杰普特先是理解了超低阻厂商的商业模式。不像普通电阻，超低阻生产的良率很低，因而面对大量的订单，超低阻制造商通常提前制造数倍于客户需要的电阻，然后再通过筛选分级，卖给不同的客户。假设良率是 50%，他们就提前生产出客户需求量两倍的电阻，完成生产后他们会对产品进行管控，通过一种高度精密的仪器筛选出质量好的一半卖给对电阻精度要求高的客户；另一半则可以再进行筛选分级，卖给有需要的其他客户。基于这种模式，生产的良率越低，要预先生产的电阻就越多，那就意味着需要更多的生产设备和筛选设备。因而提高产品的良率就可以减少设备采购，减少设备的使用还能带来场地的节约。

在电阻加工过程中，杰普特识别出了超低阻的激光调阻中的两个非常关键的环节：一是测量和计算，二是激光调阻。在加工电阻的环节，根据计算机预定的程序，激光束会对厚、薄膜电阻进行切割来改变电阻的几何形状，从而改变电阻的阻值。在机器工作过程中，随着激光切割过程的进行，需要同时、实时测量电路和监视厚、薄膜电阻阻值的变化。在激光一次次加工后，厚、薄膜电阻的阻值会不断接近目标阻值。当厚、薄膜电阻达到目标阻值后便关闭激光束，最终完成整个激光调阻过程。

激光调阻机是自动化加工设备，上述激光调阻过程都是由调阻机在短时间内快速完成的。机器首先要识别：接通电流后，一读到电阻就需要监控它的电流，一旦达到标准就立马快速切换。因为它是多通道的快速切换，切换时间的长短就决定了机器的工作效率。假设电阻制造厂现在需要上千台调阻机，如果机器效率降低 10%，制造厂就需要多买 100 台设备，设备越多对场地的要求就越高。其次，机器还要进行计算：在测完后要计算，计算画什么形状，具体画多深、多宽。之后算法会告诉激光需要如何切（激光调阻）。切也不是简单地切，需要切各种形状，还有转角的。一个激光头，两个马达，都在高速运转，快速抖动，整个调阻过程速度很快。

激光调阻刚好是 MOPA 激光器的强项。一来由于杰普特自有部件，终端设备的直接采购成本就可以降下来。别家调阻机的平均成本是 13 万美元，而杰普特的产品只要 11 万美元，直接省下 2 万美元的投资。二来采用光纤激光器大大提高了加工的效率，不存在固体激光器开机需要等待半小时的情况。

至于测量和计算，则需要另一个关键部件——量测系统，这也是杰普特进入超低阻调阻机市场最大的障碍。从前有设备大厂也想做调阻机，因为没有攻克量测系统而放弃了。在进入市场的时候，杰普特就发现，其他厂商在普通阻的测量方面已经做得很好了，但是在低阻方面做得还不够。量测是一排排地量，一组待加工的电阻多的达到五六万颗，要在一两分钟内完成测量。即使是那种大颗粒的电阻，也要求在几十秒内完成测量任务。测电阻的时候，主要是让电流通过电阻，低阻时需要的电流更大一点，测量的阻值才能更准一点。在发现量测系统在调阻机中的关键作用后，杰普特专门组建电路团队做量测，并且到处招揽人才。通过引进在量测系统开发方面具有丰富经验的专家，杰普特大大缩短了调阻机的开发时间。

杰普特电路团队开发出了一块高电流的量测卡，加上自己的光电系统比日本厂家做得好，因而在测量低阻上有明显优势。如果杰普特自己从头开发量测系统，起码又要花去 5 年时间。正是由于对关键部件的正确识别和开放式创新，引进量测系统方面的关键人才，杰普特才能大大缩短调阻机的研发周期，在第二年就给 K 公司雪中送炭，完成产品交付。

五、产品只是开始，创新需要持续迭代

颠覆性创新的第一代产品往往都是有缺陷的，但它们却为客户提供了无法抗拒的价值。杰普特的调阻机也一样，交付给 K 公司的第一代调阻机并不稳定，也遇到过软件、外观等各种各样的问题。但是，由于杰普特的设备在解决客户核心需求上表现出色，其低阻的量测准确度高，加工效率和良率都比日本设备高出不少，而且还满足了客户短时间交付的要求，因而 K 公司能够包容杰普特调阻机的不足。

据杰普特团队回忆，他们第一次送过去的三台设备长的样子都不相同，甚至高矮都不一样。对此，K 公司的生产主管认为这些产品的优点太突出了，把不同设备放在三个不同的车间就行。

第一代调阻机的机械设计并不稳定，只是超低阻加工的时候设备运行速度比较低，因而机械设计的短板在超低阻方面体现并不明显。可是一旦在那种需要高速运动的加工场景中，调阻机在工作时就可能暴露出很多问题。初代产品完成颠覆之后，还要持续迭代优化，制造功能更完善、使用更稳定的成熟产品。2016 年，杰普特又在 K 公司的设备上进行了大幅度的改进。

杰普特的第一代调阻机换上了光纤激光器，解决了量测的问题。第二代产品则实现了机械设计的突破，提升了机械硬件的稳定性。在杰普特团队研发面向更高阻值电阻的第二代调阻机时，他们引进了更多跨领域的技术人才，以克服老团队的短板。在给消费电子龙头做装备的时候，他们引进了一些做智能装备的人才，比如做过半导体装备的，还有做机械设计的专家。机械领域的技术人才擅长研发焊线机、贴片机这类对速度要求很高、对高速元器件进行处理的设备。这支研发智能装备的团队，也参与了二代调阻机的研发，共同研讨调阻机存在的问题，甚至推倒方案，重新设

计。通过引进人才，杰普特将别人做半导体设备的设计经验用到了调阻机上。

等到第二代产品面世的时候，杰普特已经可以跟调阻机行业的竞争对手平起平坐了。同时也在客户订单上实现了多点开花，拿下了一家在电阻行业排名前三的客户。

做激光器和做调阻机是两件不同的事情——前者是部件，面向系统集成商；后者是设备，面向终端使用者。激光器帮客户解决问题的关键主要在激光本身，主要工艺是调节激光的参数。而设备则是一个解决方案，面向的是复杂的工业场景，解决的是客户的复杂任务，激光装备涉及的工艺更多、流程更烦琐，包括精准定位、精准测试、自动化控制软硬件集成、光学处理、软件开发等多个领域。

杰普特团队用玻璃瓶上的二维码做了一个举例，对于光源供应商来说，它的激光只要能做出二维码就行；而设备商需要考虑二维码的扫码效率，需要读码足够快、足够高效，因而它还需要考虑二维码处在玻璃瓶的位置、打码的质量等。因此，MOPA 激光器和调阻机二者的创新对杰普特代表着不同的意义和挑战，一个是深度，一个则是广度。MOPA 激光器是提高杰普特的技术深度，而调阻机则需要扩大公司的广度来满足客户复杂多变的需求。电阻行业在不断发展，设备也需要更新换代，客户也会有越来越多的新需求。随着杰普特的技术越来越全面，人才越来越多，杰普特能够更加从容地面对终端用户所面对的交叉性学科问题，更好地解决终端用户急于解决的问题，建立起了核心优势。对此，杰普特一位高层很自豪地总结道："杰普特能够创造性地解决客户的问题。"

未来的设备需要越来越小型化，同时精度要求越来越高，范围越来越宽，这要求杰普特不停地自我完善，不断进行产品的升级迭代。类似 G 公司、K 公司这种战略客户，每开发一代新产品，杰普特就要配合他们研发、定制新设备。杰普特持续锁定 G 公司、K 公司等技术领先的制造企业，跟他们保持很好的交流，不断洞察理解客户的需求，发现更多"让客户变得更好"的隐藏机会。

从 MOPA 激光器走向光学智能装备，杰普特的订单实现了快速增长。除了激光调阻机，杰普特还提供智能光谱检测机、芯片激光标识追溯系统、硅光晶圆测试系统、激光划线机、VCSEL 激光模组检测系统等。凭借在激光器、光源器件和设计方面的优势，杰普特已经为多家消费电子龙头和芯片世界巨头企业提供精密激光／光学智能装备。目前，杰普特的激光调阻机在该细分领域的实际表现足够替代国外产品，实现了进口替代，完全可以帮助世界一流的电子制造巨头完成电阻切割、电路精密调节等重要工艺。

第四节　　总结：创新是"让客户变得更好"

　　杰普特的创新是"以客户为中心"的创新。这群科学家同时也是企业家，在关注技术的同时还紧盯客户需求。从早期销售光纤连接器的经历，我们看到了科学家对客户需求的理解。如果科学家能够站在客户的角度思考问题，他们就有了做销售的独特优势——能够把客户需求还原为科学原理，并将产品对客户的帮助讲解得清清楚楚，还能针对客户的需求进行产品定制研发。

　　选择进入光纤激光器领域时，杰普特始终以客户使用场景作为技术选择依据，杰普特的研发人员更是从作为使用者的亲身体验出发进行技术洞察。在具体工业场景中，他们识别出了固体激光器发热和开机慢给制造场景带来的不便，从而认为光纤激光器凭借多方面的技术优势能够替代固体激光器。根据以往使用经验，他们还发现了脉冲参数独立可调这一激光器的关键需求点，从而支持团队选择了 MOPA 激光器技术路线。另外，未来客户需求的多样化趋势也是他们对激光器技术选择的判断依据。正是深刻理解客户需求和使用场景，洞察到新技术可以带给客户足够多的好处，才足以支撑他们在研发的困难中长期坚守。

　　思考如何让客户变得更好，让他们发现了从光纤激光器走向激光装备的机遇。在创新机会洞察方面，他们意识到将调阻机的固体激光器替换为MOPA 激光器给客户带来了效率和成本的同时优化，这无疑是一个实施颠覆性创新的机会。在缺乏设备厂商支持的情况下，他们毅然选择自己投身调阻机的研发。

　　而在创新的落地方面，他们是基于客户的任务去思考研发需要突破的技术关键。调阻机在帮助客户解决什么问题？如何解决？怎么样才能达到更好的效果？对这一系列问题的思考让他们的团队发现了两个关键步骤：量测和切割。识别出"量测"这一关键后，他们便果断引进了这方面的研发专家，从而大大缩短了调阻机的研发周期。切割则是 MOPA 激光器的优势，也是他们从事调阻机研发的初衷。最终杰普特成功地在调阻机设备上实现了颠覆性创新。

"以客户为中心"和"差异化竞争"的战略定位是黄治家总结出的创业心得，也是杰普特关键技术选择、战略决策的底层逻辑。杰普特的团队有科学家精神，他们在研发上不满足于跟随，总是希望做出"差异化"，不断寻求技术突破。杰普特的研发分为三部分——除了跟随型创新和客户定制创新，还有超前的创新。超前的创新是对准未来客户需要的技术和产品。更难能可贵的是，科学家同时也是企业家——他们总是"以客户为中心"，不断地洞悉市场需求，思考着"如何让客户变得更好"，并从中发现创新的机会。

杰普特的与众不同

第三章

竞争力：
成为『离用户最近的
科技型企业』

技术与市场，在商业决策中该如何权衡？深圳企业是如何构建起研发能力的？成功的产品研发应该抓住哪些要害环节？如何把握前沿技术，把技术红利转化为竞争优势？这些都是深圳市锐明技术股份有限公司（简称"锐明"）成长中面对的问题。

锐明创立于2002年，是以人工智能及视频技术为核心的商用车安全及信息化解决方案提供商。公司的产品和解决方案广泛应用于全球100多个国家和地区，成功为北京奥运会、上海世博会、全国两会、北京公交、深圳出租、美国校车、土耳其出租等大型交通安保项目提供安全保障及信息化服务。锐明在车载视频设备和商用车视频远程信息处理方案细分市场的占有率位居第一[1]。锐明的成长历程完成了从"基于技术寻找客户"到"基于客户场景布局技术"的转变，对技术型公司和技术人才创业非常有借鉴意义。

技术人员创业，往往容易陷入"技术至上"的误区——技术成为商业决策的出发点，而非市场需求。早期，锐明创始团队从技术出发去考虑市场、客户需求，思考的问题是如何进行技术的商业化。他们选择把数字化音视频技术做成方案卖给消费电子品牌，做成 DVR（数字视频录像机）产品卖给行业客户。在关键技术路线选择上，当时的锐明只关注自己掌握的技术，而忽视了市场需求，从而错过了安防监控行业的发展红利。

由于自身技术路线选择的局限性，锐明团队最终找到了最适合公司技术特点的细分市场——车载安防监控领域。商用车使用环境的复杂性让他们吃尽苦头，好在他们遇到了贵人。专业的客户教会了锐明研发，让他们掌握了应对车载场景的产品技术，锐明完成了从客户场景角度思考问题的

---

[1] 据 2020 Omdia 报告，锐明技术在全球车载视频设备占有率排名全球第一；据 2021 Berg Insight 报告，锐明技术在商用车视频远程信息处理方案安装量排名全球第一。

转变。随着对客户需求的深入理解，锐明逐渐从产品销售商走向解决方案提供商，开始系统性地解决客户问题。对不同行业用户场景的理解成为锐明的核心竞争力，技术则是一种手段，在深刻理解客户场景后才去整合技术帮助客户解决问题。到后来，锐明还围绕客户场景提前进行技术布局，积极拥抱人工智能技术。

到锐明公司总部参观时，我们看到他们的展厅里有不少基于商用车安全运营、驾驶安全、行业监管要求等多种应用场景的产品及解决方案展示。参观者可以坐进驾驶舱、登上模拟公交车感受锐明的产品，可以看到人工智能技术在商用车上的多种应用场景。锐明注重研发和技术领先，而牵引技术研发和布局的，已经不是纯粹的技术考量，而是客户的需求、痛点，围绕客户场景去解决问题。

第一节　技术创业者的思路及误区

一、直面消费者：新技术产品化

锐明创业的时代背景是音视频技术的数字化。21 世纪之初，音视频技术数字化的浪潮势不可挡，音视频技术很快就从模拟时代进入数字时代。模拟信号和数字信号都是通过电信号传输信息的技术，就是将音频（比如演讲者慷慨激昂的声音）或视频（演员打斗场面）转化为电信号。二者的区别在于，模拟技术是将音视频信号直接转换为幅度可变的电脉冲，即模拟波；而数字技术则是将模拟波转变为数字信号，然后在接收点再转回原来的形式播放。麦克风、扬声器和磁带是采用模拟技术的设备，CD 则采用了数字技术。

相比于模拟信号，数字信号在很多方面有着显著的优势。首先，数字技术具有更强的抗干扰能力，模拟信号易受到噪声的干扰。其次，数字信号便于计算机算法处理，计算机具有可编程性，更容易实现过程控制和信息显示。此外，数字技术提高了资源的利用率。采用数字调制技术可以提高传输中的带宽利用率。数字信息压缩技术可以减少占用存储空间。因此，基于数字技术的产品能够做到小型化、多功能、操作方便，具有更高的性价比和可靠性。数字技术对模拟技术的替代是必然趋势。

锐明的创始团队成员都是数字视频技术出身的，他们自然也看到了这种技术趋势。20 世纪 90 年代，锐明的创始人赵志坚就接触到数字视频产品。2000 年左右，他们到以色列出差一个月，第一次见到了数字压缩的产品。现在看视频控制进度条是很自然的操作，快进或者后退都很简单，但在那时候却是新技术。采用了数字技术，图像经过实时压缩后存在一张盘上，看的时候既可以看录像，也能够边看边往前倒，广告快要出现的时候可以快进跳过去。当时美国已经有这种功能的电子产品。这类产品主要采用的就是数字视频技术，而且在计算机技术上用的也是基于 C 语言的技术，而非操作系统的技术。

2002 年，赵志坚开始组建创业团队，创立了锐明。这支团队主要技术背景就是数字视频技术，而且是做消费电子产品的。理论上，他们的最佳选择是从事 2C 业务，打造自己的消费电子品牌。然而，按照他们的分析，2C 类的产品最重要的是品牌和资金，他们当时都没有，也没有合适的时机。因此，他们只能退而求其次，刚成立的锐明选择了做数字视频类的消费电子产品方案商，为当时国内的消费电子品牌开发产品。

那时的锐明还没有学会按照技术发展的规律和市场发展的趋势去制定业务发展战略、按照发展战略选择业务机会。在这个求生存的阶段，"一无所有"的锐明纯粹是"会什么做什么"，根据自己的技术去寻找具有成长性的潜在细分市场，然后开发一个产品去迎合这个市场，从而抓住市场机会。锐明当时"会"的是数字视频技术，沿着这条技术路线的终端产品就是"便携式媒体播放机"（PMP），那时候流行的名字为 MP4。用户可以使用 PMP 设备进行数字视频和数字音频内容播放。

PMP 的市场反响很好，有的客户一个月能够卖出两三百台 PMP 设备。通过这项业务，锐明挣到了第一桶金——300 万人民币，能够养活公司二三十人。回顾这段发展历程，锐明的创始人们感慨良多：锐明进入市场很早，但实际上没有抓住市场先机。那时只想着去帮别人做方案，然后去推广给比较大的品牌公司。推广方案的时候一心想着去赚方案的开发费。每个项目卖了三五十万的开发费，收了有几百万的开发费。这笔收入只是维持了公司的基本运转，解决了燃眉之急。其实锐明应该自己做产品，然后拿到市场去卖。"赚快钱,然后活下来"是当时的心态。而赵志坚每次回顾那段历史的时候,仍然没有忘记 PMP 业务对锐明的贡献。他说:"很重要的是,它让锐明活下来了!"对于当时的锐明而言,活着就是硬道理。

不过,锐明 PMP 业务没有维持多久。他们只做了一年半,就主动放弃了 PMP 业务。毕竟,这对他们来说不是长久的生意。一方面是锐明处于品牌客户和供应商中间,两头都很强势,常常受制于人。而且产品生命周期很短,行业洗牌很快,有的客户很快就出局了。随着手机的智能化和快速普及,PMP 产品的整个市场就不行了。另一方面,后来芯片供应商逐渐开始自研类似的产品。锐明的方案做出来没多久后,台湾很多小厂家都推出了类似这种的设备。锐明在其中没有更大的市场生存空间,就决定放弃这个领域。

二、颠覆老产品:替代旧的技术

新技术带来的产品创新有两种思路。一种是面向终端用户,直接运用新技术创造出新产品来满足用户需求,甚至创造新的消费群体。PMP 就是典型的例子。另一种则是对运用旧技术的产品进行技术替代,实行颠覆性创新,改进原有产品的功能,降低成本。在放弃 PMP 业务后,锐明继续沿着"会什么做什么"的思路,找到技术替代的机会——安防监控录像机。

在像银行等高度重视安防的重点场所,视频监控是一种刚需,利用视频监控对犯罪事后查证有很大的帮助。在模拟技术时代,银行使用的是传统的磁盘录像机。这种录像机有几个常见的弊病:一是不易保存,磁盘易发霉;二是录像数据易丢失;三是机器的容量小、体积大。

相对而言，基于数字视频技术的数字硬盘机（DVR）则具有容量大、易于保管、可长时间记录等优势。在安防监控市场，数字硬盘机对于磁盘录像机几乎是颠覆性的产品。如同模拟技术终将被数字技术所取代一样，数字硬盘机迟早也会完成对硬盘录像机的替代。从用户需求角度看，数字硬盘机具有巨大的潜在需求。

锐明熟悉数字视频技术，很快就洞察到这个趋势。DVR 和 PMP 在技术上有相通之处，二者都需要数字的编码、解码及文件系统的技术知识，而且供应链知识也可以共用。锐明很快就开发出数字硬盘机产品（DVR），成为最早一批进入安防市场的 DVR 制造商之一。

图 3-1　锐明开发的数字硬盘机（DVR）

三、误区：决策只看技术，错失大赛道

成也萧何败也萧何！"会什么做什么"的商业策略让锐明在创业早期活了下来，并且率先进入了数字硬盘机时代。但是，这种思维方式也令锐明错过了安防监控行业快速发展的大机会。

当时的数字硬盘机，有两条技术路线：一条技术路线是嵌入式构架，另一条技术路线是 PC 构架。PC 构架是将计算职能（CPU）与扩展职能（如图 3-2 中的南桥和北桥）分离，有利于灵活配置、迅速扩展。嵌入式构架则是将所有功能集成在一块芯片上，牵一发而动全身，扩展不灵活。嵌入式构架的优点是图像质量好、性能稳定可靠，但扩展性差，不具备网络功能；PC 构架则相反，采用 Windows 操作系统，扩展性好、配置灵活，具有网络功能，操作简单、容易上手，但稳定性、图像品质、功耗方面都不如嵌入式构架。安防监控行业发展初期，技术、产品还不成熟，用户对自身应用场景和需求的认知也比较单一，两条技术路线各有千秋。

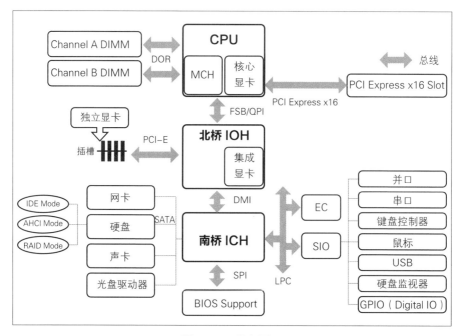

图 3-2　PC 构架图示

随着行业技术的扩散、产品的迭代发展、竞争者数量的增多，以及市场应用的逐渐普及，用户对产品价值、自身需求的认知不断加深。进入 2003 年，用户开始更加重视视频监控系统的功能多样、配置灵活、快速扩展，以及系统网络化的需求。显而易见，PC 架构在这个阶段的优势开始凸显出来。PC 架构在诞生之时就已经为这个趋势做好了准备。凭借其配置灵活、扩展性强、具备网络功能的优势，采用 PC 架构的产品开始在市场中遥遥领先。主流用户和主流应用场景纷纷采用 PC 构架的产品。

那时的锐明对 IT 技术缺乏了解，对 PC 架构完全不熟悉，也没有这方面的人才。因此，在选择技术路线方向的时候，出现了严重的路径依赖——"锐明那时候只会做嵌入式架构，所以就选择了嵌入式 DVR 的方向。"在那段时期，锐明处在一个非常尴尬的地位。虽然号称做出了中国第一代的嵌入式 DVR，但在当时并不能满足主流用户对监控设备的扩展、灵活、网络化需求。

随着"安全城市"的提出，视频监控的需求呈现爆发式增长。视频监控需求从银行等重点单位的安防开始走向全社会，城市级安防的市场空间呈指数级扩大。当初采用 PC 架构的企业成功地抓住了这个风口，规模快速扩张，迅速成为安防监控的行业龙头，大大拉开了与锐明的差距。PC 架构才是 DVR 市场的主流方向，因为技术上的路径依赖，选择嵌入式架构DVR 的锐明则无缘参与安防这个风口。

提起这次机会的错失，赵志坚回想起来仍觉得非常遗憾，他说："那个时候我们的做法是会什么就做什么，没有战略选择的概念，是严重的路径依赖，在战略上是非常错误的。"技术最终还是要用于满足客户需求，因而在做技术选择的时候不能只从自身能力进行考虑，尤其是战略性的技术选择。在进行战略性的技术选择时，需要综合考虑技术的发展趋势和市场需求，更具体的，要考虑到对客户需求的满足，如何让客户变得更好（降低成本、更加便利、功能更好、更加安全等）。

第二节　从客户出发，而非技术

一、为技术寻找细分市场

"正规路线上已经打不赢了，我必须要进山打游击了，所以要找一条'胡志明小道'。"锐明开始为嵌入式 DVR 寻找合适的安防细分市场。

2004 年，赵志坚通过朋友介绍认识了美国的一家校车公司。按照美国的法律，政府严格要求校车上必须安装监控设备。这家美国公司的负责人提出"把 DVR 设备放到美国的校车上去"的想法，赵志坚顿时意识到，"车载 DVR 市场"可能是锐明最适合的"栖息地"，嵌入式 DVR 恰好能满足车载场景下独特的监控需求。

车载场景对 DVR 产品的独特需求与嵌入式技术的优势非常匹配：车载场景要求录像设备体积要小、性能要稳定可靠，这恰恰是嵌入式构架的优势。相比之下，PC 构架的产品是模块化的，体积大、接口多，在车辆运行过程中容易引发危险状况，不适合在车上使用。另外，在那个年代，网络化还不是车载场景的刚需，因此 PC 构架的网络功能优势在车载场景并不能发挥应有的作用。当时 3G 时代尚未来临，技术上无法利用移动网络对车载设备进行远程操控，也就暂时没有组网的需求。对比之下，嵌入式 DVR 的长处非常适合车载场景，而缺少的网络功能恰恰是车载监控设备不需要的。

意识到这一点，赵志坚便决定立刻进入车载 DVR 领域。这是锐明第一次做车载产品，他们完全没有经验。不过锐明当时被"一股无畏的冲劲"牵引着，一头扎进车载 DVR 产品的研发中。

然而，当第一代车载数字硬盘录像机（简称"MDVR"）产品 V6 装上车后，震动、电源、防水、散热等工程化的问题接踵而来。出于研发团队骨子里的"工匠精神"，锐明从 2004 年 1 月到 2005 年 12 月，花了整整两年时间锲而不舍地钻研这个项目，最后成功实现产品研发。虽然最终只卖了两三百套，从项目角度来说是亏损的，但抛开收益，锐明在市场认知和产品研发上有不小的收获。通过该项目，他们发现了车载领域的巨大市场空间，决定聚焦 MDVR 业务。经过两年多的努力，锐明的技术团队有了很好的 MDVR 项目经验和积累，为之后的发展打下了很好的基础。

如果说美国校车 V6 项目让锐明进入 MDVR 领域，并确定聚焦 MDVR 的战略方向；那么 A 市公交项目则是第一个实现 MDVR 业务突破的项目。

2006 年初，A 市的社会治安一度非常混乱，公交车上抢手机、打架斗殴、持刀抢劫的现象时有发生，造成了极大的安全隐患。因此，A 市公交公司联合公安局要求 A 市的一万多台公交车全部安装安防监控设备，并专门组织了一次项目招标。这个项目招标分为好几期，第一期只有 2000 台左右，却有来自全球的四五十家企业共同参加竞标。由于过去两年在美国校车项目上积累的经验，特别是有成功运营的 V6 产品实打实的功能展示，锐明作为设备提供商帮助其客户成功中标。

此后，锐明基于美国校车和 A 市公交的项目，又分别拿到了 R 公司（另一家美国校车公司）和 B 公司的项目。也正是这两年，锐明开始尝到 MDVR 市场的甜头。于是，锐明把全部精力和资源都专注在 A 市公交、B 公司、R 公司这三个项目上。

二、教训：只有一页纸的产品规格书

2007 年，B 公司与锐明签了一份 7000 套 MDVR 的订单。B 公司是一家广告运营公司。受到电梯广告模式启发，他们想把这种模式转移到公交场景。电梯广告就是电梯等候区和电梯轿厢内部的电视广告，B 公司也希望给公交车安装上可以播放广告的设备。他们和 P 城公交公司提出一种合作模式：B 公司通过在公交车上安装相关设备，帮助 P 城公交车同时实现调度、报站等信息化的功能，而公交公司则免费让他们在公交车上做广告。这其实是一种双赢的合作模式。B 公司帮助公交车实现信息化，相当于帮助公交车公司省了一个售票员的费用——对公交公司而言这是一笔大支出。而对 B 公司来说，相比高额的电视广告费用，他们只需要承担设备采购和维护费用，这对广告运营公司来说是非常划算的。

B 公司通过此前的 A 市公交项目找到了锐明，谈成项目合作之后，让锐明负责产品的设计和功能研发。由于是创新的商业模式，在进行项目需求沟通时，他们只给锐明提供了一张一页纸的产品规格书。在这一页纸上，他们只列出了针对这款 MDVR 产品他们需要的几个功能，没有具体的产品规格要求。这无疑给锐明的研发人员带来了极大的挑战。因为对产品的设计和研发而言，产品规格书描述得越详尽，要求越具体，研发效率就越高。更重要的是，只有通过详细的规格描述才能更好地满足客户的要求。但是，当时大家还沉浸在拿到 B 公司大订单的兴奋中，正所谓无知者无畏，兴奋过头的一群人并没有预见到他们将面临的巨大困难。

由于 B 公司要求的货期比较紧，只有三个月左右的时间，锐明人立即投入这款产品的设计和研发中，并且很快开发出了第一代产品 G6。第一批五六千套 G6 很快在北京、上海、深圳等城市的公交车上进行了安装和使用。可是没过多久，锐明就收到了客户数不清的问题反馈。G6 在使用过程中爆发出电压不稳定、经常死机、报错站等问题，有时候机器甚至还冒烟、着火。很快，锐明就收到了 B 公司发出的律师函。

复盘这段经历可以发现，当时的锐明缺乏产品研发的专业度。首先是项目立项缺乏论证。面对这样复杂的机器，锐明接到的只是一页纸的产品规格书。其次是研发团队缺乏管理能力和系统能力。工程师缺乏系统思维，对设备的功能没有通盘考虑，研发过程中错漏百出，甚至出现一些离谱的操作。为了赶进度，锐明很快就把机器做出来了，外壳都装好了却发现漏了一项功能。他们只能临时找供应商做好电路板，然后剪开外壳把电路板塞进去。"以现在的眼光看，简直就是胡搞。"锐明一位高层这样评价当时的做法。考虑到处理器成本占整台机器成本的比重很高，他们选择了小的处理器，这导致了后来的产品不稳定。由于项目进度非常紧张，如果不能按时交货就会面临赔偿，团队只能硬着头皮开始生产。产品组装方面，B 公司为了在全国快速铺开，招聘了很多不懂车载设备装机的新手，这些人在装机时存在很多操作问题，甚至连电源都弄反了。

接到客户的律师函后，锐明面临两种选择，一是打官司，二是进行整改，解决这五六千套产品的问题。其实当时如果选择打官司，锐明还有机会打赢官司的，因为客户方也存在"产品规格书不具体""司机操作不规范"等问题。但锐明毫不犹豫地选择了后者。

"赵总当时更多考虑的是我们自己也有问题，所以当时他看都没看，就在他们律师函的协议上签字。现在回头看，这个协议条款要是严格执行的话，对公司而言可能是灭顶之灾。但是赵总没有丝毫犹豫，就是要背水一战，承担起我们的责任。"锐明的亲历者在讲这段故事的时候说道。

就这样，锐明用了一整年的时间，停掉了国内的业务，把资源和精力都投入整改中，专门解决 B 公司项目的产品问题。这是个浩大工程，因为所有的硬件都有问题，需要全部拆卸、再设计、调试测试、重新安装。为此，锐明耗费了大量的人力、物力资源，最后终于完成了全部产品的整改。问题解决了，但锐明也为此付出了巨大的代价。由于停掉了国内的所有业务，锐明出现现金流严重不足的情况。也就是那个时候，锐明进行了历史上唯一的一次对外融资，释放了 30% 的原始股权，才得以渡过难关。

后来的故事发展表明锐明这种为客户负责的态度是一个非常正确的选择。B 公司从这件事中看到了锐明的担当，不仅不再打官司，还要把下一代产品的开发机会给锐明。如果开发成功，锐明就有机会拿到后续北京奥运会项目的大订单。这对锐明而言是一个绝好的翻身机会。

三、转变：基于客户场景和问题的研发

车规级电子产品与普通电子产品的应用场景差异很大，前者的使用环境更恶劣，而且对安全的要求远高于后者。因此，在产品法规要求与认证标准、研发流程、制造工艺、品质管理与检验检测方法等各个方面，车规级产品的要求要严格得多、严谨得多。从普通电子产品的研发制造，到车规级电子产品的研发制造，知识门槛、技术门槛和客户门槛都要上升一个等级。"没有金刚钻别揽瓷器活"。车载产品技术，就是锐明战略聚焦、深耕车载 MDVR 事业的"金刚钻"。

2008 年，锐明再次得到 B 公司的合作机会。锐明认真分析和总结此前的项目问题，以更加严谨的态度进行产品升级迭代。新一代产品中，锐明采用了模块化和松耦合的设计。采用模块化的结构，把部件模块化，这样的好处是大大降低维修成本。一旦设备出现问题，不用把整个机器换掉，只需要检查是哪个模块出现问题，然后更换相应的部件就行。松耦合是指各个功能相对独立。以前一个处理器就可以实现所有功能，牵一发而

动全身，一旦处理器的模块死机，整台设备都没法工作了。模块化和松耦合的设计增加了产品的稳定性，同时也让产品的维护更方便，维修成本更低。这样的设计带来了成本的增加，但是锐明在利润和客户体验上选择了后者。

与此同时，锐明在海外市场初期获得美国校车的项目之后，又获得了R公司的美国校车合作项目。回顾锐明成长历程，与R公司的合作是一个里程碑事件，对锐明今后的车载产品技术和产品质量提升起到了关键性作用。R公司当时是一家有七八十年经验的美国工程公司，该公司专注于交通运输的创新硬件和软件解决方案。不同于B公司，R公司为锐明提供的规格书是一本厚厚的书，内容非常详细，包括产品设计、产品研发、产品制造、产品测试、芯片选择、电路等整体体系的说明。R公司专业且详细的规格说明书相当于是手把手教锐明如何做好MDVR产品。此外，R公司也展现了严谨的做事态度，教会了锐明如何做好版本管理、项目管理等。亲历者受访时谈道："R公司在当时就好像锐明的一个全方位指导老师。"

一方面是由于R公司的全面指导，另一方面是由于锐明人极强的学习能力，锐明很快攻克了MDVR在车载环境中的技术难题，大大提高了MDVR的可靠性、环境适应性和视频清晰度。这些对于MDVR设备而言尤为重要，因为车载环境是十分恶劣的，车载场景对产品有非常独特的要求。第一，由于车上特别容易脏乱，且行驶过程中要经历频繁的震动和碰撞，这就要求电源电路设计不能太复杂。第二，车载场景温度变化大，对产品的温度适应性要求很高，特别要求硬盘要能够在高温和低温的环境下正常运行。第三，车载场景下不能用风扇散热，而MDVR设备特别需要散热，这就需要特殊的散热设计。第四，摄像机在车上受到的干扰很多，远近光灯、阴雨天、隧道、黑夜、照明灯等不同场景的光线在不停变换，都需要保持图像的清晰度和视频传输的稳定性。通过坚持不懈的努力和进取好学的心态，锐明人很快掌握了可靠性及环境适应性极高的技术，包括硬盘减震、车载电源、散热、防水、防爆、小型化等技术，同时还有视频技术，包括车载复杂多变光线条件下的视频采集技术、多路高清编解码技术、存储文件系统技术、视频传输技术等。

如果说与R公司的合作，令锐明突破了车载技术，那么，与H芯片公司的战略合作则是锐明夯实车载技术的另一个里程碑。芯片对于电子产品的重要性不言而喻，把握好芯片环节，利用好最先进的芯片技术，对优化车载产品整体设计、提高稳定性和可靠性、提升视频质量、降低功耗和成本等方面都具有重大意义。当时，H芯片公司的战略核心是把安防监控市场作为对外经营业务的第一个突破口。H芯片公司急需找到领先用户，于是把锐明确定为安防市场战略的第一个合作伙伴。

锐明跟H芯片公司深度合作让他们拥有了最新的芯片技术先发优势，而H芯片公司的快速发展也让锐明的产品性能得到大幅提升。在H芯片公司研发芯片的过程中，锐明会提需求，反馈功能问题。比如当时市面上使用的视频传输技术是单码流，锐明提出了双码流的需求。双码流能够兼顾本地传输的高清录像和远程传输的流畅度。H芯片公司把这个功能做出来，锐明的产品就具有这个功能。与H芯片公司合作的另一大优势是获得成本更低、更稳定的芯片。锐明此前采用的方案系统成本太高，因为音视频的解码和编码是分开的，音频编码和视频编码也是分开的，锐明希望把所有的音频、视频的解码和编码功能都集成到一块芯片上。H芯片公司的产品可以凭借更高的集成度打败竞争对手。

锐明很快就在公交车载产品上使用了H芯片公司的成果，比如他们为B公司研发出了一款跨越式的高性能MDVR迭代产品——A16。这款具有历史意义的产品，之后也应用在了北京奥运会和残奥会的安保工作中，对公共安全和交通安全起到了很好的监控防范作用。亲历者在受访时说道：

"光 A16 这个单品，在当时就产生了 1 个多亿的订单，那个时候 1 个多亿比现在 10 个亿都有意义。一个年销售额 2000 万的公司，在两年内同时消化掉了 1 个多亿的订单，这成就了锐明新一波的增长。"借助 H 芯片的技术红利和产品先发优势，锐明进一步夯实了在 MDVR 领域的技术基础和市场地位。

锐明在努力学习车载产品技术，提升产品研发水平的同时，也开始重视产品的检验检测。相关的检验检测手段和实验室设备是车载产品质量的技术保障。为了保持车载产品技术的不断创新和领先，锐明在企业规模实力还很小的时候就先后投入了 1000 多万元，建设属于自己的 CNAS 检测中心和光学实验室。这些实验室都是行业一流水平。

进入车载安防领域后，锐明的商业思维方式经历了一次重大的转变——从原来的单纯基于技术视角的"会什么做什么"转变为基于客户视角思考问题，构建技术优势。这种转变一方面来自客户的牵引，另一方面来自锐明创始人内心对客户利益至上的坚持。

美国校车的 V6 产品让锐明进入了车载安防设备领域，并确立了将 MDVR 作为战略方向。聚焦 MDVR，光靠音视频技术是不够的，锐明还需要掌握能够适应车载环境的技术。此时更多的是被动地迎接挑战，研究如何克服复杂的车载环境，保证设备正常运转，是锐明实现交付不得不面对的问题。这是转变的开始，锐明思考问题的出发点已经从"会什么技术"转向"解决什么问题"。

事实上，B 公司的商业模式创新相当于进入新行业，而锐明在产品开发上也是新手，因而 B 公司含糊的需求说明让缺乏研发专业度的锐明吃尽苦头。而锐明把客户利益置于自身经济利益之上的选择却给了他们深度复盘和改进产品的机会，也给了他们后来更大的商业机会。模块化和松耦合就是在经历了此前的 G6 产品的惨痛经历后的设计创新。通过 B 公司客户，锐明开始主动站在客户的角度思考产品设计。毕竟，他们从 G6 中知道了产品装在客户的车上实际运行中可能遇到的种种问题。

与此同时，美国的 R 公司客户让锐明见识到了专业的研发和管理，甚至在项目中手把手教会了锐明。R 公司非常详细的产品规格书相当于给了锐明一份详尽的问题清单，一整套车载监控产品的方法论。他们不再是被动地思考，而是预想会遇到什么问题，围绕这些问题提前掌握技术。

到了 A16 产品，锐明不仅提前掌握技术，还和关键零部件——处理器的供应商 H 芯片公司建立起战略合作伙伴关系。此时的锐明已经是站在客户的角度看问题和看技术，并且提前进行布局。从 DVR 到 MDVR，使用场景的复杂化和功能的多样化练就了锐明解决问题的综合能力，为他们成为行业解决方案提供商奠定了基础。

案例研究的价值

第三节　聚焦客户场景，提前布局技术

一、取舍：聚焦才能守住行业龙头

在 2006 年至 2011 年这五年期间，锐明对业务聚焦还没有那么强的概念。尽管意识到 MDVR 是锐明的主营业务，但 DVR 业务仍然在断断续续地经营着。2011 年，锐明开始正式成立两个事业部：DVR 事业部和 MDVR 事业部。锐明又一次回到了通用安防 DVR 和车载 MDVR 两条线作战的业务路线上来。

成立 DVR 事业部的主要动因是认识到北美小商业和家庭市场的旺盛需求。事实证明，这两个 DVR 细分市场的业务前景确实十分可观，销售额都逐年上升，未来也有增长空间，继续做下去都是有市场空间的。2013 年，DVR 业务的销售额占了公司整体营收不小的比例，并且现金流和规模都很好。与此同时，锐明也开始建立自己独立的供应链，DVR 业务有量且迭代速度很快，对"养"供应链是有极大好处的。

然而，两条线运作带来的一个严重问题是：锐明的 MDVR 业务被拖了后腿。当时锐明体量较小，有限的资源被两个事业部严重分散了，包括研发团队、销售团队、管理团队等人才资源。当时车载监控市场越来越细分化，用户需求逐步走向行业化解决方案。按照这个趋势发展，锐明如果不把所有资源集中在 MDVR 业务上，行业龙头的位置很快就会被取代。在细分领域如果做不到龙头，企业就很难生存下去，因此锐明需要抉择——是否停掉或是卖掉 DVR 业务，去全力发展 MDVR 业务。

最后锐明决定直接"砍掉"整个 DVR 事业部，停掉 DVR 业务（而

不是卖掉 DVR 业务），以便把所有力量都聚焦到 MDVR 业务上。锐明当时考虑到几个方面：一是在 MDVR 业务上必须保住行业龙头地位；二是 MDVR 业务比 DVR 业务的利润空间大；三是 DVR 事业部当时自主开发出的 N9 平台对 MDVR 业务十分有帮助；四是卖掉 DVR 业务就要连同所有技术一起打包卖掉，而技术是锐明的核心竞争优势。

于是，锐明 DVR 事业部于 2013 年底正式关停。之后锐明将原来两条线的研发力量集中起来，在 DVR 事业部 N9 平台基础上，研发出了 MDVR 业务发展急需的 N9M 平台，取得了重大技术突破，很好地助力了 MDVR 业务的发展和壮大。虽然砍掉了 DVR 事业部，但 MDVR 业务集中了锐明所有资源，得到了很好的发展，弥补了失去的 DVR 业务业绩。锐明全力聚焦 MDVR 业务的战略选择不但维持了业绩，还守住了行业龙头的地位，为将来的企业发展打下了扎实的基础。

二、解决方案：成为离用户最近的公司

掌握了 MDVR 的技术后，锐明沿着车载场景攻下商用车的一个个细分行业：两客一危、出租车、轨道交通车、渣土车、环卫车辆、工程机械等。锐明的 MDVR 不是在多个细分行业通用的标准品，而是根据行业痛点定制的产品。锐明已经成为行业解决方案的提供商。

早期的 DVR 设备，解决的是用户录像存证的问题。存证需求的通用性比较高，行业差异不大。在这种通用需求下，锐明的业务比较简单，销售也比较容易，就是在车上装一个摄像录像机，实现无线网络的传输监控。随着技术的进步，客户对 DVR 设备已经不仅仅满足于"存证"。以公交车为例，MDVR 已经从单纯的"视频监控"，逐步扩展功能和应用，延

展到"综合监控"。除了监控图像、视频、音频以外，还检测车辆的健康、运营状态，获取车辆的信息。MDVR要记录车辆的速度、刹车情况，分析疲劳驾驶情况，甚至还能根据司机驾驶行为分析节油情况，比如开着空调睡觉、二挡起步、高转速低档位等。

随着深入行业用户的场景，锐明意识到商用车客户在安全管理和业务管理方面的痛点，而过去通用的产品并不能解决很多行业内部特殊的痛点。每个细分行业的业务不同，因而产生具有行业特征的不同需求。这些需求不是市场上的标准化产品能够解决的，需要多种技术和产品的融合才能解决。赵志坚指出："解决方案很重要的一点，就是要帮助客户解决他想解决的问题，跟你用什么样的技术手段没有特别直接的关系。"

锐明很早就洞察到商用车细分行业客户对解决方案的需求，率先做出了向解决方案转型的战略决策。赵志坚认为："锐明转型做解决方案是一个很痛苦的过程，不过这是锐明真正从原来的路径依赖走到战略导向的转变节点。"面对从产品研发到解决方案的转变，赵志坚提出要成为"离用户最近的技术公司"。要做解决方案，锐明就要与行业客户的出发点保持一致，深入行业用户的场景，倾听客户和用户的声音，挖掘用户的需求，对用户问题解决的最终效果负责。

我们以锐明出租车行业解决方案发展历程为例，来复盘这一转型过程。

2014年，锐明以出租车行业为切入点，决定从经营产品走向经营行业解决方案。当时出租车行业出现欺客、计价作弊、安全事故等一系列的问题。围绕这些城市级的痛点，锐明为A市政府设计了一套解决方案。

想要做解决方案，就需要先了解客户的需求。A市出租车行业急需解决的几个痛点问题，第一是计程计价，计价作弊、伤害消费者利益的现象屡见不鲜；第二是交通事故频出，不规范驾驶现象屡禁不止；第三是代班驾驶，没有合法资格的司机非法代班驾驶；第四是拒载、绕路、非法聚集等现象。

由此可见，解决方案具有非常明显的行业属性，需要涉及具体业务的管理问题，甚至社会问题。出租车和公交有明显不同，出租车行业是归政府管辖，而公交是归公交公司管理。政府监管较少，所以公交解决方案更重视的是企业管理需求，比如效率、成本、绩效；而出租车业务是城市级别的，政府管理较多而企业管理少，城市出租车管理部门的行业监管需求处于比较重要的位置。这样一来，要在行业解决方案的竞争中赢得商机，锐明必须要有一批懂行的产品经理、研发工程师和销售专家。然而，这么多行业，仅仅采取内生式成长模式，采取慢慢学的方式，是来不及的。

另外，锐明的优势是硬件，而非软件。一般而言，相比硬件公司，最接近行业用户和行业监管部门的是从事该行业软件开发的团队。行业客户的专用知识（domain knowledge）常常都被"封装"在软件里面了。于是，锐明找到了一支具有出租车行业管理经验的软件技术团队，其中就有后来锐明出租车业务的核心领头人。后来，锐明投资成立了专门的公司，围绕 A 市出租车的痛点来重新设计硬件、优化软件，研发出租车行业解决方案并不断迭代升级。战略并购也是锐明快速进入其他商用车细分领域的方式。

对于出租车行业，锐明针对行业痛点进行硬件产品开发和迭代。2014年底，锐明推出基于 Windows 的第一代出租产品 TP1。2015 年，锐明迭代了基于 Android 的第二代出租产品 TP2。2017 年，在 TP2 基础上，迭代出 A 市出租车的嵌入式 E6，这个产品也是奠定锐明在行业内领军地位的一个主打产品。

图 3-3　锐明的 TP2（左）和 E6（右）

围绕监管部门需求和业务场景，锐明集成硬件和软件，为出租车行业提供了有效的解决方案。锐明的解决方案包括以下四个方面：

第一，防止计价作弊。利用 GPS 惯性导航功能里程计算精准的特性，有效地防止了司机计价作弊和绕路的可能性，保护了消费者利益。比如，计价的原理是通过车身和发动机来进行数据分析。锐明与国产新能源汽车龙头合作研发了一个加密系统，通过分析以后，让这个数据的保密性更好，同时精确度也很高，很好地解决了计价作弊的问题。

第二，视频监控。通过人脸比对，有效防止司机出现代班代驾的现象，同时可以防止司机的不规范驾驶行为和其他违法犯罪行为的发生。锐明采用人工智能技术进行人脸比对，从而确定司机是不是本人。而且不仅在司机第一次上班签到时检查，在驾驶过程中也会不断地抽查，这就很好地解决了代班代驾的问题。

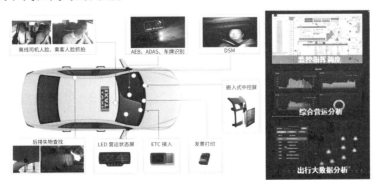

图 3-4　出租车智能解决方案示意图

第三，有效地协助政府对出租车行业进行监管。锐明的出租车解决方案为政府提供了一个信息化的平台，政府相关工作人员可以实时看到车辆位置情况、载客和空车情况、出租车行业的整体收入等情况。比如，通过摄像机分析车内是否有乘客，是否有打表。通过锐明的 MDVR 设备，政府每天都能监管到出租车运营情况。通过空车、载客的比例，政府也能知道每个司机的收入。政府对出租车行业每年是有补贴政策的，如果这个收入跌到设定标准以下时，政府就会发放补贴给司机，以此来保障出租车司机群体的收入。

第四，其他类型的增值服务。包括叫车、电子发票、失物找回、回放行车轨迹、投诉、广告、ETC 等服务。比如，锐明有一套 APP 程序可以对绕路的行程进行监督，同时安装高清视频，帮助乘客找回丢失财物的概率大大提升。据统计，借助锐明的服务，每年能帮失主找回价值几千万的物品。

图 3-5　出租车智能解决方案痛点覆盖图

政府利用 MDVR 对商用车行业进行监督监管，与此对应的就是驾驶司机想要逃避监管。破坏设备、剪断电源、遮挡摄像头……在逃避监管方面，司机总是能想出各种千奇百怪的招数。锐明的一位研发人员打了一个形象的比喻："就像猫鼠游戏一样，监管者与被监管者一直在博弈。"锐明面对司机们的躲避监管行为，都一一优化解决方案完美应对。比如，迪拜、阿布扎比的出租车司机每一笔收入都要上传到后台。由于要根据营收来进行抽成，这就导致很多司机悄悄地把电线剪断。锐明的 MDVR 就很好地解决了这个问题，首先是监控，其次设备如果被破坏，机器就会自动停止运行，向后台发出警报。

商业模式上，锐明也选择了离客户最近的直营模式。刚开始成立出租车业务线的时候，锐明考虑了两种不同的商业模式：一种是与各地服务商合作，锐明提供核心解决方案，包括硬件和平台软件，各地服务商在此基础上进行软件二次开发和系统集成。好处是有可能在短时间内获得较高的市场渗透率，同时自身环节的生产效率、周转率、人均产出都较高。不足是离最终用户较远。另一种方式是直营。直营的优势是离最终用户近，解决方案的独特优势更容易深入用户认知，缺点是覆盖慢、效率低、竞争对手多。选择直营就意味着服务商都是对手。锐明最终选择了后者。

锐明选择直营的商业模式其实是出于战略上的深入考虑。第一，要成为行业领先的解决方案供应商，要实现长期经营的愿望，就必须深入用户，成为"离用户最近的技术公司"。第二，在技术与用户需求快速变化的时代，采取与经销商、服务商合作的模式，有可能被客户屏蔽用户知识和用户关系。现如今，远离用户场景，就是企业最大的风险。

为了更好地发挥直营模式的优势，锐明进行了营销体系改革。他们采用了"铁三角"模式，即集合产品、研发、销售于一体服务客户。让体系能力一致用于服务用户，从卖产品指标到卖解决问题的能力，再到卖社会实效，产品线对理解用户负责，也直接扛业绩，销售、技服下沉到业务细分市场。

为了避免直营模式在效率上的短板，锐明通过产品技术平台化，提升知识管理能力和流程能力，深化组织变革，打造敏捷组织，来提高直营模式下的经营效率。很快，锐明成为出租车行业解决方案的龙头企业，也成功地实现解决方案转型。

三、围绕客户场景布局前沿技术

2014 年，在推进行业解决方案转型的同时，赵志坚看到了人工智能的技术趋势，并且开始围绕客户场景进行技术布局。

回顾摄像头视频技术的发展历史，业内有人总结为从"看得见的时代"发展到"看得清的时代"，然后从"看得清的时代"跃迁到"看得懂的时代"。"看得见"是指传统录像技术时代，能录像，但图像品质不高；"看得清"则是数字高清视频技术的应用；"看得懂"则是指视频图像识别技术的应用，摄像头像人的视觉神经系统一样，对环境图像有了认知能力。

2014 年可以说是人工智能发展的元年，因为市场上有一款突破性的产品横空出世——神经形态芯片。它可以探测和预测数据中的规律和模式，大大提升了机器学习软件的工作效率。芯片带来的算力迅猛提升，再加上互联网、物联网产生的海量数据，以及人工智能算法的突破性进展，人工智能的商业化进程越过拐点，进入快速成长阶段。正是这一年，计算机也终于能够读懂图像了，而这些突破对摄像监控领域而言可以说是划时代的。

人工智能领域基础技术取得的重大突破，刺激了锐明全新的产品创意——如果摄像头具有图像认知能力和语言认知能力，那么诸多用户场景中的潜在需求将得到满足。原本无法完成的任务，人工智能技术能够很方便地完成。例如：在车辆行驶过程中，具有图像认知能力的摄像头和分析系统，能够识别环境和司机行为的安全风险因素，及时做出预警和管理干预。这种精准、及时的干预极为重要。在"看得见""看得清"的时代，这是做不到的。赵志坚当时的理解是，AI（人工智能）是一场技术革命，在视频监控领域，它带来的是一种全新的能力，将会创造全新的用户价值。这是一场颠覆性的创新。因此，锐明必须将 AI 上升为公司级战略——"All in AI"。2014 年，锐明开始组建 AI 研发团队，是行业里最早投入 AI 研发的企业。

起初，锐明与深圳其他具有 AI 研发能力的企业合作，希望通过合作来提升自身的 AI 能力，但最后效果不是很理想，就没有继续做下去。之后，锐明开始组建 AI 团队，最早的 AI 技术人员只有一个人，他后来成了锐明 AI 业务的核心领导人。2014 年底，锐明又和一家大学的国家级实验室建立了校企合作关系，但维持了一年多，最后发现效果也不够好。于是，AI 业务负责人便提出，"投入那么多钱还不如自己干，我肯定能把 AI 弄出来"。核心技术骨干的激情和自信，加上公司高层"自主可控"的战略意志，驱动锐明开启了 AI 自主创新之路。赵志坚认为，锐明不排除开放式创新，但锐明的 AI 技术核心一定要掌握在自己手中，才能让 AI 有效融入所有的解决方案里面。

当时的 AI 团队只有 4 个人，为了让大家时刻跟上前沿技术动态，也为了促使研究团队主动学习，AI 业务负责人要求大家下苦功夫，先从读外文文献开始学习研究。他发起了每周五学术交流会议，鼓励大家把了解到的资讯及学习的心得在会上进行交流和研讨。锐明的 AI 自主研发就是这样迈出了第一步。

2016 年，锐明就已经有了自己的 AI 产品。虽然初代产品不够成熟，不过已经符合行业的产品标准了。今天，锐明的 AI 产品已经覆盖到所有产品线，AI 产品均为自主开发，核心团队发展到几十人。目前，锐明 AI 技术实力已经获得行业和政府的高度认可，被授予深圳市"人工智能工程研究中心"。深圳只有两家企业拥有这块牌子，锐明是其一。

图 3-6　锐明人工智能工程研究中心

坚持自主可控的同时，拥抱开放式创新，锐明把看似相互矛盾的两种策略糅合运用得恰到好处。目标识别和目标检测是锐明 AI 功能的技术关键，比如，人脸识别、语音识别、车辆检测、人员身份检测、车道车险检测、交通标志牌检测等技术。对锐明的 AI 功能而言，具有深度学习的芯片十分重要。之前使用的美国品牌芯片与锐明的技术缺乏协同，效果不太让人满意。人工智能时代，锐明与产业链上的关键伙伴 H 芯片公司再度携手。2017 年，H 芯片公司研究出了一款直接带神经网络加速引擎的芯片，让锐明 AI 功能实现了一次技术突破。锐明 AI 团队经过努力已经打下了良好技术基础，通过和 H 芯片公司的深度合作，只要把之前的研发成果往新的芯片上迁移就可以实现更大的进步。

在算法方面，锐明的做法是"站在巨人的肩膀上"，他们认为既不必要，也不可能每一个应用都从底层开发做起。锐明 AI 团队有一套实用有效的机制，随时密切关注业界可供整合的前沿创意、领先实践和基础算法的进步动态。在应用层面自主可控的同时，及时利用全球必要的基础算法，甚至是大量免费的算法，再开发出属于自己的应用算法。锐明的 AI 团队每周五都会举行技术交流研讨会。针对全球在 AI 领域相关的技术突破和创新，无论消息对错，锐明的 AI 团队都会一一验证，敢于试错，倘若技术验证结果为真，就会思考如何与产品进行深度融合应用。

锐明的 AI 产品最早是从"两客一危"这个细分市场开始突破的。"两客一危"是指从事旅游的包车、三类以上班线客车和运输危险化学品、烟花爆竹、民用爆炸物品的道路专用车辆。这些车辆一旦发生交通事故，往往造成群死群伤、重大财产损失等严重后果，因此政府长期将"两客一危"车辆列为重点管控对象，严查严管。2017 年底，一起高速公路连环追尾事件，导致 11 人死亡多人受伤，引发社会关注。之后政府开始强制要求"两客一危"车辆安装具有 AI 功能的 MDVR 进行监控。AI 视频监控不仅仅是要监督司机行为（DSM 产品），还要能识别环境风险因素，支持主动安全（ADAS 产品）。

锐明最主要的两款 AI 产品为 DSM 和 ADAS。DSM 是司机状态模拟器，可以判断司机是否存在睡觉、抽烟、打电话、玩手机或不系安全带等不良驾驶行为；ADAS 是高级驾驶辅助系统，具有防撞车防撞人、识别限速限高牌、异物检测等功能。

图 3-7 锐明的 DSM（左）和 ADAS（右）产品

之后，锐明的 AI 也应用于出租车领域。出租车领域的 AI 产品也是要解决安全问题，但具体场景与"两客一危"不同。出租车上经常发生治安案件和刑事案件，AI 技术通过识别危险动作、危险语言以及车辆不正常状态，智能判断并及时报警。除了安全问题外，AI 技术还广泛应用于出租车业务管理场景，比如通过人脸识别司机合法身份，司机刷脸不通过就不能开机、不能打表、不能打票，也接不了单。

锐明的 AI 不仅应用于这两个产品。所有的锐明产品都已经具有 AI 功能，最基本的也具有人脸识别功能。AI 是技术驱动，带来新应用，本质同样是为用户提供解决方案。不同的是，MDVR 从最早的事后存证查证功能，通过 AI 技术，到现在实现了事前预警预防功能，是从事后到事前的转变。从 2019 年初开始，锐明的 AI 投入开始实现变现。AI 的产品赋能也给锐明带来了一波巨大的业绩增长。锐明 AI 负责人受访时强调："到现在，可以说一套 MDVR 产品如果没有 AI 功能是卖不出去的，没有 AI 技术，市场就是零。"锐明"All in AI"的战略已经成功落地，实现了从 0 到 1 的突破。

锐明的 AI 是基于客户场景的 AI，围绕客户需求来构建，为客户的结果负责。锐明要成为一家"离用户最近的公司"，这里面有两层意思：一是强调走进用户场景，理解用户需求，深化与用户的关系；二是强调对效果负责，关注点放在产品和解决方案的实际效果上，关心的是用户问题是不是真正得到了解决，而不仅仅是产品的性能卓越和技术领先。

AI 商业化蓬勃发展之初，业界展开了一场"算法竞争"。技术团队也好，投资人也好，财经媒体也好，都把焦点放在"谁家的算法最优"。这里面的假设是：算法竞争是一场"领先者通吃"的游戏。然而，AI 市场发展的现实却告诉人们，好的算法只是赢得竞争的必要条件而远非充分条件。再说，算法最优是有成本代价的。比如说，AI 做到 90% 的效果就足够满足客户当下的需求了，假如做到 95% 需要再花两倍的资源，那就先放

一放，因为技术深化无止境。此时，把有限的资源投入其他对效果影响更
重要的环节，则是更合理的。

图 3-8　锐明人工智能体系能力

车载领域的 AI 解决方案，往往都是用户个性化定制的。不同的用户，
场景和问题都不尽相同，哪怕是同一个行业的同一个场景，其环境因素和
用户需求也有差异。锐明简要地总结为"无场景，不智能"。用户对 AI 解
决方案供应商的关键要求就两条：一是解决方案的效果好，二是解决方案
交付的速度快。即所谓"快速出效果"。

锐明始终强调自己"不是算法最优，而是解决方案最优"。比如，摄
像头的安装位置，不同车型、玻璃、光线都会影响数据采集，这都是要对
产品和光学设计特别研究的，要做大量场景化的适应性研究。这些设计和
工作安排，与算法技术无关，但只有这些工作都做好，算法才能精准识别
特征。

为了实现解决方案最优，"快速出效果"，锐明会把开发过程中的许
多"杂事""麻烦事"留给自己做，而其他同行通常会外包给第三方。锐
明 AI 核心团队中有很多"助理工程师"。"助理工程师"多为深职院学生，
其主要任务有三个，一是产品出现问题，去前线深度介入，经营客户关

系；二是测试 AI 功能和系统；三是抠样本，提供数据给神经网络进行学习。对于这些"杂事"，锐明认为自己团队干更有利于快速出效果，实现解决方案最优。例如，阿联酋有个项目需要实现车牌识别功能，锐明没有这个场景的图像素材。于是锐明的 AI 部门直接派 5 个人去到阿联酋。只用 2 个月的时间，整个产品的交付与测试就完成了。因为这些员工首先就是相关专业的，对用户问题看得准，也了解产品，同时因为是 AI 团队的人，直接听 AI 负责人指派，效率立马提高。

经过两年多的磨炼，锐明成功开发 AI 产品的同时，还发展出独特的"人工智能体系能力"，或者说是"锐明人工智能开发方法论"。运用这套方法论，AI 团队能够根据客户具体的业务场景，高效迅速地研发出适应业务场景的智能化解决方案。

技术革命催生时代
新需求

第四节　总结："离客户最近"的竞争力

　　创新源自对客户场景、客户任务的深刻理解。更近距离地接触客户，与客户保持紧密的联系则能让企业更深入理解客户的需求和场景，发现"让客户变得更好"的创新机遇，进而围绕客户场景布局创新技术，构建企业的长期竞争力。无形中"与客户的近距离"便成为企业独特的竞争优势。因此，锐明创始人赵志坚提出了努力成为"离用户最近的科技型企业"。

　　"成为离用户最近的科技型企业"这句企业宣言字面意思是锐明的追求是——锐明会不断贴近客户，理解客户需求去提供技术服务。更深入想，这句话也是锐明的基因和成长的高度概括，展示了一种独特的企业竞争力。科技型企业就是锐明的基因——锐明将自己定义为技术公司，以技术创业起家，将技术产品化，并且始终保持对技术领先的追求。从公司的发展历程看，锐明的创新成长是一个离用户越来越近的过程。

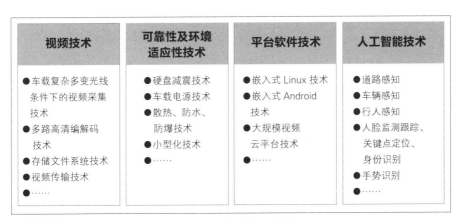

视频技术	可靠性及环境适应性技术	平台软件技术	人工智能技术
●车载复杂多变光线条件下的视频采集技术 ●多路高清编解码技术 ●存储文件系统技术 ●视频传输技术 ●……	●硬盘减震技术 ●车载电源技术 ●散热、防水、防爆技术 ●小型化技术 ●……	●嵌入式 Linux 技术 ●嵌入式 Android 技术 ●大规模视频云平台技术 ●……	●道路感知 ●车辆感知 ●行人感知 ●人脸监测跟踪、关键点定位、身份识别 ●手势识别 ●……

图 3-9　锐明技术能力积累

锐明起初是"会什么做什么",基于自己的音视频数字技术去寻找客户,抓住了从模拟时代走向数字时代的红利,为终端 PMP 品牌提供方案,以新技术的 DVR 去替代传统磁盘录像带。进入车载监控行业后,锐明把 DVR 用在商用车上。车辆是经常处于运动的空间,DVR 设备要在复杂的环境中工作,这让锐明开始关注客户的使用场景。为了应对复杂的车载环境,锐明需要整合原先的 DVR 技术,同时不断学习车载设备技术(可靠性及环境适应性技术)。与 B 公司合作的惨痛教训和美国 R 公司的专业又让他们对客户的场景、问题有了更深入的理解。前者暴露了锐明在产品研发上的不成熟;后者提供了教科书般的产品规格书,让锐明走向专业的研发和管理。车载业务阶段,锐明的技术研发逐渐以客户问题为核心,商业思考的出发点从基于技术转向基于客户。

沿着车载场景,锐明进入了商用车领域的多个细分行业,成为行业解决方案专家。此时的锐明已经走得更远了,他们不仅对细分行业客户的个性化场景有了深刻的认知和分析,还能提前围绕这些客户场景进行技术布局,坚决"All in AI",抓住前沿技术的先发优势。锐明 AI 技术的出发点,就是客户场景。随着离用户的距离越来越近,锐明围绕用户场景的技术能力也不断提高。因此,如果总结锐明的核心竞争力,光讲技术是不够的,还有基于对行业场景的深入理解,锐明的技术是围绕场景和客户问题的技术。

锐明的聚焦

第四章

升级：
在深度服务客户中
走向价值链高端

在发现未来的技术趋势，自己却还没有能力掌握技术的情况下，如何把握住技术带来的时代机遇呢？

在锐明的案例里，技术是用于解决客户问题的工具，技术始终要回到客户的场景中，服务于客户的任务。掌握技术很重要，但理解技术对客户的意义更为关键。如果能够深刻理解新技术对客户的价值，理解如何把新技术引入客户场景中，从而更好地满足客户需求，为客户创造价值，这其实也是一种企业能力。基于对技术的深刻理解，为客户对接合适的技术。如此，是否就能在还没掌握技术的情况下把握机遇，分享新技术的红利呢？

这正是企业家的工作，而深圳就有企业成功地做到过！深圳市今天国际物流技术股份有限公司（简称"今天国际"）就是典型案例。在洞察到自动化物流的技术趋势后，今天国际选择从服务入手，从代理自动化物流设备做起，为客户的制造引入新技术、新设备。随着不断贴近客户，今天国际不断发掘客户需求，沿着客户需求逐步走向价值链高端，成长为一家技术型企业。

如今，跟今天国际的高管访谈的时候，他们会自豪地称自己的公司为技术公司。经过 20 多年的发展，今天国际已经成为一家专注于智慧物流和智能制造系统的综合解决方案提供商，为生产制造、流通配送企业提供生产自动化及物流系统的规划设计、系统集成、软件开发、智能设备定制、控制系统开发、现场安装调试、客户培训和售后服务等一系列服务。今天国际的智慧物流系统包括物料出入库、存储、搬运、输送、分拣与拣选、配送等生产过程的自动化、信息化和智能化，从而帮助客户提高效率，降低成本，提高管理水平和竞争力。

微笑曲线生动地展示了价值链上各个环节的价值分布，研发和市场具有较高的市场价值，而不具备研发能力和市场能力的制造企业的附加价值最低。微笑曲线为企业增长提供了一个战略方向，那就是沿着价值链向附加价值更高的方向延伸，走向价值链高端。今天国际所处的价值链也符合微笑曲线的规律，高精尖设备开发和品牌占有较高的价值，而现场实施和代理则价值较低。今天国际就是从规划集成开始，然后向价值更高的售后服务和软件开发延伸，进而走向系统规划和集成设计，慢慢覆盖整个价值链，成为客户青睐的智慧物流集成商品牌。而牵引今天国际一步一步走向价值链高端的，是他们对实现客户价值的不断追求。

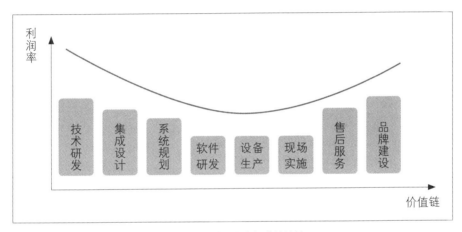

图 4-1　自动化物流行业价值链

第一节　没有技术，就从代理服务开始

一、先进技术与市场需求

"人家（国外）的工厂跟我们国内的工厂完全是两码事！"

这是今天国际创始人、董事长邵健伟在参观德国工厂后的感悟，这也成为他创业的初衷。在创立今天国际之前，邵健伟有机会出国访问学习。在德国的时候，他就意识到自动化物流在生产环节里的重要性，也看到国内工厂和国外工厂的差距——国内工业生产的物流自动化程度太低。

在发现国内外物流自动化的惊人差距后，今天国际团队便开始研究当时全球排名前十的公司。其中一家美国公司的回信给他们带来了很大的触动。这家美国公司表示他们没有开展东亚的业务，但在美国的业务非常饱满。如果是在北美开展业务的话，他们可以在两个小时内乘坐私人飞机抵达客户所在城市开展洽谈。这家公司已经成立40多年了，至今业务还十分充足，而中国的自动化物流产业当时还没有开始呢！20世纪90年代，国内了解自动化物流的客户极少，市场尚未开发。今天国际意识到自动化物流对于中国公司来说是个不错的机会，于是便决定创业，投身自动化物流行业。

决定从事自动化物流后，今天国际便从熟悉的烟草行业入手。烟厂技改是今天国际发展初期重要的市场红利。改革开放后，中国开始从计划经济向市场经济转型。在20世纪80年代，大型烟草企业纷纷开启大规模的技术改造。进口烟机设备的引进，不仅大大地提升了卷烟的产能，还提升了卷烟的品质。1984年到1988年，云南的玉烟先后引进了71台（套）世界先进水平的卷烟设备，实现了卷烟生产全过程自动流水线作业。从产能

来看，五年间玉烟的卷烟年产量由 53.7 万箱增加到 107.75 万箱[①]。自动化生产线的引入，不仅可以大大减少人力的使用、降低人员作业强度，同时还能大幅提高生产效率和良品率。

烟厂的设备改进和自动化生产的推行也带来了对自动化物流的迫切需求。卷烟的生产是个环环相扣的复杂流程，引进自动化生产设备后，每个生产环节的效率大大提高，此时就要求从一个环节到另一个环节的输送也要按照配套的节奏提升效率，保证整个生产过程高效。一旦上个环节的生产输出不能及时送到下个环节，就可能造成下个环节的机器空转，自动化设备的效率就大打折扣，达不到快速提升产能的目的。因此，随着自动化设备的大规模使用，引进自动化物流是烟厂技改的必然趋势。这也是今天国际名字的由来。在创立公司之时，今天国际创始团队经过多次讨论，给公司起英文名为"New Trend"，意思是新趋势，即自动化物流是未来的趋势。而未来始于当下，因此中文名字就定为"今天国际"。

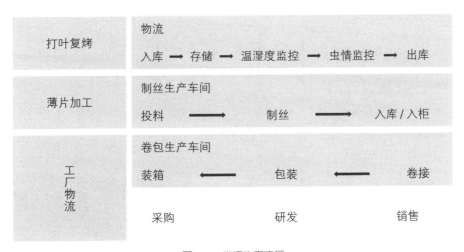

图 4-2　卷烟生产流程

①新浪财经.中国烟草的脊梁，民族工业的旗帜[EB/OL].(2006-12-07)[2023-01-31]. http://finance.sina.com.cn/roll/20061207/10363143637.shtml.

二、以代理抓住技术趋势

那么，什么是卷烟厂里的自动化物流？一套完整的带自动化物流的制造系统通常由自动化生产线、自动化仓库系统、自动化搬运与输送系统、自动化分拣与拣选系统、电气控制系统和信息管理系统等部分组成。自动化生产线主要是各类生产专机和生产管理系统，自动化仓库系统主要包括堆垛机、货架以及密集存储的自动子母车等自动化存储设备，自动化搬运与输送系统主要包括各式输送机、无人搬运小车、轨道穿梭车、机器人和其他自动搬运设备，自动化分拣与拣选系统主要包括各类自动化分拣设备、手持终端拣选和电子标签拣选等，信息管理系统主要包括物流管理软件、仓库管理系统（WMS）、仓库控制系统（WCS）、智能分拣和拣选软件等。

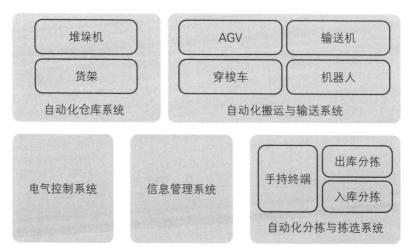

图 4-3　自动化物流制造系统

如此复杂的自动化物流制造系统，毫无行业经验的创业团队该从哪里入手？他们特地拜访了北京科技大学教授吴清一。吴教授是中国物流界最权威的杂志《物流技术与应用》的创刊人，他把日本的物流理念引进中国。通过拜访学习和参加活动，他们认为吴教授的研究很符合当时中国市场的需要。今天国际明确了自己的发展方向——首先从工厂的自动化物流开始。

自动化物流给卷烟厂带来的好处是实实在在的。首先，自动化以后就可以减少人力成本，工厂不再需要那么多工人。其次，自动化可以显著提升生产效率。再次，提高管理水平，降低出错率。之前的工厂靠老大爷看着，人们经常开玩笑说工厂里有几只老鼠老大爷都清清楚楚。随着仓库越来越大，越来越多，客户需求变化越来越快，老大爷记不住那么多东西了。原料是什么时候进来的？放在什么地方？在哪台机器上生产？这些环节都需要进行管理。以前仓库的东西，都是记录在本子上，记录的内容多了就容易丢失，这就需要信息系统去实现精准管理，对每个客户的库存情况都要有准确的记录。

今天国际进一步聚焦在工厂内的自动化物流，并选择从代理设备开始。从客户的角度看，当时烟草行业客户已经购买了很多欧洲设备，也在欧洲看到了很多这方面的先进实践。因而他们能够理解自动化物流技术带来的好处。在创业之前，今天国际从中看到了卷烟厂对物流的重视。由于今天国际当时不具备制造设备的能力，因此他们以帮助烟厂选购自动化物流设备为切入点，开始了他们的事业。

代理，在国际贸易非常发达的现在看来似乎没有太高的价值含量。而在 21 世纪之初，今天国际团队确实为卷烟厂解决了大问题——寻找适合客户制造水平又具有国际一流品质的设备。彼时的中国还没有加入世界贸易组织（WTO），想在国内买到国际一流品牌的产品比较困难。当时的海外设备制造商在中国内地并没有办事机构，他们主要在中国香港、新加坡设立办事点。跨洋寻找国际品牌公司本身就是难事，更何况还有语言的天然障碍，那时候会外语的人才亦是凤毛麟角。尽管在自动化物流领域有所成就的世界知名品牌不少，但他们没有烟草行业的经验，也不理解卷烟厂的具体业务需求，因此专业需求上的沟通更是难上加难。

今天国际开始从香港寻找世界上最好的自动化物流设备品牌。1999年3月，香港今天国际成立，为了更贴近市场和更好地服务客户，2000年10月，公司在深圳设立深圳今天国际，就这样组建了一支六七人的团队。

在服务客户中，今天国际很快意识到做事前需要先把目标搞清楚，应该认真地去理解客户的具体需求和用户场景。如果对客户的很多行业术语和专有名词不理解的话，自己就没法搞清楚行业和客户需求，做出来的规划方案也南辕北辙。为此，公司专门成立了团队，去研究烟厂的运营生产模式。这种对卷烟厂需求的理解，就是当时今天国际存在的重要价值。通过对卷烟厂工作场景的理解，今天国际知道客户需要什么样的设备，从而帮助客户筛选出适合的海外设备制造商。之后，今天国际还是继续寻找相似的项目，积极参与投标。

在那个特殊的年代，今天国际的服务极大地节约了客户的成本。他们不仅帮助客户节省了烟厂技改的设备采购费用，还帮客户降低了设备投产后的运营成本。作为代理，今天国际为卷烟厂提供了更多的选择。投身创业后，今天国际团队就跟海外多家国际设备品牌建立联系。通过今天国际的专业团队跟海外设备制造商沟通，帮助客户跨过语言的障碍，对接到适合自己的设备品牌。通过对接多家海外知名制造商，今天国际能够帮助客户选择适合自己的高性价比的设备。

今天国际的甄别，无形中相当于给设备厂家提供了一个竞争机制，也给客户提供了一个筛选平台。在跟国际一流厂商的沟通中，如果发现沟通成本很高或者响应速度太慢，即使厂家技术再好、名气再大，今天国际也不会向客户推荐该厂家。尤其在响应速度上，设备商的响应速度其实是一个很容易被忽视的客户痛点。由于海外公司的工作模式跟国内有很大的差异，海外设备厂商往往难以满足中国客户要求快速响应的需求。客户可能要等上一周才能得到海外设备商对问题的答复，甚至要等上一两个月才能等来他们的服务。对于客户来说，时间就是成本，一旦设备停工，每天甚至每小时都会产生不小的开支。

可以说，成立之初的今天国际，既为中国烟草行业带来了世界一流品质又具性价比的设备，也帮助欧洲各国、日本等自动化物流设备制造商打开了中国市场，实现了多赢的结果。在与国际一流伙伴的合作过程中，今天国际学习到了他们专业、敬业和担当的精神。同时，他们也进一步发现了国外设备厂商在对中国服务中的不足之处，比如软件升级、售后服务等。这也为他们后续的发展提供了机遇。

第二节　沿着客户需求升级能力

一、走向技术，解决刚需和痛点

完整的自动化物流价值链包含技术研发、集成设计、系统规划、软件研发、设备生产、现场实施、售后服务、品牌建设等环节。设备代理商处于价值链的低端环节，创立初期今天国际参与的是现场实施和售后服务。在成功代理四五个项目后，今天国际不再满足于做一个自动化物流设备的代理商，而是决定进军系统规划和集成设计业务。系统规划是自动化物流系统的大概设计，而集成设计是涵盖电控、软硬件的详细设计，需要对零件、控制逻辑、工况、场景、尺寸大小等细节都非常清楚，使实施部门可以根据集成的图纸进行实施。

今天国际团队认为硬件研发很难在短时间内成功，但他们发现软件对于客户而言，既是刚需，又是痛点。尽管当时专注于物流软件开发的人才很少，但今天国际还是找了一批刚毕业的年轻人开始开发软件。在今天国际成立的第三年（2003 年），公司就开始投入软件研发，迈出了从代理走向集成的第一步。而这个重要的转变，不仅是源于创始人对事业有更高的追求，更是为了满足中国本土客户的迫切需求。

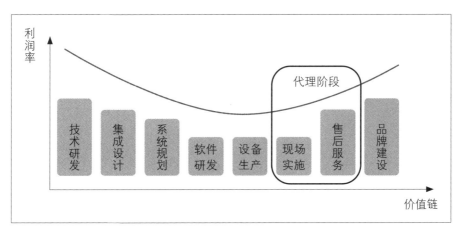

图 4-4　自动化物流行业价值链

改革开放以来，神州大地的经济社会发展日新月异，其背后是中国企业的快速成长。这种快速成长的表现就是企业业务模式进行的翻天覆地的变化。"这四十年来，很多中国企业可以说是一年一变化，甚至一年有好几变。"访谈中一位高管感慨道。每次变化都带来管理、运营、产品的变化，也带来软件、硬件设备升级换代的需求，尤其是软件。行业、企业的快速发展带来了对设备软件升级的刚需，烟草行业也不例外。

回到当时的时代背景，那时候的中国企业还没有强大到足以让海外设备商专门在国内设立售后服务机构。软件升级和售后服务需要依赖远在国外的工程师，这对今天国际的客户来说，一直是非常大的痛点，有时候甚至还影响到正常的运营管理。当客户的业务发生变更的时候，他们就需要去修改国外的软件，根据生产和业务的需求对软件进行升级更新。这个过程中的沟通成本和时间成本，换算起来都是一笔不小的经济支出。

依赖海外工程师进行软件升级，给客户带来很大的困扰：一是成本非常高，二是响应速度慢所带来的潜在风险多。一位创始高管在回顾公司早期的发展历程时，对这个痛点有非常生动的描述："海外的工程师时薪很高，每次一待就是一周，从到达机场就开始进行服务计费，甚至连上洗手间也在计费，而且一天天的打车费也是不小的支出。如果问题解决不了，还要进行另外的测试。这些费用并不包括在之前的设备采购费用中，都需要企业额外承担。更让客户感到难受的是长时间等待所带来的风险，不能按时交货对于客户来说是很大的责任事故和经济损失。海外工程师往往需要申请签证，动辄十几天，甚至二十几天才能完成处理，这对客户来说是非常长的等待，也隐藏着很高的风险。"

在深刻理解客户的痛点后，今天国际团队决定从自动化物流的软件开发做起，帮助客户解决软件的问题。团队认为企业要生存和壮大，技术还是要掌握在自己手里，有了好技术才有好产品、好服务。于是，今天国际成立了 20 人的软件部门，开始做自动化立体仓库软件系统的开发。在第一个软件项目成功两年后，今天国际于 2005 年获得了"双软认证"（软件产品和软件企业的认证资质）。

二、客户信任的是什么？

在自动化物流管理软件开发前，今天国际需要涉及集成设计和系统规划两个价值链上的关键环节，因为客户要在集成实施后才能用到软件。这也就意味着，此时的今天国际，已经走上了集成商之路。从代理走向集成设计和系统规划是一个跨越，今天国际要如何赢得客户信任呢？

客户的信任源自专业和诚恳的沟通——今天国际的"实话实说"能够让客户心里有底。沟通上最基本的是技术澄清，并通过客户的技术交流考试。自动化物流在自动化生产线里是非常重要的，整个生产环节从前端、中端到后端都有今天国际的参与。如果某个环节出现问题，整个生产线就无法运转，比如原料运到车间不及时或原料有误，生产出来的产品信息错误，都会给整个生产过程造成影响，降低效率和带来经济的损失。今天国际需要对每个环节进行详细设计和说明。他们还会通过定期巡访、技术交流会和运维管理交流会等形式跟踪客户的使用体验，与客户探讨如何进一步提升物流管理水平，常年跟客户保持密切沟通与联系。

另一个赢得客户信任的关键因素是让客户看到国产替代所带来的成本优势。此前，进口设备的售后服务都是由外国设备提供商负责，客户需要付出高昂的维护成本和漫长的等待时间。相比于国外设备提供商缓慢的反应速度，今天国际的本土化客户服务能够对客户需求做出快速反应。在项目实施过程中，今天国际会派驻技术人员与客户随时沟通并快速提出解决方案。他们还设置了 24 小时售后服务热线，提供在线技术支持和远程维护等售后服务。在今天国际的努力下，实现了售后服务和软件升级本土化，设备的维护成本大大降低，也增加了客户的信任和黏性。

当时售后服务团队有一位记者出身的年轻人，原来在新华社工作，后来到了今天国际。在负责售后的时候，他不可思议地搞懂了自动导引运输车（Automated Guided Vehicle，简称 AGV 小车）的相关技术。这是一种装备电磁或光学等自动导航装置的智能运输车，能够按规定路径运输货品。作为一个文科生，他可以将芬兰进口的 AGV 设备拆完后又装回去。就是这样的人，慢慢带着团队把售后服务做了起来。2006 年，今天国际专门成立了自己的售后服务部，主要负责设备检测、软件的升级和修复等。

图 4-5 今天国际的 AGV 小车

想让客户信任不单单靠口头承诺，还要有真金白银的付出，人力资源、研发、市场推广等方面前期都需要投入大量的资金。他们还要承担相应的财务风险。为了公司发展，邵健伟还一度把自己的房子抵押进去。

三、制订中国自己的综合解决方案

在与海外知名设备厂商合作的过程中，今天国际的几个部门都得到了技术沉淀。2003 年，今天国际在项目上走出了集成商的第一步，完成了软件开发的处子秀。然而，这只能算是一个"半集成"的项目。到 2004 年底，公司就开始组建规划部门。又在 2005 年开始搭建电控团队，逐步设立电控部门。到 2008 年的时候，今天国际已经实现了物流电控系统自主设计。

系统集成是根据客户需求量身定制物流自动化解决方案，完整的系统集成能力包括系统规划、软件、电控三个关键环节的能力，整合关键设备的能力，以及项目管理能力。物流系统的规划设计是否具有针对性，软硬件集成能力的高低将决定自动化物流系统项目的成败。

图 4-6　自动化物流集成服务流程

系统规划是指根据客户需求为其量身设计和打造自动化物流系统。今天国际不仅要熟悉烟草客户的工艺要求和技术水平，还要客观分析客户自身的经济条件和管理水平，以满足客户的个性化需求。以仓储为例，客户要求的指标可能是存储的吨数，今天国际需要根据客户的场地面积和要求吨数进行规划。相比普通仓库方案，今天国际提供的方案能够节约投资，有的项目节省的投资费用可以高达数千万元。

软件方面，今天国际在此前的项目中不断进行系统解决方案、软件产品、关键部件和模块等多层面的技术积累，能够根据客户的需求快速开发各种物流系统应用软件、接口软件，自主研发了一系列信息管理系统和电气控制系统产品，进而有机组合各类物流设备，满足不同客户对物流系统的需求。

项目管理一直以来都受到今天国际的高度重视，他们很早就成立了专门负责技术管理和沟通管理的团队。每个项目团队都由涵盖各个环节的专业人员组成，包括客户经理，项目管理人员，专门的规划设计人员，机械的、软件的、控制的人员等。这些人员由项目经理统筹，最开始由负责销售的客户经理去接洽，项目进展到不同阶段后各个团队都会介入。通过项目管理团队，今天国际能够做好实施细节，把控项目进度，从而为集成项目加分。经过多个大规模、高复杂度的自动化物流系统项目的历练后，今天国际已经积累了丰富的现场实施经验。

所谓综合解决方案，就是全面考虑客户需求，为其提供总成本最低、性价比最优的方案。自动化物流系统不仅要有针对性的物流系统规划设计能力，还要掌握相关行业知识和关键技术，才能实现软硬件的无缝对接。这就要求今天国际同时掌握系统规划、软件、电控等三个环节。这三个环节都有一个共同特质：它们跟客户具体应用场景、具体业务需求有非常强的相关性。抓住这三个环节的问题，基本上就能解决客户大部分问题，实现很多客户的个性化需求。掌握了这三个环节，再整合其他标准化的东西，比如设备、机械件等，另外再加上项目管理，今天国际就具备了完整的系统集成能力。

伴随着烟草行业从自动化走向智能化，今天国际的第一阶段是靠客户服务取胜，而第二阶段则主要是靠技术取胜。无论是规划技术、软件技术、设备技术，还是对于不同行业工艺流程的认知经验。因为只有懂了客户的业务，才能给客户提出更好的建议；只有理解原理，才能知道采用什么方法和预期效果，能为客户匹配最省钱的方案。从代理设备和商务沟通，到软件开发，到售后服务，再到最后完整具备集成商能力，今天国际一直倾听和洞察客户需求，围绕客户价值不断地延伸知识和能力的边界。从代理开始，今天国际就不断在跟国际领先厂家合作中学习吸收先进经验。在为客户持续创造价值的同时，自然而然地提高了自己在产业链当中的贡献度和话语权。

四、智能机器人的创新突破

在成为物流集成商后，今天国际并没有停下脚步，而是向更为困难的硬件突破。智能机器人是智慧物流的关键要素，也是客户长期以来的痛点。在 2010 年以前，国内的技术水平还没能实现智能机器人完全自主的研发。在当时，今天国际主要是集成海外设备，自己则负责国内的落地和调试工作。对海外设备的依赖给客户带来诸多不便。每当客户提出一些个性化需求时，需要反馈给海外厂商，由海外厂商完成进一步升级创新。这种方式不仅响应速度很慢，而且费用很高。为了更好地服务客户，今天国际团队意识到实现设备自主可控的重要性。于是，他们在 2012 年成立了智能机器人研发部，专门租了一片场地开始进行产品研发。

公司的第一款智能机器人是 AGV 小车。从零到一总是困难重重！当时研发条件艰苦，很多硬件设备都不齐全，研发团队需要一边查阅大量资料，一边选择和尝试能用以研发的设备和器件。除了硬件条件，软件持续优化也是一个难题。软件是大脑，硬件是执行，大脑指令的准确性关乎硬件能否"跑"得顺利。研发团队需要持续优化软件，不但要实现机器运转，还要保证足够平稳。研发人员为此需要花费大量时间，甚至一次次推翻重新来过。

经过不懈努力，第一款 AGV 小车终于在 2013 年 7 月面世。2014 年，该产品又进行了更新迭代，首次完成了 6 台产品交付。这款产品采用轻巧的塑料材质，外观美丽，其创新之处在于机体设计、功能和维护上都考虑了国内客户的操作习惯。而经过迭代，新产品要比前代价格便宜约三成，供货时间缩短一半。这款产品是国内 AGV 行业的突破，意味着我国掌握了技术自主可控又具有价格优势的 AGV 产品。今天国际在选择设备上有更大的自主权，从而在满足客户个性化需求上更进一步。

今天国际的研发团队并没有满足于 AGV 小车的成功，他们开始进军自动化立库的核心智能设备——堆垛机领域。堆垛机是用于高层货架上取放货物的专用起重机，能够实现仓库、车间内的货物攫取、搬运和堆垛。这种设备原来只有两家外国供应商提供，因而同样存在响应不及时、效率低、成本高、无法自主可控等问题。由于供应商较少，设备的稳定性不够，国内堆垛机市场需求旺盛。经过反复权衡，今天国际决定进行堆垛机的自主研发和生产制造。

然而，这个决定一开始却遭到了公司内部的质疑和反对。今天国际作为系统集成商，属于软件和信息服务业，市盈率、人均产值、社会认可度都比较高，属于"白富美"行业。而投入堆垛机的设计制造，则进入了"傻大笨粗"的制造业，是吃力不讨好的苦活，而且管理难度大，风险比较高。最终，他们还是在质疑声中悄然开展堆垛机业务。

图 4-7 今天国际的堆垛机设备

2015 年，今天国际开始研发第一台堆垛机原型机。在 2018 年他们就实现了 6 台自产双立柱堆垛机的销售。系统集成和设备制造是完全不同的工作。他们的首个项目就遭遇危机——堆垛机运行时频繁发生故障。今天国际把产品的电控和机械专家聚在一起研讨试验，仍旧无法从根本上解决问题。这让他们一度陷入自我怀疑！公司不得不邀请企业外部的一位产品专家进行指导。最后，他们发现并不是产品设计的问题，而是轴轮加工精度问题。更换轴轮后，今天国际的堆垛机顺利完成了首秀。此后，自主研发的堆垛机帮助今天国际抓住新能源业务的风口，助力公司实现订单的十倍增长。堆垛机的产销量也随之腾飞，从 2020 年 180 多台，到 2021 年 800 多台，再到 2022 年 1000 多台，一跃成为行业第一。

2016 年，今天国际在原研发部基础上组建了今天机器人子公司，并在 2022 年被工信部认定为国家级专精特新"小巨人"企业。

| 第三节 | 跨行业提供解决方案 |

一、跨行业的成功关键

2009 年，中国资本市场正式推出了创业板，有潜力的中小企业也能够获得融资机会。在公司业绩增长迅猛的情况下，今天国际也在 2011 年开始准备 IPO（公开募股）。然而，他们首次冲击创业板以失败告终，主要原因是今天国际的业务过度依赖烟草行业。

于是，在 2012 年，今天国际决定从战略、战术上进行改进，实现自动化物流技术的跨行业应用。此后，今天国际不断在新能源、石化、冷链、综合超市、汽车、酒类饮料等多个行业获得突破。2016 年，今天国际成功登陆创业板。此后几年，今天国际在烟草行业的营收保持平稳，每年都能收获不少新订单。同时，新能源和石化业务也迎来快速发展。随着新能源行业的爆发，新能源逐渐成为对今天国际公司营收贡献最大的行业。

对于集成商来说，物流技术的集成逻辑在每个行业都是一样的，烟草行业的很多经验理论上都能够跨行业应用落地。但不同行业客户的业务特点和客户对自动化物流系统的需求存在很大的差异。从一个行业跨到另一个行业，需要对行业、管理运营模式、产品属性都进行深入了解，这不是一个容易的过程。跨行业发展的重点就在于要理解所服务行业的工艺流程，尤其是关键环节。

二、从解决客户问题出发，而非签订单

走出烟草行业，今天国际的团队依旧以客户为中心，以他们的专业能力去实现客户价值。在非烟草行业项目中，2016 年冷链行业的华美冷库无论是从项目金额还是技术成就来说，都是一个不得不提的标杆项目。

华美冷库是用于存放生鲜食品的立体库，项目金额高达 1.8 亿元。整个冷库占地 2.2 万平方米，高度达到 45 米，库内温度控制在 $-25\,℃$ 到 $-18\,℃$，是一个超过 40 万立方米的温控空间。它是目前全亚洲单体最大的库架一体化自动化立体冷库。今天国际为该项目完整提供了自动存取系统、输送系统、温度检测和制冷系统、WCS 系统（仓库控制系统）、WMS 系统（仓库管理系统）。

华美冷库的创新性也让今天国际在冷链行业的仓储物流领域树立起新标杆。项目创新地提供了库架一体式、自动超高层立体冷库方案。库架一体的设计突破了传统的思维，传统立库的做法是先盖好房子，再安装货架。而今天国际的创新设计是由内而外，先安装货架和自动化设备，再覆盖盖板和保温板，最终建成了库架一体的冷库。采用这种库架一体的密集式存储能够尽可能地提升空间利用率。华美冷库的设计也充分考虑了行业的特殊需求点。冷链运输和存储的都是食品，对于冷链行业来说至关重要的是食品的保鲜和安全。针对这一需求点，今天国际的方案采用了自动化作业的方式，在实际运行中能够实现快速出入库，减少低温制冷设备的能耗，降低人员在低温环境下作业的困扰。此外，华美冷库项目设备使用的都是食品级润滑油，保障长期使用中的食品安全。

华美冷库项目不仅在公司跨行业发展上具有重要意义，也体现了管理团队对客户价值为先的坚持。从项目的难度和意义上讲，45 米高的冷库是最大的挑战。当时国内冷库最高也就达到 30 米，没有人做过 45 米的货架，

高出的 15 米对整个货架结构的力学要求是完全不同的。

应对这个挑战，他们最大的困难是说服客户使用国外进口的钢材。2016 年中国的钢材产量已经稳居全球第一，国产钢材近年来的技术进步也让客户坚持使用国产的钢材来做货架。而今天国际的团队通过研究发现，想要做到 45 米的高度，就必须使用进口的钢材，国产钢材难以胜任。他们邀请了钢材方面的专家，对全球的钢材做了深入的分析，比如原材料分析，选哪种材料，材料厚度多少，采用哪里的矿石，矿石的成分比例，还有钢材加工过程中的管理和质量控制，中国企业的经验和欧洲工厂的对比等。他们对项目进行了科学严谨的论证，并且把数据和分析结果一一呈现给客户。

那时候，今天国际的决策者内心十分矛盾，毕竟华美冷库项目对公司来说金额巨大，关乎公司业绩和跨行业发展。而作为系统集成商，他们必须对客户负责，告诉客户专业的技术方案，解决客户的难题。在专业上妥协是不负责任的，也是高风险的选择。如果客户坚持使用国产钢材，他们甚至都做好了放弃项目的心理准备。最终，客户选择相信今天国际的专业研究，采用了质量最好的进口钢材。华美冷库也成了今天国际在冷链行业的一个标杆项目。

今天国际的基因其实不是设备销售商，而是给客户提供综合解决方案的系统集成商。他们追求的是通过对技术和设备的理解去满足客户需求，实现客户价值，而不是简单地卖设备。今天国际培养的团队，每次出去拜访客户都是先询问客户的需求，用专业态度去尝试理解客户的生产方式和产能需求，而不是上来就简单直接地询问需要什么设备，需要多少设备。这也是不同行业的客户看重他们的原因。

三、专精造就中国速度

在众多的跨行业应用中，新能源行业的应用是今天国际最重要的收获。新能源是目前对今天国际营收贡献最大的行业，已经超过了烟草行业。2014 年，随着国家产业政策的落地，新能源汽车迎来了第一次爆发。事实上，新能源汽车电池最早并不在今天国际的关注范围内，那时他们手里还有不少其他行业的在建项目。是客户把他们带进了新能源行业——同在深圳的比亚迪选择了今天国际。

比亚迪在日本和韩国参观过自动化物流制造系统后，发现日韩使用的都是自动化的生产方式和组织管理方式，而国内的生产方式仍旧高度依赖人工。在搜索国内自动化物流技术的时候，比亚迪发现了今天国际。刚好两家公司都在深圳，距离比较近，交流方便，经过沟通后发现双方追求世界先进水平的技术理念非常契合，今天国际能够理解比亚迪的需求，于是决定开展合作。

比亚迪需要新能源汽车电池生产过程中间的自动化立体仓库，而自动化立体仓库恰好是今天国际的强项。过去，自动化立体仓库在动力电池生产环节中间用得比较少，主要用在前端存放原材料、辅助材料和后端安置成品。不同于以往的方案，比亚迪要求的自动化立体仓库是嵌入在整个生产过程中的，需要安置很多中间产品。比亚迪让今天国际集成全球最好的设备厂商，同时跟他们签了一个多亿的订单。与比亚迪合作的坑梓一期是国内第一条全自动的动力电池生产线。

进入新能源行业，今天国际首先面对的是每个项目不同的工艺流程。同行业内的不同客户之间的工艺流程往往差异很大。在新能源行业，即使是同一个客户，不同项目的产线要求都大不相同。以新能源动力电池行业另一个大客户世界巨头 C 公司为例，C 公司的客户有很多，仪器设备都要根据客户不同的电池要求进行配置，因而产线的物流规划也不同。前期，基本每一个客户的动力电池产线都是定制化生产。

除了跨行业的知识差异，新能源行业最大的需求点是快速交付。在经济处于飞速发展的国度里，企业的管理和制造也发生着翻天覆地的变化，这也要求供应商能够跟上制造商的步伐，及时提供服务。在新能源行业，我们可以感受到中国企业对速度的要求。新能源行业在 2014 年以来快速增长，得不到快速、准时的交付是客户最大的痛点，准时交付甚至比价格还要重要。经常有竞争对手尝试用比今天国际更低的价格去竞争，但客户仍然会选择今天国际。因为对于动力电池制造商来说，他们更需要准时为新能源汽车厂交付产品。一旦推迟交货，对他们来说损失的不仅仅是几百万、上千万，还有自己的品牌价值。

一般情况下，中等规模的物流系统项目从签合同到最终实现交付（能够进厂生产）的周期大约是八个月。在签订合同后，一般需要耗时约一个半月进行集成规划，分析如何进行采购和制造。之后是采购、生产、制造、开发流程，整个流程一般耗时不少于六个月。如果是采用进口设备，可能还会再晚一些，大约十个月。而新能源行业则完全不同，客户确定采购订单后，设备三个月就要完成，然后再用两个月进行安装调试，在订单确定后六个月就要完成交付，实现电池的批量生产。新能源项目根本就没有足够的时间规划，很多时候都得在现场调整和修改。因为新能源行业发展速度非常快，近几年更是迎来了需求井喷，这也倒逼动力电池制造商去快速提升产能，相应地压力也传导到集成商，以前要求十个月完成的事情，新能源行业有时候甚至要求压缩到三个月。

多年的行业经验让今天国际能够快速适应项目，迅速确定方案并付诸实施。基于长期的技术和经验积累，今天国际拿到项目后，其核心供应商只需要进行技术微调，两三天就可以下单采购，然后进行设备生产。客户要求三个月完成的，今天国际两个月就可以完成，交付速度已经成为他们的撒手锏。今天国际的交付速度就跟挑战极限的运动员一样，原本大家认为不可能的事情，发现再逼一下还是可以实现的。

除了技术上的硬实力，造就中国速度离不开奋斗者精神。处在一个爆发的赛道，新能源行业客户对交付的速度要求非常高。以 C 公司为例，C 公司之所以能成为行业的世界级头部企业，是因为他们的拼搏，这也要求今天国际这样的物流集成商跟着他们一起拼命。在项目现场，晚上十一点是 C 公司绝大部分工程师下班的时间，核心供应商的工程师更是经常会忙到凌晨。C 公司在新能源汽车电池的成就，是数万个工程师夜以继日的奋斗造就的。而在自动化物流行业，国内外没有任何公司有胆量跟 C 公司一起奋斗，他们缺乏 C 公司需要的能力，整个组织的效率和能力都难以满足 C 公司的需求。

为了服务 C 公司，今天国际的高管亲自带领团队在项目现场服务。今天国际的团队每天早上八点开始工作，一直忙到晚上十一点，这是他们常规的作息。当时 C 公司的基地管理人员曾在半夜给今天国际的总裁发去照片，感谢他们的团队在半夜两点多还在现场工作。实际上今天国际的主调工程师经常会忙到凌晨两三点，然后第二天八点又会准时出现在施工现场，而且这种高强度的工作状态会在项目交付前持续两到三周。在那个项目中，今天国际获得了 C 公司颁发的好几个奖项，比如优秀供应商、优秀项目经理、优秀软件经理等。这种拼命的工作态度和付出精神，只有在中国企业才见得到。

今天国际获得了新能源行业头部客户的高度信任和赞誉。客户对今天国际的认可，来自点点滴滴的小细节，这些不是靠低价能换来的，而是通过真真正正帮助客户解决问题赢得的。今天国际的工作人员给我们讲述了比亚迪蚌埠项目中发生的真实故事。当时项目时间非常紧迫，今天国际的高管亲自带领团队到现场，包括项目、软件、工程管理等在内的整个团队都在现场工作到半夜。有一次工作到夜里一点半，他们发现产线上有些托盘没有及时运走。那是十几个重达15公斤的钢托盘，如果不挪走的话就会堵住产线，影响整条产线的正常运转。当现场的生产经理发现时再叫人已经来不及了，于是今天国际的高管团队便一起配合，爬上去把托盘挪走。这让比亚迪现场的班组长非常感动！今天国际的现场表现让客户觉得他们是非常值得信赖的团队。

赢得比亚迪和C公司这两大新能源行业巨头的信任后，更多新能源动力电池生产制造企业都找上今天国际，例如消费电池领域的龙头企业欣旺达，在进入动力电池领域后优先选择今天国际提供生产物流配套服务。到2019年，今天国际新能源行业的收入占总营收37.07%，超过烟草行业（35.73%）。此后新能源行业对公司的贡献进一步加大，到2021年新能源行业的营收占比已经高达47.61%。今天国际在新能源电池行业已经积累了多个成功案例，其"今天国际锂电智能物流仓储系统"于2022年荣获深圳市制造业单项冠军和深圳市科技进步二等奖。

第四节　拥抱智能时代，迈向更高价值

一、积极拥抱智能时代

2018年，工业和信息化部办公厅印发的《智能制造综合标准化与新模式应用项目管理工作细则》首次将"智能物流与仓储系统"列为五大核心智能制造系统之一。随着国家产业升级及数字化发展战略的落地，智能物流系统贯穿产品全生命周期，成为推动制造业发展的重要引擎。物流自动化是今天国际成立之初的技术红利，当时他们通过代理抓住时代机遇。如今的智能时代，物流从自动化走向智能化，今天国际则是积极的参与者和贡献者。2018年，公司抽调了一批骨干，专门组建了"智能制造研究院"。

智能时代，如何实现制造、流通和消费的无缝连接是企业赢得市场竞争的关键。企业不能只停留在物流基础服务上，还要结合前沿技术实现上下游整合。为此，今天国际开始为客户打造智慧物流和智能制造系统，实现制造企业内外部的全部生产和物流流程的智能连接，进一步实现降本增效。其智慧物流解决方案不仅要实现分拣、运输、存储等单一作业环节的自动化，还要实现全流程的数字化管理和智能化决策——从原材料入库到产成品出库的全程透明化与实时监控，并通过数据共享和分析进行自主决策。这背后不仅要大量使用工业机器人等智能设备，还要结合5G、物联网、工业互联网、人工智能、云计算等前沿技术的数字化信息系统。

对于数字化信息系统的软件研发来说，最大的挑战莫过于实现技术和业务的融合。研究院的开发工作并不容易，软件设计师和工程师需要投入大量的精力去研究客户的业务和应用场景，同时要思考技术整合，打造具

有行业领先优势的产品。他们需要通过项目应用收集用户反馈，不断修改技术问题，弥补产品缺陷，完善产品性能，让产品更能满足客户的实际需求。而较短的研发周期则给了他们更大的压力！为了快速响应客户需求，软件的设计、开发、测试、部署等步骤都要快速高效完成。这对团队的协作能力，管理流程的严格程度和灵活性，都是非常大的考验。

围绕客户需求，今天国际的软件产品不断丰富。从最初的 WMS、WCS 两款基础软件，增加到涵盖工业互联网平台、大数据开发平台、数字孪生管控系统、物流管控平台系统、智能制造生产管理系统、智能设备管理系统等的多款智能软件。2019 年，公司发布了工业互联网平台 1.0 版本，此后在石化、食品饮料、烟草等多个行业实现项目应用落地。公司的服务也从最初仅限于客户的仓储和物流环节，逐渐延伸到生产端，再到园区的能源、消防、安防等更多环节。今天国际逐渐从协助客户管理单一厂区走向异地多厂区联动式、多层级、跨地域管理，具备了深度服务集团型企业客户的能力。

值得一提的是，今天国际在 5G 智慧物流方面也有所突破。从 2019 年开始，公司就与华为、中国电信等合作伙伴一起开展 5G 智慧物流探索，基本实现仓储物流全流程的 5G 连接，并在智能盘点、集群调度、数据采集等场景实现 5G 应用的创新突破。今天国际率先落地 5G 确定性网络方案，能够实现 99.99% 概率下 8 毫秒超低时延，简化仓储物流的控制架构，降低设备设计和生产制造成本，进一步降低仓储系统的建设和后续运营维护成本。今天国际在 5G 智慧物流方面的创新成果和丰富实践案例获得了政府和行业的认可。2021 年，公司获工信部举办的第四届"绽放杯"5G 应用征集大赛全国总决赛二等奖；2022 年，获深圳市 5G+ 工业互联网试点园区称号。

智能软件的成功得益于今天国际不断加大的研发投入。2020 年的研发投入相比前一年增长 20%，2021 年又增长 50%。研发投入不仅金额大，而且回报周期长，因而常常导致研发负责人在总结会议上遭到财务人员的问责。持续的高投入是否值得？什么时候能看到回报？要不要继续投入下去？研发团队一度陷入悲观预期中。公司高层也在反复权衡和思考，最终还是顶住压力，坚持加大投入。

智能软件的研发导致对高级技术人才的需求不断增加，2022 年公司的研发人员占比高达 45%。解决方案对技术人才有更高要求，需要技术人员深入理解客户需求。技术水平高但缺乏对客户业务的理解，懂业务、懂客户需求却技术能力不足，往往是行业面临的人才困境。为此，公司的应对方案是持续引进人才进行内部培养，要求研发人员在提升技术的同时也要熟悉客户业务知识。

二、迈向更高价值的研发

今天国际的研发经历了四个阶段：第一阶段（2012 年之前）公司逐步成为成熟的物流系统集成商，当时专注于物流系统集成的应用创新以及 WMS、WCS 等核心物流软件的开发迭代；第二阶段（2012—2018 年）则是实现跨行业发展，业务从智慧物流延伸到智能制造领域，聚焦在以解决方案和电控技术为核心的行业应用创新；第三阶段（2018—2021 年）是以智能制造为核心开启工业互联网研发；第四阶段（2022 年开始）以新型研发机构"今天开发"的成立为标志，进行工业底层技术的研发创新，意味着公司研发朝深水区迈进。

2022 年 1 月，今天国际出资五千万元成立"今天开发"，足见公司对研发的决心。该机构旨在扩大公司在智慧物流产业链的广度及深度，增强对产业链关键环节的整合与把控。具体包括：通过整合公司技术发展需求，联合高校、科研院所进行核心技术攻关；建立技术研发体系与应用孵化平台，孵化技术成果及团队；培养和输送高端研发人才和开拓型管理人才。

第五节　　总结：在客户需求牵引下创新成长

坚持"以客户为中心"，不仅能赢得客户信任，还能发现新的创新机会，引领企业成长，实现转型升级。今天国际从创业到发展壮大的历程，就是一个在客户需求的牵引下不断走向价值链高端的过程。我们可以将今天国际的发展历程大致划分为三个重要阶段：代理设备阶段、集成商转型阶段和跨行业智能物流集成商阶段。贯穿三个阶段的是今天国际和客户之间日益密切的关系。这种关系包括对客户需求的提前洞察、深入理解和努力满足。每个阶段，今天国际都能洞察到客户需求，并通过自己的努力去实现客户价值，从而进一步拉近跟客户的距离。从企业能力的维度看，今天国际通过实现每个阶段客户的价值，掌握了价值链上更高价值环节的能力，不断获得价值链的话语权，不断地延伸自己的知识和能力的边界，实现持续成长。

早期，受到海外自动化物流技术触动，今天国际在看到技术趋势后毅然选择创业。在缺乏技术能力的情况下，今天国际以代理海外品牌的方式切入自动化物流技术市场。代理阶段，今天国际深入研究客户行业的工艺作业流程和物流特点，分析客户需求，根据客户需求和管理能力灵活筛选品牌设备，帮助客户采购到稳定性好、性价比高的物流设备。海外设备厂商的品牌和设备可靠性某种程度上也增进了客户对今天国际的信任。

在服务客户的过程中，今天国际发现了海外厂商的售后服务给客户带来了诸多不便和隐形成本。彼时外企在中国的服务难以满足中国企业飞速发展带来的软件和设备升级的需求。除了远距离服务带来的高昂成本，缓慢的响应速度影响了客户的生产效率，也让客户面临延迟交付的风险。在洞察到客户的痛点后，今天国际逐渐承担起售后服务的职责，走向技术开发的环节。通过自己的不懈努力，以及海外设备品牌合作伙伴的赋能，今天国际逐渐掌握了集成设计、系统规划这些影响客户个性化需求的关键环节。他们还组建了电控团队和项目管理团队，最终完成了从代理商向集成商的蜕变。今天国际对客户需求的深入理解为他们赢得信任，这种信任甚至超过了客户对硬件设备商的信任。最终，今天国际成长为客户信赖的自动化物流系统集成商。

掌握自动化物流解决方案后，今天国际希望有更长远的发展，让自动化物流技术赋能更多行业。在烟草行业练就的能力让他们能够快速理解新行业的工艺流程，提供规划设计，并给客户匹配合适的设备。新能源行业的快速发展给了今天国际更大的成长空间，与比亚迪等优秀中国企业一起同甘共苦，并肩作战，帮助其快速完成产能布局，造就中国速度，成就新能源行业的发展。在跨行业发展的同时，今天国际也与时俱进，主动拥抱工业互联网和智能制造，实现智能机器人的硬件突破，帮助客户实现制造系统从自动化走向智能化，为客户带来更智能的设备、更高的效率、更多的便利和更精细化的管理，从而为客户创造更高的价值。

客户最终得到的价
值才是公司的使命

第五章

转型：
大客户驱动高质量转型

企业创新如何创造更高的价值？今天国际的成长历程展示了企业是如何沿着微笑曲线，从低价值环节走向价值更高的技术服务环节的。另一种方式，则是将微笑曲线上移——提高原有产品／服务的附加值。如何实现这种微笑曲线的上移？最直接的方式便是走向高端市场，为更高端的客户服务，从而创造更高的价值。

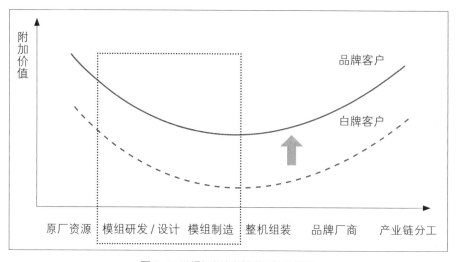

图 5-1 模组行业产业链分工与价值链

然而，高端市场客户对企业能力的要求极其苛刻，从低端市场走向高端市场，往往是非常艰难的转变。这种成功转型的企业案例是非常值得深入研究的，也是非常具有借鉴意义的。深圳市国显科技有限公司（简称"国显"）就成功完成了这种转型。

国显前身是华强北的一家贸易公司，创始人欧木兰女士洞悉消费电子的发展规律，总是能抓住市场上热销的产品，紧跟市场潮流，很快便在华强北发家致富。为了实现更高的人生价值，欧木兰转而投身实业，开始了显示模组的制造。在上下游强势的产业链中，国显从中尺寸的缺口切进去，成为面板厂的下游，降低了显示模组的研发、制造成本，从而大大拉低了显示屏的价格。低成本的制造能力和把握市场需求的产品设计能力，让国显受到了一大批白牌客户的青睐。

随着公司规模的不断扩大，国显逐渐走上了规范化经营的道路。为了实现从低成本制造到高质量制造的跨越，国显实施了大客户战略，市场定位由原先的白牌客户转变为世界知名的品牌客户。选择客户意味着选择战略：对于 2B 类型企业而言，选择什么类型的客户就需要对应地匹配资源，提高相应的能力去更好地满足客户需求。不同的客户有着不同的要求，尤其体现在市场定位上：高端客户追求品质的稳定可靠，甚至环保和社会责任；低端客户则要求尽可能地降低成本，并且快速交付。这是两种完全不同的能力，体现的不仅仅是制造能力的差异，更是整个组织的系统能力，包括研发、设计、人力资源、企业文化等多方面的不同。这是个艰难的抉择和转型，按照国显内部的说法，大客户战略转型让他们几乎"脱了一层皮"。最终，大客户战略的成功实施让国显完成蜕变。国际大客户给国显带来了翻天覆地的变化，让国显从低成本制造走向高质量制造，进而走向智能制造。

第一节　深圳企业的生存之道

一、在市场变化中捕捉机会

深圳的老板似乎都非常善于捕捉市场机会。在消费电子行业，市场行情变幻莫测。从组装台式机到 MP3 到 MP4，再到手机、笔记本，层出不穷的电子产品就像波浪一样一浪高过一浪。在深圳的华强北，就有一批天赋异禀的老板在消费电子的海洋里，乘风破浪，抓住一次又一次的机遇，把企业做大做强。国显的创始人欧木兰，就是其中之一。

欧木兰 18 岁就到港资电子厂打工，短短十年就做到公司总经理。走上巅峰的欧木兰萌生了创业的念想。20 世纪 90 年代末，互联网热潮席卷中国大地，随之而来的是一阵创业浪潮。身处电子行业的欧木兰也感受到了这股浪潮。1999 年，28 岁的欧木兰辞掉了高薪稳定的工作，用积攒多年的 10 万元在深圳开启了创业生涯。为了避免与对她有知遇之恩的前公司老板竞争，欧木兰承诺不会从事电子产品生意，她选择了从事配件贸易。

很快，欧木兰就感受到了角色转变带来的困难：以前在工厂都是别人求着她进货，现在是她求着别人买货。"公司开业后，连续 3 个月没有一单生意，那种恐慌，真是让人食不下咽，夜不能寐。转眼间，四五万元就像流水一样花出去了。"欧木兰回忆起创业初期的艰难时说道。

然而，欧木兰迎难而上，从零开始，努力学习做贸易的方法。那段时间，她几乎天天泡在深圳华强北，认真学习别人如何做生意。她几乎跑遍了深圳的每一寸土地，亲自带着产品上门推销，终于在第四个月的时候，成功把产品卖了出去。大约一年后，通过自己跑出来的生意和老东家的帮助，她赚到了创业的第一桶金。欧木兰最早代理的是日本的产品线，在日本产品线代理做到细分领域第一后，又开始代理韩国和美国的产品，很快又做到了细分领域第一。

1999 年到 2009 年是欧木兰做贸易的 10 年。回顾这段经历，这 10 年可以细分为 3 个阶段。第一阶段是 1999 年到 2003 年，主要聚焦在便携式 DVD、随身听等产品的主芯片。第二阶段是 2003 年到 2006 年，公司开始为 MP3 和 MP4 厂商提供内存和驱动芯片，开始积累工厂客户。第三阶段从 2006 年开始，欧木兰开始踏入显示屏行业。欧木兰认为公司要发展，产品不能太过单一，于是开拓了显示屏产品业务。

当时在国内还没有人做中尺寸显示屏。国显以代理的形式引入韩国七喜的中尺寸显示屏，是第一家引进韩国产品，也是第一家售卖中尺寸显示屏的国内企业。从 MP3 到 MP4，商业嗅觉灵敏的欧木兰意识到电子行业的市场变化："听"的时代已经过去，而"看"的时代已经来临。收音机、复读机、随身听、MP3 是"听"时代的产品，而 MP4、MP5 是集合了图片浏览、电子书、收音机、音频、视频等于一体的多功能播放器，标志着"看"的电子产品的兴起。

洞察到时代机遇后，欧木兰迅速切入显示屏市场。借助自己多年构建的贸易网络，欧木兰找到有生产能力的厂家生产显示屏，然后贴牌销售。在寻找合适的代工厂的过程中，欧木兰在大连找到了一家名为"大显"的工厂。大连的显示屏公司叫"大显"，受此启发，欧木兰将自己的公司取名"国显"。"国显"二字也体现了欧木兰的商业雄心。她希望自己的显示屏能够享誉全国，能在国际市场有一席之地。

2007 年，国显专攻 GPS 液晶显示屏。基本上，电子产品的平均周期是 3 年，一个周期一般会出现一个爆品，产品火爆时间长则 5 年，短则 1 年。1997—1998 年火起来的产品是随身听和便携式 DVD，2003—2006 年的爆品是 MP3 和 MP4，2006—2009 年的爆品是 GPS。国显正好把握了 GPS 的机遇，独创了和面板厂合作开客制化模具的方式。凭借定制化产品、合理的价格和优异的品质，国显的液晶显示屏很快就受到市场青睐。产品单月出货量最高峰达到 100 万片，在 GPS 行业做到了全球市场占有率 10%。与此同时，国显也通过了国家高新技术企业的认定。

做贸易的十年，欧木兰从一位事业有成的职场人转变为财务自由的成功商人。在这个过程中，她展现了敏锐的商业嗅觉，在跌宕起伏的消费电子产品市场上，精准地把握了每个时间节点和关键转折点，找到了市场需求的产品。同时，国显也积累了产业链上的资源和客户。

二、做一家受人尊敬的企业

2007 年，已经财富自由的欧木兰开始筹备举家移民德国。一次偶然的机会，她在机场读到了稻盛和夫的《活法》。"人为什么活着？"在稻盛和夫的灵魂拷问下，欧木兰意识到她的内心想法原来是渴望做一家受人尊敬的企业。于是，她决定放弃移民，毅然投身实业，开始思考制造业的企业组织应该具备的条件。

实业和贸易的业务逻辑和组织形态是完全不一样的。贸易是一倒一卖，是资源导向和成本导向，另外还需要客户资源，而制造业还需要具备更多的能力，比如研发、生产制造管理、品质管理等。

2007 年，国显就开始组建研发团队，并建立了设计部门，逐步完善品质控制和技术支持，初步完成了围绕制造的组织能力建设。到 2008 年时，国显已经实现了大批量出货，完成了从"百分之百贸易"转型为"一半贸易一半制造"。与此同时，国显的研发设计能力也慢慢建立起来，不仅完成了模具开发，还和国内玻璃原厂龙头战略合作开发了 4.3 寸产品的产品线。

2008 年的全球金融危机让国显一度陷入发展困境。创始人欧木兰面临艰难的选择——是否要坚持走下去？"越是困难，就越要往另一个方向去思考问题。"当时的合伙人鼓励欧木兰坚持下去。于是，国显在 2009 年坚决地投入生产基地建设。同年 5 月，国显完成了 10.1 寸液晶显示模组的研发，欧木兰为此几乎押上了所有身家。好在这款产品的研发非常顺利，仅仅三个月就开始量产，而且还开创了国内第一家模组厂供应中尺寸产品的先例。

国显的产品在品质和价格上都得到了市场的一致好评，很快成为市面上的领军产品。2010 年，欧木兰彻底结束了所有贸易业务，全身心投入制造业中。2010—2012 年，国显不仅实现了产品线落地，整个制造体系也日渐成熟。

三、产业链中游的创新

对于一款带显示屏的产品（比如平板电脑）而言，其显示屏的价格都是由产业链上游的玻璃原厂主导的。上游原厂的玻璃资源是封闭的，而且制造成本很高，因为设备和人力的投入都非常高。当时日韩原厂垄断了显示屏制造行业，中国厂家没有任何主动权，华南的厂家需要花费昂贵的价钱才能拿到这种中间产品。

国显的进入完全改变了行业的局面。他们从中尺寸的缺口切进去，成为面板厂的下游。而国显的下游则是华南的方案商，他们接收终端产品客户的订单，再到组装厂做方案、开发机器，由生产制造商生产最终产品。

方案商定义产品（如平板电脑），国显则负责显示模组的研发和制造，他们需要合作定义、设计产品，并将产品推向市场。国显的存在降低了显示模组的制造成本，从而大大拉低了最终产品的价格。这是一个共赢的模式，上游原厂也愿意配合国显进行显示模组的研发和设计。他们与国显建立了长期合作关系，很清楚国显对产品品质、成本、资源的掌控能力。原厂的信任为国显带来了源源不断的订单。

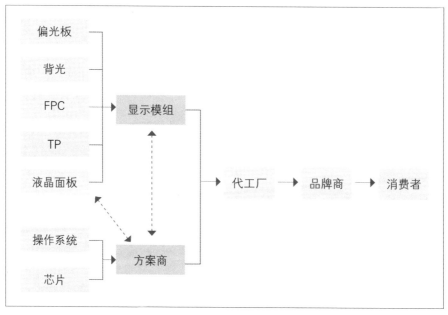

图 5-2　平板电脑产业链

由于显示屏与消费者拿到手的产品的最终形态高度相关，因而国显需要具备行业前瞻性，提前对市场进行预判，设计出标准化的通用产品。6.95 寸显示屏的平板电脑就是国显的成名之作，也是当时最具前瞻性的产品。这款产品对标的是苹果 7.85 寸的 iPad mini。国显团队认为从产品的设计趋势看，平板电脑也应该像 MP3、MP4 一样便携，做得很薄、很窄、很轻。不同于以往的产品形态，他们的 6.95 寸显示屏参考了手机屏的设计概念，采用竖屏设计，这是国显独家的创新。以往的平板电脑都是横着看的，横屏的平板电脑侧面有芯片，四周就会比较宽一些，屏幕的有效显示比例就小一些。竖屏的显示屏只有下面一颗芯片，两边的边框收窄，有效显示区域就大了不少，显示效果更好。欧木兰自己也特别喜欢这款产品。当时这款产品也吸引了众多客户，几乎所有 6.95 寸的显示屏订单都被国显斩获了。

国显是中国本土第一家开出中尺寸显示屏模组的企业。如果没有国显，华南的工厂客户就要以很高昂的价格去采购显示屏模组。国显直接将显示屏的成本降低了百分之二三十，也间接降低了华南工厂制造的平板电脑的价格。平板电脑很快就成为很多普通消费者可以接受的产品，产品的销量在随后几年持续暴增。由于占了华南平板电脑的先机，国显的产品很快占据平板电脑市场 70% 的供货量，也由此确立了公司的主航道。

四、低成本的制造能力

2013 年之前，国显的客户需求的大部分是白牌产品，比如连锁零售商的电子产品。这些电子产品主要是在美国"黑色星期五"的时候赠送的促销产品。相对于苹果、华为等消费者认可的消费电子品牌，这类不被消费者熟知的电子产品被称为"白牌产品"。白牌产品售价很低，附加值不高，但需求量却很大。

白牌客户非常看重价格，价格几乎是唯一的决策依据。假如国显报价100 元，其他厂家报价 99.9 元，白牌客户可能就会转头选择后者。其次看重的是交货期，要在约定的时间点按时交货，不能错过交付时间，尤其是一些国外的节假日，比如圣诞节。最后考虑的才是品质和服务。白牌客户对品质的要求不高，只要没有太大的潜在风险即可。白牌客户考验的是国显的成本管控能力和产品交付能力。

成本管控和快速交付贯穿从设计到交付的多个环节。成本首先来自设计——不同的背光结构设计和选材的成本差异很大。选贵的材料并不能显示供应商的能力，国显总能选出够用且能达到客户要求的材料，这样成本自然就能降下来。在保证交付时间方面，国显的响应速度几乎做到了极致。团队会根据客户提出的交期进行反推，把握各个时间节点，比如材料什么时候到位、产能什么时候爬坡、最后怎么交给客户，根据各个关键节点进行计划，预留缓冲时间。针对每个产品，国显的设计团队在研发设计之初都会拿出图纸，就选材、研发、采购、品质、制造进行开会讨论，将每个环节都做到最快，而且保证流程一次正确，从而控制成本和交期。

第二节　大客户战略与高质量转型

一、大客户战略的经营逻辑

2010 年底，国显出现了成立以来最大的品质事件。由于生产的是显示屏模组，国显的很多产品是需要在恒温恒湿的条件下进行储存的。当时刚开始建工厂，对工厂的管理不到位。正遇上深圳非常潮湿的回南天，水汽进入没有真空包装的显示屏玻璃后，屏幕就出现线条。为此，国显在全球范围共召回了 50 多万个不良产品，赔偿损失高达 600 多万元。这批产品也只能批量销毁，做了报废处理。

这次重大的品质事故让国显元气大伤，也让欧木兰更坚定要带领国显走上规范化、品质化道路。自此以后，国显对行业标杆进行对标研究，还专门到台湾跟同行企业的工厂学习，不断完善制造和仓储的管理。

2012 年，国显完成了规范化升级，发展逐渐步入正轨，欧木兰也适时地提出了上市计划。欧木兰是一位目标感很强的企业家，她会不断驱使自己和国显进步。为了实现公司业绩的高速增长，欧木兰决定主攻有含金量的国际品牌客户，启动大客户战略。这意味着公司要逐渐舍弃原有的白牌客户群，转而去争取世界级的品牌客户。无论是从内部的订单状况分析，还是从外部的市场环境看，这都是一个让人难以接受的决策。

2011 年是平板电脑元年，平板电脑成为继智能手机之后的另一个产业热点，出货量呈现爆发式增长。2012 年全球累计出货量达到 1.442 亿台，

2013 年全球出货量竟高达 2.171 亿台，增长率达到了惊人的 50.6%。[①]其中，深圳的白牌产品横扫市场，出货量居然超过 5000 万台[②]。这些华强北的白牌厂家正是国显当时的基本盘，而且发展势头也很好。

然而，从长远来看，白牌客户对企业的可持续性发展是非常不利的。尽管白牌客户数量众多，但订单量小、订单不稳定是常态。这些厂家的发展具有不确定性，运气好就像中彩票一样突然冒出一份大订单。国显自嘲当时就像在打移动靶。从国显当时的营收结构看，2013 年 1—9 月，国显的前 50% 大客户占了 80% 销售收入，剩下的两成销售收入则是来自华强北的 500 家小客户。令人难以置信的是，白牌客户在追求低价和出货量小的情况下，还需要国显为其定制，而不是提供标准产品。订单散、小、客制化，想要盈利简直比登天还难，更别提对企业长期能力的构建了。一方面，短期的小订单很难提供进行长期能力投资的契机；另一方面，类型多样的订单也让国显很难在服务客户的过程中形成能力积累和技术沉淀。

相比白牌客户，品牌客户最大的优势是订单稳定，能够在实现公司业绩稳步增长的同时帮助企业构建长期竞争力。尽管品牌客户也存在订单风险，比如今年没有拿下项目，明年就很难有机会了。但是，品牌客户一年只有两个开发周期，一个开发周期长达六到八个月。一旦获得项目，就会持续较长时间，有利于提高产线员工的稳定性，预算、费用开支也很清楚。长期稳定的订单既能提供稳定的现金流，提升运营效率和改善盈利情况，又能推动企业进行研发和制造能力的长期投资。另外，锁定品牌客户后可以通过占有和控制产业链资源，以及利用客户的伙伴关系去屏蔽其他竞争对手。

①②数据来源：IDC 公司。

二、大客户战略的产业逻辑

大客户战略更深层次的考虑是基于对平板电脑产业大格局的分析判断。2012 年的平板电脑市场形成了三层金字塔结构，位于最顶端的是苹果、三星两家世界顶尖消费电子品牌；其次是中端品牌，主要是传统的 PC 厂商，比如联想、戴尔、宏碁等；最底层的是数不清的白牌厂家。高端市场被苹果、三星牢牢占据后，他们下一步就是往下沉，走向中低端市场；相应地，传统 PC 厂家也会向下跟白牌厂家进行竞争。从市场竞争格局的演变看，白牌客户会受到中端品牌下沉的挑战，生存压力越来越大。国显应该果断向上突破，走向传统 PC 厂商，逐渐放弃原来的白牌客户。

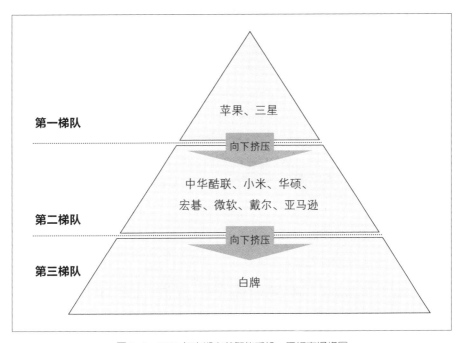

图 5-3　2012 年中期之前智能手机、平板市场格局

消费电子厂商之间的竞争不是企业与企业的竞争，而是其背后供应链的竞争。平板电脑的产业链内部会形成一个战略联盟，就像一个个小圈子——品牌商、芯片商、玻璃原厂、方案商会组团合作推出一款终端产品。越是高端产品，这种合作就越紧密，圈子也越封闭，因为他们追求品质和稳定的供应。一旦形成圈子，后来者就很难进入。低端的产品则没有组团作战的现象，他们更看重低价，模组厂就有进入的机会。因此，大客户战略意味着进入一个"高端的朋友圈"，是实现高质量发展的关键。

在平板电脑的产业链上，操作系统（iOS、安卓）、芯片商（英特尔、高通、联发科）、终端品牌（苹果、三星、传统 PC 厂家）掌握了最高的话语权；其次是玻璃原厂（京东方、友达光电）、方案商和整机代工厂（富士康）；而显示模组（国显）在产业链中的话语权最小。国显率先从芯片商入手，实现了大客户战略的关键突破。当时，一家世界芯片巨头大中华区的唯一方案代理商来深圳寻找模组厂，这对国显来说是个千载难逢的机会。国显牢牢把握住机会，顺利谈下了该方案商，从而得到了台湾 PC 厂家的订单，顺利进入了品牌客户的"朋友圈"。

三、白牌到品牌，为何困难重重？

大客户战略的提出，立即遭到了国显核心高管的强烈反对。首先，大客户战略意味着需要放弃现有的大部分白牌客户，这关乎到很多高层的既得利益；其次，国际大客户拥有绝对的话语权，他们的账期比较长，会给公司带来巨大的资金压力；最让人担心的是，以国显当时的团队和员工能力水平，很难满足大客户的要求，而且也很难在公司上下形成观念上的共识。大客户战略对公司各方面的能力都有更高的要求，尤其是品质管理方面。

尽管反对的声浪很高，欧木兰并没有退缩。"道路向上走当然难，下坡路很容易走，这是人的惯性。我都有信心从零开始，你们怕什么？"她坚定地说道。战略转型往往是高风险的，也是痛苦的。很快，在启动大客户战略后，国显把所有白牌客户都拒之门外，营收立马就遭遇滑坡，从四五千万元一下子跌到一千万元左右。公司营收的下滑更是让反对的声音空前绝后，一时间公司内部议论纷纷。

然而，欧木兰还是顶住了压力，亲自见客户，不断地跑业务。尽管面临诸多困难，但国显团队仍旧靠着满腔热情一步一步往前走。他们成立了大客户中心、项目组、品牌团队，每个团队都去攻一个客户。他们攻下一个又一个大客户，也贯通整个行业的上下游。四个月后，国显的销售额回升到两千万元，后台制造的配套设备也得到了改造升级。2013 年伊始，国显就接到了 10 亿元的大订单。

国显对事业的态度和在行业积累的口碑帮助他们顺利收获了品牌客户。起初，国显以手机显示屏产品拿下国产 PC 巨头的订单，手机产品成功后国显顺势推荐给客户自家创新的 6.95 寸显示屏。这家国产 PC 巨头的成功为国显带来了品牌效应。此外，当时国显上游的台湾玻璃原厂也积极推荐国显。早在 2013 年之前，国显便开始为他们服务，此后双方经常互访，建立了互相信任的合作关系。台湾的电子产业对"红色供应链"（即中国大陆的显示组装厂）一直都存在很大的质疑。而台湾原厂的推荐让国显成功收获了品牌大客户——全球排名前五的台湾 PC 品牌，这也意味着国显的大客户战略真正完成落地。国显为台湾 PC 品牌导入的第一款产品是 7.85 寸显示屏产品，光这一单品，就占了当时公司差不多一半的业绩。台湾 PC 品牌对国显从事制造业和做产品的态度非常认可，也帮国显度过了转型期的阵痛。

四、品牌客户看重什么？

成为品牌客户的供应商需要很高的门槛，因为他们不仅仅要求把产品按时按量地制造出来，还要求生产出来的产品是高质量的，而且大批量的产品中，每个产品的质量都要始终如一地稳定可靠。品牌客户是如何选择供应商的呢？他们看重什么呢？

选择供应商的时候，品牌客户会全方位地考察备选的供应商，考察的维度包括供应商的决心、能力、经验和口碑等。

最重要的一点，他们会着重考察供应商老板的决心。品牌客户在供应链管理方面有非常高的标准。想要进入其供应商名单，供应商需要进行大量投资，比如根据客户要求进行产线自动化和信息化。这个过程风险高，难度大，如果供应商老板没有足够的决心，遇到困难就退缩，那么品牌客户就不会选择这家供应商。以进入苹果供应链为例，苹果公司会一直要求供应商去提升品质，这意味着在过程中需要不断增加投入去完善制造。逼到最后很可能出现这样的情况：供应商在没有达到苹果的要求之前自己就已经垮掉了。没有实力和决心的供应商是不可能实施大客户战略的。因此，供应商的决心是品牌客户最关心的要素。

尽管跟品牌客户做生意困难重重，但是一旦他们选择了某家供应商后，也不会让供应商轻易退却，他们会扶持供应商，为供应商的成长提供帮助。在选择大客户战略转型后，欧木兰对这个决策无比坚定，甚至不惜换掉高层管理人员，自己统筹全局。为此，国显还把所有白牌客户都拒之门外，付出了营收急剧下滑的惨痛代价。

其次，品牌客户会考察供应商的潜在能力，分析候选供应商在"人、机、料、法、环"等方面的可塑性。"人、机、料、法、环"是对全面质量管理理论中的五个影响产品质量的主要因素的简称。人，指制造产品的人员；机，指制造产品所用的设备；料，指制造产品所使用的原材料；法，指制造产品所使用的方法；环，指产品制造过程中所处的环境。如果没有可塑性，品牌客户也不会选择。

白牌客户没有"人、机、料、法、环"的概念。白牌客户缺乏资源，需要依赖国显获得显示屏。他们甚至会拿着现金到国显的产线，一手交钱一手交货，直接提货，提完货后也没有太多服务环节。在服务白牌客户的时候，国显的生产制造缺乏逻辑性，也没有可追溯性，内部没有标准，规格标准甚至都是自己制定的。

而品牌客户则有着完全不同的服务要求。他们会从体系文件、人员管理、产品品质管理、内部作业规范管理等多方面研究供应商，仔细分析机器的先进程度和自动化程度，只要发现交付的产品中有一点点小瑕疵就会投诉。品牌客户会对国显内部生产的每个环节都检查个遍，然后挑出一个个问题，并告知怎么整改。国显则必须按照客户的要求进行整改，整改完成后还要拍照片给客户确认。正是在品牌客户的鞭策下，国显不断提升制造能力和品质。

此外，品牌客户还会看备选供应商在同类产品制造方面的成功经验、团队情况和口碑。他们会拿一两款产品进行项目测试，产品通过测试后供应商才能进入品牌客户的资源池。对供应商的口碑调查主要是审查供应商过去是否发生对产业中其他品牌造成伤害的行为。一旦在业内失去口碑，企业就很难立足了，更别说进入品牌客户的选择范围了。

至于产品的价格，往往不是品牌客户考虑的重点。品牌客户不见得非要最低价，因为他们的产品有品牌溢价，有足够高的利润，而低价的产品往往达不到它们的高标准要求。目标客户从白牌客户转到品牌客户，一家供应商是需要在很多方面提前投资的，而且回本也是很不容易的。好在品牌客户的优势也很有吸引力，他们愿意跟供应商一起努力，改善产品结构，最终能够获得丰厚的利润。

五、品牌客户，更高的要求

为了服务品牌客户，国显完成了全方位的能力提升，在制造、研发、设计等环节都实现了蜕变。在成为合格的供应商前，国显的团队首先要面对的是知名客户非常苛刻的审厂。现在回忆起来，他们还觉得那是一种残酷的折磨。每次讲到大客户战略转型的时候，服务第一家大客户台湾 PC 品牌总是他们最难忘的回忆。提及这家大客户，国显说的最多的一句话就是"几乎让我们脱了一层皮"。当时客户第一次来审厂的时候，对国显提出了 198 个问题。国显的团队就围绕这些问题天天整改，通过夜以继日的工作来改进自己的工厂。在这个痛苦的过程中，国显顺利完成了对整个体系的改造升级，最终达到了台湾 PC 品牌客户的要求。而成为台湾 PC 品牌的供应商让国显的整个生产体系和质量体系都提升了好几个层级，达到了国际一线品牌要求的制造水平。在此之后，国显先后拿下了美国、韩国、中国台湾等品牌客户的订单。

沿着产品实现的过程，从研发设计，到规格选材，到生产制造环节，到产品检验检测，到最后的产品交付，大客户在每个环节都有细致、严谨的要求。

图 5-4　大客户带来的全方位升级

研发能力方面，品牌客户对国显有更高要求。国显逐渐建立起了自己的研发团队，并不断提升研发能力。服务白牌客户的时候，研发部门只有十几个人，服务品牌客户时，高峰期研发人员一度达到近 180 人。另外，原来服务白牌客户的时候，需要的研发人员都是外招的，需要什么人员就到外面招聘有相关经验的人员。大客户战略对工程师的知识储备要求更高，因此国显从 2015 年就开始进行研发人员储备。

研发团队的分工比之前更加精细。服务白牌客户的时候，一位研发人员可以身兼多职，除了产品研发，还要关注项目进度，跟踪样品的制作，分析产品售后等。大客户战略转型后，国显的研发团队有了更加精细的分工。有专门的项目经理来把控整个项目的进度，研发人员只负责设计图纸、产品验证和后面的异常分析，售后有专门的售后人员跟进，设计过程还有"设计质量保证工程师"来保障研发和设计质量。

产品设计上，品牌客户需要更加精细化的设计。白牌客户只要给一张图纸就行，他们不会去管格式和精细化的东西，只要外形、亮度、接口定义跟主板匹配即可。国际品牌大客户就不同了。他们虽然节奏很快，但依旧会对产品确认得非常仔细，比如灯的排列，元件的排列，图纸里会有很多非常详细的要求。

在产品规格和选材方面，品牌客户也有着非常严格的要求，供应商不能擅自更改他们的选择。这方面国显也有惨痛的教训。一次，国显在没有通知客户的情况下更换了物料。他们想当然地以为产品验证没有问题，参数设计都符合规格就没问题。结果这次自作主张的换料却导致显示屏黑屏，需要召回两万个产品。这次重大的品质事故给了国显一个宝贵的教训——材料是经过品牌客户严格认证的，不能私自更换。

审厂通过只是开始，品牌客户平时对生产环境的要求也十分苛刻。尤其是日韩客户，他们对环境、材料等要求更加细致、严谨。韩国客户一到国显的工厂，就会拿一块无尘布在车间的各个角落去擦，看看有没有灰尘。因为白布特别干净，一擦出黑色就知道工厂的细节管理不到位。他们会专门挑一些比较隐蔽的角落，比如回风口、设备下面等，这些地方是设备体系日常管理中容易忽视的隐藏角落。

此外，国际品牌客户对产品检验测试的要求也更高。电子产品在设计之初都会进行一些木质地板和大理石地板的跌落测试。此前做 DV 产品和 GPS 产品，对落摔的可靠性要求并不高，只要求跌落高度 40—60 厘米，测试正反两面、四个角和几条边。由于美国儿童产品的安规要求非常高，从事儿童玩具和儿童学习机类产品生产的美国客户对国显提出了更高的要求。他们要求跌落测试要从 1 米到 1.3 米的高度落下；而且还要有更复杂的场景测试，比如从楼梯上滚下来、向篮球篮板投篮掉下来等。

品牌客户还非常注重产品细节，有很多细致严苛的测试要求。以玻璃切割为例，国显需要去仔细检查每个断面的硬度，切割的时候是否存在小的潜在裂痕，因为摔落的时候裂痕可能会导致整块屏幕破碎。因此，国显在设计之初进行玻璃选材的时候就要考虑这些要求。不管是结构件还是电子件，国显在设计的时候都要考虑摔落的问题，比如外观设计成直角还是设计成圆角，各种边和材料的厚度等都会有很高的要求。

最后，在产品交付时品牌客户也会进行严格审核。白牌客户只要产品交付就行，组成整机后不会影响显示效果就行。而现在品牌客户的 LED 产品，可能还会按照手机产品的标准来测试验证可靠性，要求越来越严格。面对品牌大客户，在做到成本控制和快速交付的同时，还要完全符合规格书里的要求，比如有 100 条要求，国显的产品都必须一一对应满足。这对国显的选材、研发人员设计能力都是不小的挑战。

第三节　创造独特的价值和优势

一、全流程地解决问题

国显在产业链中处于一个非常被动的位置。一方面，在显示屏的产业链中，玻璃原厂几乎垄断了所有玻璃资源，他们自己也有类似国显的模组厂。国显下游的大客户也会直接跟面板厂对接，位于产业链下游的品牌客户跟上游的面板厂本来是直线拉通的，国显这类显示屏模组厂则被夹在中间。另一方面，国际巨头是不会选择国显这种名不见经传的小厂的，因为风险相对较高。以华为为例，华为选择供应商，要求必须是上市公司，因为上市公司经得起风风雨雨，而且比较透明。那么，处在这种局势下的国显是如何赢得大客户的青睐的呢？

国显在资源、资金上没有优势，就只能自己创造优势，创造出自己的独特价值，那就是——全流程地解决客户痛点和问题。在显示屏产业链中，国显的核心竞争力在于其出众的服务，解决客户的问题是贯穿整个服务流程的。国显开始从生产型制造往服务型制造转变。相比玻璃原厂，国显的决策和行动更有弹性，服务更灵活和全面，而且态度更积极。品牌客户的一些痛点，原厂出于经济效益的考虑不想解决，国显的团队就能及时补位，从而把握住从原厂漏掉的大客户。比如，一家美国品牌起初的最优选择是国内某显示面板龙头企业。这家龙头企业年产值过千亿元，规模很大，国内大客户众多，而美国品牌的订单却只有30多亿元。原厂龙头企业不可能为美国品牌提供专属服务，相反，后者反而要按前者的要求进行设计。而对于国显而言，这家美国品牌客户则是利润丰厚的战略性大客户。

从前端接触到设计，国显都尽可能满足这家美国客户的要求，放低姿态，一步一步跟着客户学习。刚接洽时，困难重重，没有场地、设备、人手，而且从接到项目到实现量产仅仅只有 3 个月时间。为了赢下这家大客户，整个团队大概有 3 周没有回家，几乎 24 小时不停歇，白天生产，夜晚汇报，跟着客户派驻的指导专家学习、改进。由于中国跟美国时差的关系，团队白天需要进行项目实施，晚上则要向在美国的客户高层汇报工作。客户下班后，团队还要继续做验证。做完验证后，客户上班又继续向他们汇报。国显就这样从一片空白开始，根据客户的要求不断提升，用 3 个月从零做到一个多亿的营业额，之后光是这款产品就给整个公司增加了8 个亿的营业额。经历 2 年的时间，国显也跟客户构筑起了牢固的合作关系。事实上，制造能力也是可以慢慢积累起来的，一开始国显的能力肯定不如原厂，但现在原厂反过来开始抢他们的人才。

速度是消费电子领域赢得竞争的关键要素，也是品牌客户的痛点！围绕这个痛点，国显不断精进在服务白牌客户时练就的快速反应能力。按照国显管理层的说法，他们的产品品质上上、价格中上，加上快速反应，就能顺理成章地赢得大客户的青睐。在实施大客户战略后，国显平均为每个大客户派遣 4 名工程师。全职、稳定的驻客户工程师为客户提供全程现场技术服务，准确、及时、全面掌握客户需求信息，并且快速反应，解决客户遇到的问题。

客户需要开发一款产品，从跟原厂交流到原厂出设计图的时间可能需要 1 周，而在国显只用 2 天就能完成。其次是交付时间，原厂的交付时间需要 1 个月到 3 个月，而国显只需要 15 天到 20 天。国显一直在把握客户的节奏，管控供应链和控制交付时间。而且在这个过程中，他们的团队也在不停地完善，提升快速反应的能力。

一般而言，客户发现任何问题，比如品质问题或者其他异常，需要花费很长时间来沟通和分析原因，通常要花费一周，甚至更长时间。国显内部设计了一套"一三七制度"，大大缩短这个时间："一"是指所有品质问题团队会在第一天马上反馈，"三"是重要的分析报告在 3 天内完成，"七"是品质问题的结案和补货需要在 7 天内完成。别人可能需要花费 1 个月甚至 3 个月来分析问题，国显的团队则抢在 7 天内就完成从确定责任，到解决问题，再到补货的全部流程，而且会将所有的物料和不良品回收，不会留给客户。品质问题常常会使客户焦虑，而原厂会忽视这方面问题，国显则诚心诚意提供服务，解决客户痛点。打造快速反应的团队，能够更快地识别和解决客户的痛点，以独特的服务模式创造出独特价值点。

二、端到端打通的能力

走向服务型制造，全流程地解决客户痛点和问题，不是光凭吃苦耐劳的奉献精神就能做到的，还需要管理创新，实现端到端的打通，打造国显的组织能力。所谓端到端的打通，是指从客户需求到最终完成交付的全流程打通。为了获得更多大客户，更好地服务大客户，国显学习华为的销售铁三角方法来重新打造销售团队。华为的铁三角是为了解决不同部门各自为政、沟通不畅、信息无共享、对客户承诺不一致的问题。市场部负责接单，研发和制造部门负责交付，这种方式往往会在内部形成部门墙，部门各管自己的一亩三分地，更多的是被动响应客户的需求，进而导致客户需求被遗漏，不能输出客户满意的产品。铁三角的工作方法要求组建一支综合服务能力很强的市场团队，主动把握客户深层次需求，同时承担起与客户交流沟通、制订产品规划和解决方案、交付和履行订单的职责。

采用这种工作方式后，国显的项目人员、研发人员和销售人员会一起跑客户，沟通客户需求。通过建立窗口对接机制，在新产品研发过程中，从订单签订到交付全过程都保证有专人与大客户相应的部门进行对接，比如业务总监对接客户采购部门负责人，技术服务工程师对接客户研发工程师，项目经理对接客户项目经理，品质部工程师对接客户负责来料质量控制的工程师，现场技术支持工程师对接客户生产部门工程师。通过与客户建立多个接触点，做到对客户需求的响应速度达行业第一。

产品规划方面，研发人员和项目人员一起参与，从技术角度理解客户未来的产品规划，回来后一起进行汇总分析。在国显内部，销售、研发、采购每个月定期召开产品研讨会，研究哪些产品符合未来的发展趋势，讨论新产品和新技术，确定未来的产品规划。即使公司的部门设置和组织结构一直有所调整，研发和销售部门也一直保持着紧密的联系。

三、推动供应链国产化

在服务大客户的过程中，国显还建立了自己的供应链，为客户扩宽了玻璃资源的供应来源。原来没有中国供应链的时候，从昆山到华南，都是台资、日资、韩资企业在进行材料供应。而对于国内的原厂巨头而言，平板电脑产品线的出货量相比于笔记本电脑、手机实在太低，他们很难给予平板电脑足够的重视。面对这种局面，国显开始孵化一批中资企业，陆续使用中资的材料，从而降低成本。

国显的销售会亲自陪着供应商跑市场、跑业务，带着供应商从新手开始，不断成长不断突围。国显就这样慢慢打造出中国化的供应链，在业界培养了一批中尺寸的国产化的供应商和引领者。可以说，中尺寸的整个国产供应链基本是国显构建起来的。在构建完国产供应链后，在价格上国显也占有优势。同样的产品，原厂的价格会比国显高 10% 到 20% 不等。

国产玻璃供应链的构建也成功帮助国显的大客户突破平板电脑出货量的瓶颈。2018 年，在消费电子需求疲软的行情下，国显遭遇发展瓶颈。为了摆脱困境，欧木兰通过分析，发现一家美国品牌客户的平板电脑需求畅旺，利润也非常可观，但出货量却常常受到玻璃资源限制。当时的玻璃资源主要来自两家大的原厂，但这两家原厂不重视平板电脑，他们更愿意把产能投到笔记本电脑或手机这两条比较赚钱的产品线。国显团队认为不能只依赖这两家原厂，还要去寻找新的玻璃原厂，帮助客户做大平板产品线。于是他们说服客户启用新的玻璃原厂，第二年客户的出货量就达到前一年的两倍，同时也极大地提升了国显的盈利水平。这家美国品牌是世界知名企业，在帮助客户做大规模后，国显也拥有了整条平板电脑供应链上的话语权，可以利用美国品牌去获得比较好的芯片资源，提高芯片议价能力，进而也能提高对其他客户的议价能力，进入良性发展循环。

四、持续进行人才升级

在出现品质事故后，国显就开始走规范化经营之路。从那时起，国显就一直非常重视团队建设。而推行大客户战略更是让组织完成了一次大换血。2012 年，国显就换掉了 20% 的人，思想不能转向规范化管理经营的人都被换掉了。2013 年开始推行大客户战略时，欧木兰发现起初做白牌客户的团队在思维和行动方面都难以跟上组织发展的需要，因此又换掉了30% 的专门服务客户的非制造员工。为了推行大客户战略，欧木兰不惜换掉一批干部，甚至包括公司高层。

在大客户战略转型的过程中，欧木兰和原高管团队的分歧日益加大。

欧木兰是管前端的，负责销售、采购和供应链，另一位高管则负责整个生产制造服务。欧木兰能够理解大客户的需求，但每次给制造部门提需求总是被推回来，两人因此经常吵架。归根结底，还是二人理念不合，没有就战略达成共识。欧木兰决定走高端路线，实行大客户战略，而制造部门更倾向短、平、快，达到满足普通客户的服务能力和品质，与大客户战略不匹配。最终，从 2015 年开始，欧木兰决定亲自管理工厂，从上到下都由自己管，从而保证大客户战略顺利实行。

为了快速达到世界级制造企业的管理标准，国显还从产业链上请来了具有国际化管理水平的高层次人才。在一家台资世界级触控面板厂破产后，作为债权人的欧木兰在讨债的同时，不忘挖来他们的团队，其中就包括一位管理过 2 万名员工的制造高管。这位高管为国显带来了台资企业的管理系统，减少人治，引入规章制度和台资企业相对先进的管理方法。在国显管理团队中，还有不少来自台资厂商的高层管理人才。他们在国显的制造能力升级、管理水平提升中发挥了重要作用。

国显非常重视内部人才培养，而且也有自己的方法论和心得，还专门设立了国显学院。由于处在产业链的独特位置，以及公司的地理位置相对偏僻，招聘研发人员不是一件容易的事情。当前，国显缺乏研发人员，尤其在整机设计和模组设计方面很难找到合适的人才，更多的还是靠自己培养和内部推荐。新来的毕业生会通过师徒制传帮带的方式进行培养。公司会给新来的研发人员安排一位师傅，带着他去完成一些简单的项目实践，让新人对工作有所感知，学习如何解决工作中遇到的问题。通过这种方式让新人快速成长，一年之后就慢慢分配一些可以让新手独立承担的简单项目。公司会根据每个人的个人发展规划，提供两条路线：一条是管理路线，另一条是专家路线。国显在人才培养方面更侧重平时的培养和辅导，其研发团队相对比较稳定，自己培养的研发人员基本都能留下来。

在大客户战略实施后，国显每三年就会淘汰团队 30% 的人员，从而始终保持组织活力。经过几年的发展，2019 年，国显又进行了百分之三四十的人员调整。国显对自己的人均产值有明确的目标。在完成数字化转型后，国显的目标是用 6000 人做到 100 亿产值。这意味着国显将是一家以技术人才为主的公司，预计未来技工类员工将占百分之六七十，工厂车间将以自动化为主，蓝领工人的占比将低于 40%。

五、长期主义，将制造做到极致

在中尺寸显示屏行业，品牌客户虽然是大客户，但其需求呈现了小批量和多品种的特征。就国显的产品来说，就覆盖了平板、笔记本、车载、穿戴、手机、安防、工控等多个应用领域。玻璃原厂服务的是手机产品客户，侧重的是大批量的制造，更容易实现智能制造。而国显面对的是多品种、小批量、高质量的需求，需要用到很多人和更精细的管理。很多厂家在这方面做不好，也很难坚持进行制造能力的投入。对于欧木兰来说，这恰恰是机会。在她看来，电子制造行业有大批量需求的客户只占行业的 3%，97% 的客户是小批量、多品种的需求。如果国显能将制造做到极致，服务好这 97% 中的大客户，那么市场空间就可以很大，而且这也是别人做不到的。

将制造做到极致是欧木兰做企业的心得，也是她的追求。经历过四十载的沉浮，欧木兰将她的企业经营理念总结为八个字："极致经营，长期主义"。在确定将中尺寸显示屏模组作为自己的赛道后，国显就一直专注显示模组产品，没有参与任何相近的其他品类（比如摄像头、芯片、板卡）的制造。从 2015 年开始，国显更是聚焦智能制造能力建设，持续投入建设"以数字化、自动化、智能化和精益制造为主轴的智能制造体系"。公司在蚌埠高新区打造显示模组的精益化工厂，实现自动化生产，追求比肩日本制造的产品品质。投身实业以来，欧木兰就坚定地要做一家百年企业，希望把国显打造成受人尊敬的世界级企业。

打造百年企业需要跑长跑，需要不断构建自己的核心竞争力。为了更好地满足客户多品种、小批量、高质量的制造需求，国显在 2021 年明确公司未来要构建三大核心竞争力：一是巨量定制化的敏捷开发能力，二是卓越供应链能力，三是智能化制造能力。面对未来万物互联时代，定制化需求的爆炸性增长，国显需要具备巨量定制化的敏捷开发能力，比如通过参数化建模实现快速设计、自动生成图纸。巨量定制化设计对供应链的管理能力有新的要求，因而需要具备柔性供应链的配套能力，包括自动化产线、产线相关设备、车间布局等。智能化制造能力则是完成巨量定制和材料供应后的高质量制造能力。

这三大核心竞争力是国显多年发展中赢得市场所遵循的逻辑，也是国显在服务客户中逐渐形成的企业能力。巨量定制化的敏捷开发能力的基础是国显的精准开发能力。这是在服务多样化的客户中逐渐练就的，是国显区别于原厂的核心能力。国显在服务白牌客户时掌握的低成本制造和快速反应的能力则是其柔性供应链的基础，未来国显也将继续提升供应链的运营能力和周转速度，以应对快速变化的客户需求。制造能力一直以来都是国显的优势，尤其是其产品品质。客户愿意多出钱来购买国显的产品，是因为国显的制造质量优于同类产品。

在欧木兰的带领下，国显还在不断进步，致力于将制造做到极致。"任何时候企业的成长都是需要时间去沉淀和积累的，我们毕竟才在实业里沉淀了十几年，我相信再过十年，我们会发生更大的变化，实现向真正高质量企业的转变。"欧木兰说道。

第四节　总结：大客户驱动高质量转型

"以客户为中心"是深圳企业奉行的经营理念。在这种理念下，客户反过来会成为提升企业能力的驱动力，因为越是优秀的客户，对企业创新的要求就越高。优秀的大客户给企业带来的，不仅是稳定的订单和更好的经济效益，还能帮助企业构建长期发展的能力。因而要实现高质量的发展，就需要追求世界一流的客户。对于企业的可持续发展而言，后者更为关键。在追求高质量发展的道路上，国显正是成功实施了大客户战略，以品牌客户驱动高质量转型，最终走向了智能制造。

在企业发展早期，欧木兰初入制造业，凭借对市场趋势的把握能力和销售能力，国显收获了华强北的众多白牌客户。华强北的白牌客户让国显度过了创业期，让企业活下来并逐渐成长，但却不利于企业的长期发展。这些客户对价格敏感，最重要的诉求就是低价。而且订单小、散、不稳定，充满机会主义，不仅盈利性差，也不利于国显长期发展能力的构建。从产业发展的角度看，白牌客户也充满不确定性，很容易在行业的洗牌中出局。在不断走向规范化经营的过程中，注重长期主义的欧木兰很快就意识到选择客户关乎企业的长期发展和能力建设。

相比白牌客户，品牌客户是国际品牌，更有利于国显的长期发展。首先，从商业模式上，大客户的订单量大且稳定，具有可预测性。长期的大批量订单为国显提供了实现投资自动化、产线升级的契机。品牌客户设有专业的商业团队进行市场分析和预测，具有科学的决策流程，因而能够提前对市场需求进行预测，并且将信息及时传递给供应商，让国显在制造端能够提前规划。在变幻莫测的市场中，品牌客户具有更强的抗风险意识和能力，服务品牌客户对国显而言更具有确定性。

对品牌大客户的追求也让国显全方面地提升了企业能力，完成了一次华丽的蜕变。选择供应商的时候，品牌大客户会全方位地考察备选供应商的综合实力，包括供应商的决心、能力、经验和口碑。通过选拔的国显还要根据客户的苛刻要求做出整改和升级，比如引进先进设备、改进生产体系和质量体系、提升研发能力和检验测试能力、执行更严苛的环境标准、提高运营管理能力等。大客户战略的成功实施，让国显从原来的低成本制造转变为高质量制造。

在产业链中，国显夹在拥有玻璃资源的原厂和拥有终端用户的品牌客户之间。尽管如此，国显还是做出了自己的独特贡献，从生产型制造走向了服务型制造，提出"全流程地解决客户问题"的价值主张。对内，国显进行组织变革和人才升级，实现端到端打通，整合研发、制造和销售部门一起服务客户，提升响应速度和服务质量。对外，国显开发新的玻璃资源，带动中国供应链成长，帮助客户突破产能瓶颈。面向万物互联时代的多品种、小批量、高品质的制造需求，国显积极拥抱智能制造，提出构建巨量定制化的敏捷开发能力、卓越供应链能力、智能化制造能力三大核心竞争力，不断追求高质量发展，力求将制造做到极致，将企业经营管理做到极致，向世界一流企业迈进。

打造世界级企业

第六章

进化：
在赢得客户中迭代企业能力

国际知名品牌对产品品质有着更高的要求，可以带动企业持续创新，走向高品质发展。国显让我们看到，品牌客户能为企业赋能，让企业在大客户高标准的要求下不断提升，完成蜕变。品牌客户的订单量大且长期稳定，具有可预测性，能带来吸引人的经济效益，是众多企业追逐的目标。他们会拼尽全力赢得大客户，并且牢牢地锁定大客户，建立长期紧密的联系。但品牌客户往往有众多稳定的供应商，即使某家供应商出错，也有很多候选企业排队补位，争先恐后地想挤进品牌客户的候选名单。如何成功突破，赢得大客户的青睐？赢得品牌客户后又如何更进一步，成为行业的主导者？

深圳的欣旺达电子股份有限公司（简称"欣旺达"）的成长历程很好地回答了这些问题。欣旺达是手机电池领域的隐形冠军，其隐形冠军之路就是一个不断赢得大客户，并以大客户倒逼自己不断提升迭代能力，从而实现持续高质量发展的过程。经过 20 多年的发展，欣旺达已经成为全球锂离子电池领域的领军企业，形成了 3C 消费类电池、电动汽车电池、能源科技、智能硬件、智能制造与工业互联网、第三方检测服务六大产业群。本书主要聚焦其智能手机锂电池业务的隐形冠军之路。

"人生就像滚雪球，最重要的事情是发现湿雪和长长的山坡。"这是巴菲特的投资心得，这句话也可以用来描述欣旺达的成长。手机产业就是欣旺达的长坡湿雪。从大哥大，到功能手机，再到智能手机，欣旺达参与了手机产业发展的每个阶段，为手机提供稳定可靠的电池。20 世纪 80 年代中后期，移动电话还是价格昂贵、体积庞大、功能单一的高端消费品。当时的手机就是针对高端商务人群的奢侈品，数亿中国人里面没几个人有手机。现在，智能手机可能人手都不止一台。智能手机深刻地改变了人们的生活，其丰富的功能给人们的衣食住行、工作娱乐带来诸多便利。2013年，全球手机的出货量就超过 10 亿台；此后近十年都保持着每年 10 亿

台以上的出货规模。随着手机行业成为万亿级的产业，欣旺达也成长为 3C
消费电子电池领域的龙头企业。

处在黄金赛道，欣旺达不断追求品质，成为这条赛道上高品质的品
牌。创始人王明旺对高品质的执着，让欣旺达把目标客户锁定在手机行业
的高端品牌上。欣旺达会拼尽全力去争取世界一流的手机品牌客户，通过
产品创新和制造创新赢得认可。同时，这些一流公司会不断推动欣旺达的
能力更上一个台阶，不断构建起高品质、大批量的制造能力。以客户的高
标准来倒逼企业完成能力迭代，正是王明旺的过人之处。

对于欣旺达的核心能力，王明旺在一次演讲中分享了他的认识。有一
次，一位中央领导视察欣旺达，当他问及王明旺"欣旺达的核心能力是什
么"的时候，王明旺的回答是："把 1 种产品做到 100 万个、1000 万个、
1 亿个，都同样好，这就是我们的核心能力。"这种"制造 1 亿颗电池都
同样好"的核心能力，既是欣旺达能够深度绑定全球最核心的手机品牌客
户的独特能力，也是欣旺达不断满足这些世界级品牌对品质的苛刻要求的
结果。

第一节 追求高品质的企业基因

欣旺达很早就进入了手机电池市场，几乎完整地参与了手机产业的发展。提起手机，就不得不提移动通信技术。当前我们经常听到的 5G，就是最前沿的商用移动通信技术。G 就是 Generation，指的是第几代技术，5G就是第五代移动通信技术的意思。第一代移动通信技术，即 1G，于 20 世纪 80 年代诞生于美国芝加哥。作为最早的商用移动通信系统，1G 采用模拟信号传输，该技术只能用于语音传输，而且覆盖范围小，信号不稳定，语音品质低。1G 时代的手机是摩托罗拉的大块头手机，也就是家喻户晓的"大哥大"。20 世纪 80 年代初期，中国的移动通信产业还是一片空白，直到 1987 年广东第六届全运会上，中国才正式启用蜂窝移动通信系统。同年，中国出现了第一台手机，型号是摩托罗拉 3200。

欣旺达创始人王明旺在港资电子厂工作的时候就建立了对手机电池的认知。在 20 世纪 90 年代，"大哥大"的可充电电池经历了 3 个阶段：镍镉电池阶段，镍氢电池阶段，锂离子电池阶段。"大哥大"原装电池为镍氢电池或锂离子电池，具有电池容量小、续航短、充电慢的缺陷，用户时常需要随身携带 2—3 块备用电池。然而"大哥大"的原装电池价格高达1000—2000 元，可以说当时只有富豪才有这样的消费力。为了满足更多用户的需求，手机替代电池市场应声而起。替代电池指的是可以作为备用电池的非原装手机电池。在洞察到手机替代电池市场的机会后，王明旺于1993 年创办了佳利达电子加工厂，开始从事镍氢电池和锂离子电池的模组开发、生产及销售。此时移动通信技术正处于 2G 时代的前夜。

2G 时代，手机不仅外形变得更加小巧、便携，而且价格变得亲民，手机开始走进千家万户。随着移动通信技术的日渐成熟，数字传输技术逐渐取代了模拟信号传输技术，通信质量得到了明显提升，移动通信技术进入2G时代。2G时代的手机可以发短信，甚至可以上网。除了移动通信技术，电池技术也推动了手机的普及。锂电池的研究起于20世纪70年代。1991年，索尼公司和旭化成公司发布了首个商用的锂离子电池，从此改变了消费电子产品的面貌。锂离子电池具有能量高、寿命长、重量轻、更稳定、环保等多种优势。锂离子电池使得手机的重量和体积大大减小，同时还大大延长了手机的使用时间。基于对电池的理解，王明旺与王威于1997年创立了欣旺达，专注于电池委托设计及代工。欣旺达成为国内第一批从事锂离子电池模组业务的企业之一，且拥有自主品牌产品——旺达牌电池。

随着手机用户群体的不断增长，手机替代电池市场的发展也极为迅猛。当时的手机电池是可拆卸的，手机实际上由两个部分构成：手机主体与电池。手机替代电池需求的扩大吸引了大量商家，厂商质量参差不齐，产品问题涌现。最普遍的用户痛点就是替代电池的结构精度不够，与手机主体匹配不良。电池尺寸太大会导致手机主体损坏，电池尺寸太小则容易在使用过程中脱落。

王明旺很敏锐地抓准了用户的痛点，意识到结构精度是影响用户体验的关键，而决定结构精度的关键则是模具。王明旺开始在模具研发上投入精力和财力。他经常"泡"在模具厂，请模具厂的老师傅吃饭，共同解决产品问题，积累经验，如此长达数月。模具是替代电池行业的核心竞争力。在掌握模具自主研发能力后，欣旺达生产的电池如愿解决了用户的痛点。"当时做电池，最核心的东西就是结构，咱们要把这个产品想办法做漂亮。"王明旺说道。

除了结构不匹配之外，手机用户的另一个痛点是电池续航能力差。王明旺非常注重用户的使用体验。欣旺达对电池结构进行了极致优化，提升了电池的容量。这样的内部结构再优化提升了电池的续航能力，进一步改善了用户体验。

对品质的高要求在欣旺达创立之初就已经确立，可以说是欣旺达的企业基因。在替代市场，欣旺达的替代电池属于自主品牌，需要站在消费者的角度，即使用电池的终端用户的角度去考虑产品的使用体验。做过品牌的王明旺理解产品品质的重要性，这也成为日后他选择客户的逻辑基础——选择不断追求高品质的手机品牌客户。对手机电池品质的深刻理解也让欣旺达掌握了电池制造的关键能力。"替代市场积累下来的工程能力和设计能力，也就是我们在品质保障上的能力，使得我们能够抓住这一波市场所给的机会。"王威（欣旺达现任董事长）总结道。这不仅让欣旺达把握住了替代市场，也为后来赢得品牌客户打下良好的基础。

第二节　时刻准备超预期的创新

一、机遇：国产手机的第一次崛起

好景不长，竞争者大量进入手机替代电池市场，导致行业毛利下降，恶性竞争现象频出。部分做大的经销商逐渐变得强势，造成两个不良结果：一是经销商"店大欺厂"，收账风险加大；二是劣币驱逐良币，忽视消费者利益的经销商不计其数，很多质量好的产品不能得到良好的回报。面对这种局面，王明旺认为替代市场做不长久，没有前途。此时恰好移动通信产业的"五号文件"《关于加快移动通信产业发展的若干意见》发布，国产手机品牌迎来了第一次崛起。欣旺达也抓住机遇顺势转型，进入品牌市场。

1999 年，国家"五号文件"发布，该文件旨在保持手机行业的准入门槛，同时维护消费者利益。文件要求手机生产必须获得信息产业部的牌照许可，标志着我国的手机牌照制度由此正式执行。1998—2004 年间，国内手机厂商只有获得信息产业部颁发的手机牌照，才能够从事手机制造。信息产业部对手机行业准入采取了严格的控制和审批措施。根据统计，信息产业部在 5 年多时间里共颁发了 49 张手机牌照，大部分为国产手机品牌。这也迎来了国产手机品牌的第一次崛起。在此期间，外资厂商要想进入中国市场，通常需要和获得牌照的中国厂商合作，而中国厂商为了获取技术和供应链，也愿意且必须与外方合作。"五号文件"诞生的 19 家国产手机品牌，如南方高科、波导、康佳、熊猫、TCL 等，背后都有合作的外资厂商。通过与外资厂商的合作，中国的手机供应链快速成长，欣旺达也是其中的贡献者。中国手机供应链的建立，也是 2G 时代手机普及的重要推动力。

南方高科是中国第一张国产手机牌照的获得者，其外资合作伙伴是摩托罗拉。1998 年，南方高科打算推出一款主力机型，起名"PT2000"。南方高科的做法是购买摩托罗拉 L2000 的相关零部件在国内进行组装。这套方案里的电池也是摩托罗拉 L2000 的，电池是由中国台湾厂商提供。为了进一步降低成本，南方高科计划对电池、插头等部件进行替代。同样是摩托罗拉 L2000 的电池，只是由大陆厂商制造。碰巧的是，欣旺达正好为摩托罗拉某经销商电信大客户开发了一款摩托罗拉 L2000 的礼品替代电池。买原装手机送替代电池是当时手机经销大客户常用的一种促销手段。这种策略的市场反响不错，因而也引起了南方高科的注意。

在接触该经销商的过程中，王明旺了解到了南方高科要推出 PT2000 的消息。王明旺主动找到南方高科，凭借着性价比的优势，欣旺达成功地成为南方高科的"整机电池配套供应商"。事实上，南方高科 PT2000 电池所需要的产品能力，恰好是欣旺达在做替代市场产品时完整具备的。欣旺达只是把这种能力从替代市场完整"迁移"到了品牌市场。南方高科项目的成功拉开了欣旺达成为大品牌手机厂家电池供应商的序幕。随后，凭借南方高科这个成功案例和经验，欣旺达相继进入了飞利浦、松下、NEC、海尔等当时国内外大品牌手机厂家的供应链。

从替代市场进入品牌市场，欣旺达正式成为 ODM 厂商。在这种商业模式下，生产商为客户提供产品设计及生产，最终的产品以客户的品牌出售。具体流程是：欣旺达先与品牌客户进行需求沟通，接着参与客户的产品设计，根据客户产品设计提供锂离子电池模组的方案，完成研发设计，然后送样给客户确认，确认后再进行批量生产。手机的制造产业链分工细致，欣旺达主要负责手机电池模组的生产，完成后交给下游的手机代工厂

（比如富士康）一起组装成一部完整的手机。作为 ODM 厂商，欣旺达掌握
锂电池模组的研发设计能力，同时还掌握了制造环节和供应链渠道。

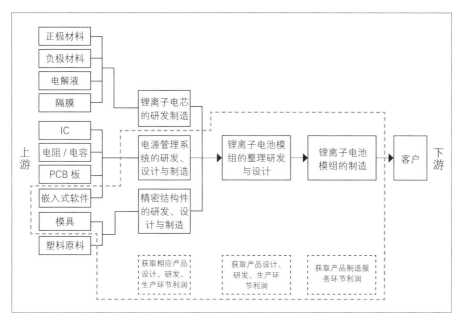

图 6-1　欣旺达在产业链中的位置

在制造环节，欣旺达主要通过原材料成本控制和优化制造工艺流程获
利。原材料成本方面，电池模组生产中最关键的材料就是电芯，欣旺达需
要采购电芯进行 PACK 组装。当时的电芯主要来自索尼、松下等日系电芯
厂，欣旺达自己并不生产电芯。欣旺达通过自主采购，根据客户需求来匹
配电芯类别和数量，从而进行成本控制。欣旺达内部有专门分析电芯的团
队，通过跟电芯厂的长期合作，分析电芯结构，用数据对比不同款电芯的
优劣。通过分析每家电芯厂的情况，欣旺达会根据接到的订单向不同的电
芯厂采购，从而控制成本。制造工艺方面，欣旺达很早就大力投入核心能

力建设，注重模具、注塑、SMT①产线自动化、检测能力等制造相关核心能力。通过积累和提升，欣旺达逐渐有了锂电池产品的制造能力。

二、以超预期的品质赢得品牌客户

接触到品牌客户后，王明旺意识到品牌市场和替代市场的客户需求是不一样的。替代市场的经销商客户对产品品质要求低且不明确。由于经销商控制价值链，经销商也可以为了自身短期利益牺牲产品质量。对产品品质的忽视可以从和经销商的一些日常对话中体现："能用就行，至于用多久不知道""可以有偏差有差异，先出货吧，有缺陷的拿回来修修还可以卖"。

品牌市场的客户则完全不同。他们对品质要求不仅高，而且非常明确。这些要求还以明确的指标进行量化，包括"结构、尺寸、缝隙、断差、电气性能、可靠性、安全性、环境适应性、寿命"等各方面的要求，都在规格书里面详细列明。在一份规格书里有几百条技术要求，对电芯、结构外观、可靠性的要求均有上百条。这些要求涵盖设计规范、检验检测验证规范、报告规范等。

在品牌市场，品牌商控制价值链。品牌厂家注重的是长期经营，爱惜品牌"羽毛"，重视产品质量。意识到品牌市场客户需求的关键点以及品牌市场竞争的特点之后，围绕品牌客户最关心的价值点，欣旺达启动了一系列制造能力升级项目。王明旺要求欣旺达的产品能够超越客户期望。比如客户关心产品结构精度，以外置电池为例，外置电池断差、缝隙的行业

---

① SMT 是印刷电路板的表面安装技术（Surface-mount Technology）的英文缩写。

标准为 0.2 毫米，而王明旺认为 0.2 毫米是不够完美的，必须通过模具的设计和工艺将断差降为 0.1 毫米。这样的产品才会让用户有更舒服的手感。

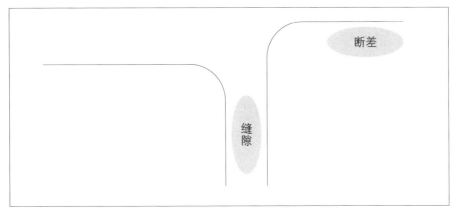

图 6-2 断差缝隙示意图

在先进制造技术中，模具的精度无疑是控制产品品质的关键之一。电池的三个核心部分是电芯、保护电路板、外壳。对电池模组厂家而言，电芯是标准品。而保护电路板和外壳涉及的核心就是模具和注塑，模具设计精细度及注塑成型的制造能力对品质、成本、交期都有着重要意义。这是对企业核心能力的投资。模具是一切工业的基础，所以欣旺达对模具的精细度要求特别高。

欣旺达对核心能力的专注投入始于领导人王明旺的意识。1997 年创立欣旺达后，王明旺就洞察到了用户痛点——电池与主机结构匹配性太差，从而意识到结构精度对用户体验起到关键性作用，而决定结构精度的正是模具。1998 年王明旺常"泡"在模具厂向老师傅学模具工艺。1999 年，规模尚小的欣旺达就投资了上千万元建设精密模具厂和精密注塑厂，迅速提升模具精细度和塑胶产品生产能力。

"模具和注塑是很传统的行业，对工业生产来说是一个基础的东西，靠的是经验积累和沉淀、核心技术人员稳定和资金投入，才能一步步做起来。"欣旺达负责模具制造的专家解释道。

进入品牌市场后，王明旺还意识到生产效率是制造业的核心之一。基于这种超前的认识，王明旺决定对产线进行升级改造和创新，采用更好的工艺和设备替代人工。2000 年，欣旺达投资建设了第一条 SMT 产线，逐步提升组装制造的能力。欣旺达从创立之初的纯电池模组组装，逐渐延伸到了与锂电池模组制造相关的各个关键技术领域。欣旺达的一位专家表示："锂电池模组制造的整个链条欣旺达都有。供应链齐全，客户和欣旺达合作就会更加放心，欣旺达也会更有竞争优势。"

此外，欣旺达始终秉承高质量经营理念，非常注重产品的可靠性、安全性和性能。欣旺达在 2000 年建立了 5000 平方米的独立检测实验室，对产品和物料进行严格的品质管控。

欣旺达快速建立起的制造能力，让他们收获了当时手机行业的重量级客户——康佳手机。南方高科项目是欣旺达进入品牌市场的首单，但是在欣旺达人的眼里，真正具有里程碑意义的"首单"则是 2000 年的康佳项目。一方面，康佳项目是欣旺达的第一个 ODM 项目。相比南方高科项目的"能力迁移"，康佳项目的"量身定制"对开发和工程能力的要求要高得多。另一方面，康佳当时是知名国企，该项目让欣旺达在品牌客户圈里形成了影响力。

与康佳相比，欣旺达无论是规模还是知名度都相差甚远，但王明旺对欣旺达的能力十分自信。当时，康佳是从台湾厂商处采购相关零部件，然后在中国大陆组装，电池成本很高。在对其电池进行研究后，王明旺主动拜访康佳寻求合作，向康佳提出一个不可思议的方案：在提供更高性能电池的同时还帮助他们节省 30% 的成本。康佳自然对欣旺达的制造能力持有怀疑态度，他们认为没名气的小厂很难做出好的电池产品。

在受到客户质疑后，王明旺并没有气馁，他化质疑为动力，坚信其他厂商能够做到的事情，欣旺达不但能够做到，还能做得更好。王明旺向康佳提出非常有诚意的合作方案：给欣旺达提供一台手机，欣旺达在一个月之内完成产品研发和样品交付，如果感觉好用可以再进行合作，如果不认可就淘汰欣旺达，这对康佳而言并没有什么损失。康佳被王明旺的决心打动，便同意让欣旺达试试看。王明旺带领核心团队没日没夜地开发，前期大量投入进行提升的模具开发能力初见成效，欣旺达仅用 20 天就成功开发出了模具，一个月就做出样品，且质量和工艺都比台湾供应商提供的原装电池好。高标准的工艺和技术水平让欣旺达顺利赢得了康佳的订单。至此，欣旺达从替代电池市场顺利走向了品牌市场，成为手机品牌的 ODM 厂商。

三、时刻准备更优方案，等待时机

2001 年，欣旺达迎来了对它而言意义重大的客户——飞利浦。飞利浦是当时全球顶尖的手机品牌，其产品被誉为"待机王"——理论上能够待机 25 天。在此之前，欣旺达就一直计划进入飞利浦体系。于是，欣旺达深入研究了飞利浦手机的电池，发现其电池太过厚重。厚重的优点是极其牢固经摔，但作为手机电池，质量和设计是过度的。手机毕竟不是交通工具，没有必要做得如此牢固。很快，欣旺达做出一款性能更好的产品免费送给飞利浦试用。这款产品不仅降低了 40% 的成本，续航表现还提升了 30%。飞利浦试用过后认为欣旺达的产品更好，但是出于谨慎，并没有立即和欣旺达展开合作。王明旺坚信，只要欣旺达的产品足够好，飞利浦总有一天是会和欣旺达合作的。

功夫不负有心人！2001 年，飞利浦手机电池的一次品质问题给了欣旺达机会。当时，飞利浦手机的供应商松下在马来西亚工厂生产的电池出了品质问题，一大批货无法交付，飞利浦将面临巨额罚款。他们很快想到欣旺达有相关的产品。巧合的是，欣旺达当时恰好有 6 万套齐料库存可以用来制造产品。仅仅耗时一周，欣旺达便为飞利浦解决了燃眉之急。

一周时间，对于制造厂商来说简直是天方夜谭。难道不需要研发了吗？供应链的准备时间也远远不够啊。事实上，早在一年之前，欣旺达就已经成功地研发制造了这款产品的替代电池，并在市场热销。

回溯至 1999 年，王明旺看到飞利浦手机销售势头较旺，萌生了为飞利浦手机经销商提供"礼品替代电池"的想法。这次，王明旺不想提供跟原装电池一模一样的备用电池，而是打算提供一款性能更好的进口替代品。王明旺在对原装电池深入研究后，发现原装电池在设计上比较保守，外壳很厚。于是欣旺达改变了设计理念，把电池做得薄一些。如此一来，电池里面空间就大了，这样就可以把电芯设计得更大，电池容量就更大，待机时间更长，同时电池的安全性、可靠性和电气性能都超过手机电池的行业标准。这样的设计改进也非常符合该手机品牌的定位——超长待机。欣旺达在没有降低安全品质的情况下，最终做到了"性能超过原装手机电池，但价格只有它的一半"。这款"礼品替代电池"取得了非常好的成绩，一共销售了几十万颗。凭借这种能力，以及这种能力带来的产品"性价比优势"，欣旺达成为飞利浦和后来各大品牌的"整机电池配套供应商"。

工艺和结构创新是欣旺达赢得飞利浦的关键。产品创新是品牌客户的事情，而欣旺达作为电池模组的 ODM 厂商，则可以在工艺和结构上进行创新，把客户的成品设计进行工艺拆解、分析，并提出产品设计建议。从执行客户的 know-how①，到创造 know-how。欣旺达主动向康佳和飞利浦提出合作就是依靠对客户产品进行工艺拆解和分析，研究能够优化的地方，通过对模具、电路的二次设计，在提升中间产品（电池）性能的同时还能降低成本，从而赢得了与品牌客户合作的机会。

四、以高标准客户倒逼企业成长

飞利浦是全球顶级的制造商，是家电、消费电子制造界的"祖师爷"。20 世纪 50 年代日本松下电器的整套产品和制造技术，就是飞利浦手把手教会的，而松下电器后来成了日本电子行业的"黄埔军校"。

飞利浦是欣旺达的"老师"。一方面，"老师"对欣旺达的要求，是按照世界级供应商的严苛标准来执行的；另一方面，作为"老师"，飞利浦在合作过程中给予了欣旺达很多帮助。首先是派驻工程师对欣旺达的研发和测试流程进行全程指导，其次是协助欣旺达搭建项目管理体系框架，最后还帮助他们建立产品检验检测标准。整个过程下来，飞利浦相当于为欣旺达搭了一个架子，一整套飞利浦的工作体系被欣旺达迅速吸收和执行，让欣旺达透彻理解了应该怎么做好电池产品。在飞利浦的一次次严格训练下，欣旺达重新进行产品设计、调整各成本结构、改进研发流程和检验检测标准，顺利地成为飞利浦的合格供应商。

"老板很厉害，做飞利浦的项目并不完全是为了赚钱，而是希望通过飞利浦这样高标准的客户去倒逼整个团队成长。"一位亲历者一语道破。王明旺是把国际品牌客户的苛刻要求当成改善欣旺达设计制造系统的机

---

① 技术诀窍，多指从事某行业或者做某项工作所需要的技术和专业知识。

遇，巧妙地把"外部客户压力"转化为"内部改善动力"。

通过"领先客户"飞利浦的"订单支持＋压力刺激＋赋能辅导"，欣旺达的制造能力，尤其是软实力上了一个大台阶。在认知上，飞利浦提升了欣旺达对手机电池产品设计制造的认知水平。在制造能力方面，欣旺达从基于个人经验和试错式的研发、采购、生产、品管转向基于流程和标准的、规范的研发与测试、采购、生产、品管。规范化经营的标志就是依靠流程标准严格执行保证品质，减少对个人经验的依赖。此外，成为飞利浦的供应商也帮助欣旺达导入了世界级的供应链。欣旺达很好地吸收了飞利浦的工作体系，全面提升了制造能力，成功走上了合格规范的供应商之路。再加上与飞利浦合作的示范效应，欣旺达之后又陆续收获了多家品牌客户。

在飞利浦之后，欣旺达收获了索尼、京瓷、NEC 等日本手机品牌客户。日本客户对手机电池的要求相比飞利浦有过之而无不及，其难度远远超过欣旺达的预期，比如日本客户希望将电池塑胶壳的厚度从 0.35 毫米降低到 0.2 毫米。欣旺达听到后都觉得客户"疯了"，认为不可能实现。在随后与手机品牌客户的合作中，类似这样的要求非常多，欣旺达就像打怪升级一样，在技术层面——攻破。

国际品牌客户对产品的一致性有更高的要求，自动化产线是必不可少的。欣旺达对自动化的重视主要有两方面的原因：一是当时市场的人工成本急剧上升，二是客户对产品的一致性追求也日益严苛。从 2006 年开始，欣旺达就坚持对自动化产线进行投入，不断研究相关技术和工艺，攻克技术难点，启动了"自动化建设 1.0"（半自动化）。2 年后，欣旺达已具备了产线自研能力，并已拥有 6 条自研 SMT 产线，平均每条产线投入超过千万元。这大大降低了员工作业难度和强度，产品一致性也显著提高。欣旺达"自动化建设 1.0"历时 5 年，每年投入资金 1000 万元用于自动化产线建设，包括引进人才、设备等。

五、符合高品质要求的管理能力

走上规范化经营的过程中，欣旺达也主动提升在人才培养、经营管理上的能力，让自己的实力能够与国际品牌客户对高品质的需求匹配。

2004 年，日益发展壮大的欣旺达开始出现内部能力跟不上发展节奏的情况。首先是老员工能力不能支撑起业务的发展。欣旺达前期做替代市场，对员工的基础素质要求并不高。但随着品牌客户的要求越来越高，制造能力升级压力很大，管理层逐渐意识到了人才的重要性。于是，欣旺达启动了人才供应链建设——"启明星计划"，通过招聘应届大学生进行人才培养和储备来应对市场的变化。

进入品牌市场后，国际大客户对欣旺达的要求越来越高，对供应商的合规审核和认证也越来越严格，欣旺达发现内部的系统管理能力亟待提高。2006 年，欣旺达成立经营管理提升小组，以客户为中心梳理和优化整个公司的流程和制度，形成战略、运营、保障三个管理组织层次。不断优化，提升经营管理能力。欣旺达高层强调："企业没有流程管理制度很难沉淀，将管理制度化，企业才能统一口径，统一语言，再把有经验的东西固化下来，以此降低对人的依赖。"

第三节　在快速大量制造中保持高品质

一、拒绝"山寨机"的诱惑

"山寨机"是中国手机产业发展中不得不提的一段历史，也是深圳手机产业的一段重要回忆。"山寨机"的崛起是华强北手机供应链强大能力的一种体现。21 世纪之初，联发科推出了第一款单芯片手机解决方案，集成了通信基带、蓝牙、摄像头等模块，只需增加不同的元器件和外壳，就能组装出成品手机，生产周期短至数周，成本低至数百元。2007 年，发改委和信息产业部取消了手机生产核准制度，"山寨机"出货量也迎来了爆发。2008 年，中国"山寨机"市场规模突破 1 亿部大关，高达 1.42 亿部。①此后三年，"山寨机"依旧保持高速增长。随着 2010 年政府打击侵犯知识产权和假冒伪劣产品行动的开展，以及 2011 年小米手机的发布，"山寨机"才逐渐走向消亡。在"山寨机"兴起的阶段，不断有"山寨机"客户主动上门寻求合作，希望欣旺达为其供应手机电池。

2008—2009 年，欣旺达的市场端处在"青黄不接"的困难时期。这两年 2G 红利已尽，3G 尚未开启，欣旺达正经历着手机的重要变迁过程——从功能机过渡到智能机（通信网络从 2G 到 3G）。在价格不断下降的中国手机市场，诺基亚依靠质量控制、成本控制和渠道控制在竞争中胜出，击败了摩托罗拉、爱立信和西门子等老对手，拿到了第一的市场份额，诺基

---

① 艾媒咨询 . 2006—2013 年中国山寨手机市场规模及预测 [R/OL].（2011-04-22）[2023-02-01]. https://www.iimedia.cn/c400/16133.html.

亚的品牌也深入人心。"山寨机"和诺基亚强势席卷市场，其他手机品牌的市场份额日渐下滑，作为上游企业的欣旺达也遇到了发展危机。

彼时陷入发展困境的欣旺达要在"山寨机"的诱惑中抉择：要么调转方向进入华强北"山寨机"市场，量很大能够赚钱；要么依然坚持高端机市场，面临巨大且未知的市场压力。欣旺达管理层经过慎重考虑和讨论，基于手机行业趋势、产线变换、企业发展等多种因素，最终选择了后者。以产线变化为例，若欣旺达拿以往品牌手机电池的产线去做"山寨机"产品，毫无疑问是可行的。但"山寨机"厂商承担不了品牌客户产线的成本，欣旺达的价格就没有优势。若是放弃品牌手机电池产线，重新设计"山寨机"生产线，这损失对欣旺达而言太过沉重，之后倘若再想切换回高端手机产线就几乎无望了。

另一个考虑是员工的心态问题。王明旺认为"山寨机"市场是短期挣快钱，不是企业持续发展的正道。"山寨机"就是过把瘾，手机既不能升级，又没有服务，长期下来难以在全球走通。一定要避免员工产生投机心态。如果团队心态扭曲，企业"死掉"是迟早的事。这一考量与任正非当初拒绝华为开展小灵通业务异曲同工。一位亲历者也谈道："这是 0 和 1 的问题，开始了就无法停下来了。"

二、"又好又快"的制造要求

经过一段青黄不接的坚守，欣旺达终于迎来了 3G 时代，以及随之到来的智能手机时代。2009 年 1 月 7 日，工信部发放了 3G 牌照，标志着 3G 时代的到来。3G 时代，移动通信进入高速 IP 数据网络时代，移动互联时代正式到来。移动高速上网成为现实，音频、视频等各种数据能够通过移动互联网高速、稳定地传输。与移动通信技术突破同步进行的还有手机形态的变革。2007 年第一代 iPhone 的发布，改变了以往手机的交互形式，拉开了智能手机时代的大幕。3G 技术革命，令手机的产品架构、核心功能发生了根本性变化，加快了智能手机的普及。随后短短几年的时间，手机产业快速完成了从功能手机向智能手机的价值转移。手机用户范围和数量、手机使用时长出现惊人的增长，手机的生命周期比以前更短，智能手机的市场渗透速度也是前所未有的。

在如此短的时间内市场需求容量变得如此巨大，这是 3C 移动终端电池行业的一次真正大洗牌。从产品维度看，智能手机对电池有了更高的要求。首先，智能手机性能更强大，功能更丰富，管理更精细，在电池管理上增加了电量管理。其次，智能手机市场对手机品质的要求进一步提升，尤其是安全性、可靠性的要求比功能手机高出许多，手机电池成为安规件。从产业维度看，"短时间爆发的巨大市场需求"加上"更高的门槛"，将手机行业的杂牌军、弱小品牌迅速淘汰出局，市场份额迅速向头部品牌企业集中。对于手机的 OEM/ODM 厂商而言，如果不能迅速与头部品牌客户结盟，结局可想而知。

智能手机时代和 3G 时代的到来，让欣旺达迎来移动终端历史上最大的一次需求爆发。即使处于发展的低谷，欣旺达依旧坚持高端路线，在沉默中修炼内功，等待时机。由于长期以来制造能力的沉淀与积累，欣旺达成功地赢得了国产智能手机品牌的青睐，获得了国内外手机知名品牌的订单并保持着长期合作关系。

欣旺达聚焦于头部品牌客户最关注的价值点，对标业界顶级制造水准，发起了创业以来最大的一次制造能力升级。头部客户最关注什么？消费电子头部品牌企业的关注点就是"又好又快"。"好"就是"做一亿颗电池都同样好"；"快"就是比竞争对手更快推出新一代产品，抢占新一代产品上市的"窗口期"。我们来看一下欣旺达为一家海外的全球核心手机品牌客户的新产品开发上市制订的工作节奏表，可以更好地理解这一点。

表6-1 欣旺达新产品开发上市的工作节奏表

步骤	时间	工作内容
1	上年6—7月	客户提供产品3D模型
2	上年8—12月	工艺拆解分析设计及对应自动化方案设计
3	上年12月	客户审核
4	当年1月	样品产线建设
5	当年2月春节前后	跑第一批工程样品
6	当年2—3月	市场测试
7	当年3月	修改产品设计
8	当年3—4月	修改工艺方案及自动化方案
9	当年4—6月	复制自动化产线，为量产做准备
10	当年7月	开始量产
11	当年8月	量产
12	当年9—10月	大量铺货
13	当年10月或11月	发布产品
14	当年12月	圣诞节购买高峰期

这家海外的全球核心手机品牌客户的核心利益是"不错过圣诞季旺销"（当年12月），为此，必须在此前完成所有零售终端（线上和线下）的充足铺货。消费电子产品具有快消品特征，任何延误都是灾难性的。因此，当年7、8两月必须完成量产。与此同时，对于智能手机品牌商而言，任何产品瑕疵造成的批退也是不可承受之重。为了彻底消除量产延误和产品质量的隐患，从前一年的6—7月开始（第1步），到当年的4—6月（第9步），这家客户将与制造商项目团队一道"嵌入式工作"，在各阶段反复

地"理解—设计—建设—验证"。将大量的资源和精力投入这 9 个步骤，为的就是确保第 10—14 步的结果"又好又快"。

也就是说，头部客户不仅关注"又好又快"的结果，而且非常注重考察、评估、验收制造商的"又好又快"的过程能力。值得一提的是，到了移动互联时代，由于市场容量、产品生命周期、产品特征和竞争发生了巨大变化，全球核心手机品牌客户对制造商"过程能力"的要求比 2G 时代高了很多。

全球核心手机品牌客户对制造商"过程能力"的具体要求有哪些呢?

我们以当时手机品牌头部客户对制造商"三化一稳定"的要求为例。为了"成为 ICT 行业高质量的代名词"，该客户启动"质量优先"战略，推进合作伙伴"三化一稳定"专项改善——即"管理 IT 化""生产作业自动化""人员专业化"以及"关键岗位人员稳定"。其重点是要求供应商以"信息化、自动化、智能化"为手段，建立"不依赖人的主观判断的生产质量控制体系"。这些全球核心品牌客户的管理思想其实是一致的。

移动互联时代，在短时间内要做到"一亿颗电池都同样好"，一定要尽量摆脱对人的依赖。在设计、工程、管理工作上，企业要通过信息化对知识工作者赋能，提高知识工作和整体运营的效率。在生产制造环节，产品的加工、检测要摆脱对老师傅的依赖，走向自动化。要把沉淀多年的做好产品的工业知识、经验和技能，尽可能封装到系统和装备中，才能保证"高可靠、高效率"。聚焦全球核心手机品牌客户的核心价值点，积极拥抱这些头部客户的严苛要求，欣旺达从 2012 年开始全面提升移动互联时代的制造能力。

2012 年，欣旺达获得了一家全球核心智能手机品牌客户的验厂机会，认证后客户认为欣旺达具备了为其制造产品的基础和经验，只看欣旺达能不能实现量产。这次认证，让欣旺达认识到自己离这家客户对"过程能力"的要求还存在巨大差距，尤其是对前段 SMT 高端自动化设备的投资和全线自动化能力。于是，2012 年欣旺达开始进入自动化建设 2.0 阶段，即高端自动化设备投资和全线自动化建设。全线自动化涵盖三个环节：一是物料准备的前工序自动化，二是组装环节的中工序自动化，三是测试和包装的后工序自动化。

2012 年，欣旺达利用上市募集的资金，采购了 SMT 高端自动化设备。集中投入 21 条高速 SMT 产线，完全改变了 SMT 生产制造能力。不过，要真正实现"又好又快"，让大型高端自动化装备发挥潜力，更大的挑战在于"全线自动化"。大型自动化装备是标准化的，花钱就能买到，但是"全线自动化"的实现却不然。产品不同、工艺不同，全线自动化方案就不一样，需要定制开发。

面对"全线自动化"的挑战，欣旺达当时面临两种选择：一种是自主研发，难度大、风险大，一旦失败就失去了获得这家全球核心品牌的订单机会，好处是掌握了制造自主权；另一种是购买其他厂家的自动化设备或委托开发，风险小，保险，但今后制造能力受制于人。这是一个非常艰难的决策，内部外部各种声音都有，占上风的还是保守方案。在给客户报方案的最后时刻，王明旺一锤定音：自主研发！

实际上，王明旺当年的思考是：采购外包的做法，虽然保险，但不可持续。工艺开发和相应的全线自动化是 OEM/ODM 厂商的核心能力和生命线。如果没有强大的自主自动化能力，很难满足头部客户"又好又快"的高要求。从头部客户视角看，自动化的目的是追求生产的高效率（大量快速交付）以及产品的可靠性和一致性（"一亿颗都同样好"）。从表 6-1 可以看出，每次新产品导入，必须在 3—4 个月时间内完成工艺开发和全线自动化方案。制造商的全线自动化工作、工艺开发工作以及客户的产品设计工作是高度耦合的，因而采取外包和购买的方式，会极大地增加交易和协调成本，难以满足前面提到的"避免量产的延误和产品瑕疵"的要求。真正眼光长远的企业家，不会将核心能力外包，而是敢于和善于做"难而正确的事"。

为达到全球核心手机品牌客户的高要求，欣旺达组建了一支 20 人的研发团队，经历 4—5 个月的反复沟通、设计和细化，历经反复、严苛的内部评审和客户评审，最后实现了突破。

在此期间，欣旺达遇到了很多困难，比如电池质地较软，抓取和搬移时容易变形，很难保持尺寸的一致性。当时客户提出一个方案：设计一款夹具，用夹具固定好电池，抓取和搬移时就直接抓夹具外壳，再把需要操作的前端一小片区域露出来去做一些操作。沿着客户这个思路，欣旺达团队不断验证、细化和修改，最后成功实现了该方案。

全线自动化给欣旺达带来了很大的价值：进一步省人力，进一步提升产品一致性，进一步提升生产效率。在简易自动化时期，一条生产线仍需要 40—60 名员工。自主研发"全线自动化"之后，一条生产线只需要 2—4 名员工即可，有效地降低了产线对人的依赖，同时大大提高生产效率、交付能力和产品可靠性。正是由于全线自动化的升级，欣旺达在 2012 年、2013 年连续获得了多家全球顶尖手机品牌客户的供应商资格认证，营业额得到了巨大的增长。

2013—2015 年，欣旺达对全线自动化的投入导致公司出现近 1.5 亿元的亏损。公司高管都建议放弃自研，直接购买外部设备。然而，王明旺认为数字化、信息化、自动化是未来发展的必然趋势，核心技术必须掌握在自己手中，而且前期多年的铺垫也不能白费。其间，欣旺达找了 3 批团队，经过不断努力，终于成功研发出比同行更好的设备，奠定了欣旺达自动化能力在行业中的领先地位。回顾"自动化大升级"这段历史，当时的研发负责人说："幸亏我们走了自主研发这条路，后来发现，我们自主研发的

'全线自动化'实际上比打算购买的自动化产线更加先进，超越了以前老牌供应商的自动化水平。"

三、微利时代，用创新挖掘利润

随着手机供应链的成熟，手机电池制造环节经过多年竞争，利润空间已经越来越小了。尤其是在 2012 年后，随着手机品牌商对供应链的掌控能力和要求的提高，OEM 厂商已到了微利时代，制造手机电池模组的欣旺达也不例外。此前欣旺达还能自主采购电芯，从而进行成本控制。而到了品牌客户时期，全球核心手机品牌客户对手机品质有更高要求，会要求对电芯进行认证，再交给手机电池模组厂商采购加工后整体供货。在此模式下，欣旺达只能够从制造环节中挖掘获取利润。否则，代加工费的利润微乎其微，且毫无核心技术可言，随时可能被替代和淘汰。欣旺达必须依靠工艺创新和自主自动化，在克服人工成本上升的同时提高生产效率，挖掘出利润。

自动化是在智能手机时代赢得竞争、赢得品牌客户最重要的能力。在制造环节利润空间被上下游供应链"压榨"的趋势来临时，不在自动化上下功夫，欣旺达就会毫无竞争优势。欣旺达是第一批投入自动化转型的制造业企业之一，早在 2000 年王明旺就开始重视对自动化产线的投入。早期他们完成了简易自动化，有效地降低了产线对人的依赖，大幅提升生产效率和产品一致性，降低了作业难度和强度。2012 年开始，欣旺达从简易自动化过渡到全线自动化，在制造工艺中提升核心竞争力。全线自动化帮助欣旺达迈过了全球核心手机品牌客户的必经门槛。对于全球顶尖的国际手机品牌而言，没有全线自动化产线就根本没有合作机会。

另一方面，也正是由于接触了顶尖客户，欣旺达的制造能力才能被顶尖客户的要求引领着不断迭代和成长。为了将自动化的核心竞争力牢牢掌握在自己手里，欣旺达放弃外购自动化设备，全部选择自研创新。要想获得竞争优势就必须研发出比市面上更好的设备。欣旺达投入资源，摸索工艺和技术，自主研发设备，掌控产线设备核心技术，最终领先于其他企业。从那以后，欣旺达沿着"自主自动化"这条道路，先后投入了6亿—8亿元人民币，在技术上不断横向拓宽、纵向深化。欣旺达的自动化队伍已经发展到目前的1000多人。从只为内部服务的一个专业职能部门，转型为对外提供全线自动化解决方案的业务部门，成为欣旺达六大业务板块之一。

在手机电池模组制造中，欣旺达的另一项竞争优势是电池管理系统（Battery Management System，简称"BMS"）的设计和制造能力。由于缺乏制造电芯的能力，手机电池ODM业务没有太大技术含量，电池模组制造商容易被客户和上游供应商"两头挤"。此前屡次出现客户想替换掉欣旺达的现象。但欣旺达团队坚信：围绕"为客户创造价值"的核心理念，就能成功。要想征服品牌客户，甚至是国际客户，就必须在电池模组上创新。而BMS的设计和制造能力是手机电池模组里面最具创新空间的，因为BMS的设计和制造能力关乎电池是否能在生命周期内安全、高效、可靠地使用。手机电池的安全、续航和充电时间是用户最看重的几个性能，欣旺达抓住了用户的使用场景和痛点，就间接抓住了品牌客户的需求。现在，BMS的设计能力和制造能力已经是欣旺达的核心竞争力和优势。

对检验检测技术的持续投入也是欣旺达产品品质的重要保障。检验检测技术是产品品质的重要保障。欣旺达2000年开始投资建设检验检测实验室，对内部产品进行检测检验，执行高度品控原则。2012年，欣旺达搬到了石岩总部基地，同时建立了占地3000平方米的数码锂电池工程实验中心。该实验中心是业内最专业、最大规模的实验室，已经成为行业标杆，迅速得到了诸多国际大客户的认同。2013 年，欣旺达注册了全资子公司普瑞赛思检测，成为一些国际品牌客户指定测评实验室，也是公司高质量制造的一张名片。2020 年，欣旺达已经累计投入 1.3 亿元建设国际级别实验室，如今已成为业界检测权威。通过大量的检验检测，基于数据进行品控，把制造能力组织化，且易于复制。从"知其然"到"知其所以然"的制造，从"服务客户"到"引领行业"。重视制造的"结果 + 过程"，从依赖"老师傅"到依赖原理、方法、设备（自动化）、工具、流程、标准。

在实现全线自动化和获得行业领先的检测能力的同时，欣旺达也在不断提高产线的信息化能力。2008 年，欣旺达开始导入一家国产管理信息化领先厂商的经营管理系统，流程管理体系从手工表单流程升级到 IT 化流程，从而大幅减少了表单递送、签字、等待等一系列工作时间，提高了流程管理的效率。2011 年，欣旺达对原来的经营管理系统进行了升级迭代，流程管理的效率进一步优化。2016 年，欣旺达请来了全球顶级的信息技术和业务解决方案公司，进行了未来 10 年 IT 架构的流程管理体系战略规划，同时引进了全球知名企业软件品牌的 ERP 系统。欣旺达 IT 部门的员工也从初期的 17 人迅速扩展到了 170 人。欣旺达还将 IT 与 OT[①] 进行融合，迈向了数字化转型和工业互联网时代，打造柔性自动化产线。未来，欣旺达还将运用工业互联网及区块链技术，建设云检测工业互联网平台，提升实验室智能化、平台化管理。

此外，欣旺达还逐渐布局电芯，提升在手机电池产业链上的掌控能力。欣旺达从 2014 年开始布局电芯，通过纵向收购和增资的方式，持有东莞锂威能源科技有限公司 51% 的股份，大力研发布局电芯，筑造业务护城河。2016 年，欣旺达开始自供部分电芯。之后继续加大对电芯产业的投入，

---

①OT 是运营技术（Operational Technology）的英文缩写。

欣旺达在 2017 年 100% 收购东莞锂威能源科技有限公司。2018 年建成了电芯厂并进行批量投产。从 2018 年至今，欣旺达开展了"替芯战略"。

综上，欣旺达作为一家 ODM/OEM 厂商，研发、营销、上下游供应链、终端用户都不控制在自己手中，而仅仅依靠代工加工的"手工费"赚取利润，这是微乎其微且不持久的。若不在制造环节深耕核心竞争力，迟早面临被品牌商替换或淘汰的结局。生产高效、低成本、高品质、产品一致性高、交期有保障是品牌商对 OEM 厂商的共性需求，因此欣旺达只有大力投入模具研发、BMS 能力、SMT 自动化产线、检验检测实验室才能长久生存下来。全新自动化和检验检测等制造环节中的核心能力的构建，奠定了欣旺达消费 3C 电子产品电池行业龙头的地位。

四、匹配国际品牌的人才升级

伴随着品牌客户质量进一步升级，欣旺达对人才方面更加重视，启动了移动互联时代的"人才升级工程"。欣旺达的人才升级工程包括两个部分：一是高端国际人才规模化引进，二是校招人才供应链从普通高校升级到 985 和 211 高校。

促使"人才升级工程"启动的是亚马逊项目。2010 年，欣旺达进入亚马逊体系，接到了电子书（Kindle）订单。在合作过程中，欣旺达被亚马逊产品生产中的管控体系完全震惊了。亚马逊要求极为苛刻，比如坚决杜绝员工触碰产品，避免胶纸留有指纹。这其实是一种生产过程中的防呆机制，让员工想出错都出不了错。整个合作过程中，欣旺达团队被亚马逊训得一塌糊涂。

之后，欣旺达意识到与国际大客户接触的主要难点是沟通障碍。一位高层表示："老员工与客户没有共同语言，不能产生愉悦的合作沟通，都是很吃力的沟通。老员工其实都非常努力，能够接受加班加点搞研发搞项目，但是在沟通这方面不是努力能达成的。"王明旺意识到若想要走向国际市场，必定需要补充能够理解客户语言的人才。老员工的能力已经无法支撑欣旺达的持续发展，管理、技术、销售等各个方面都需要进行团队升级。

2010年，欣旺达首先对2004年开展的"启明星计划"进行了升级，把关键岗位的招聘门槛提升至985、211学历；其次中高层管理人员开始引进华为、IBM、三星等企业的人才助力业务发展。事实证明，人才引进策略是成功的，比如从IBM、华为、三星引进的人才在之后得到全球核心手机品牌客户认证的时候起到了关键作用。

欣旺达负责人力资源的高管表示："'启明星计划'之前，欣旺达没有好的种子培养，没有这个意识。""启明星计划"的目的主要有三个，一是人才储备，二是文化改良，三是培养公司栋梁。截至2020年，欣旺达的很多重要岗位人员都来源于"启明星计划"。若是好的"苗子"，一般7—8年能做到副总的职位。从经济角度来看，从外部直接挖中高层的话，费用很高且欠缺磨合度。如今，欣旺达每年招聘的员工超过半数为985、211的应届生，超过半数都是硕士学历。在培训方面，欣旺达有自建的欣旺达大学，每年定期开展营销培训、品质培训、管理培训等，并且人力资源部门推出了全通道任职体系，建立了很完善的人才培养体系框架。

与人才培养体系相配合的是激励机制。欣旺达在2010年之前没有设立"年终奖"，都是固定工资。欣旺达管理层认为员工积极性应当通过合理的奖惩机制来调动。欣旺达在2010年开始实行全员绩效考核，由固定工资模式变为固定工资加绩效奖金的模式。绩效奖金为当月考核后发放，年终奖为全年考核后发放。每个部门签订协议，设置一定的比例供团队分发年终奖，比如在年终奖设立之后，出现过某个部门一个月的绩效奖就超过了过去五年奖金的总和。2011 年，欣旺达在客户订单、流程管理、人才培养、团队激励等方面日益完善，成功在国内创业板上市。为了更好地激励整个团队，欣旺达在 2013 年开始陆续实施股权激励计划，涉及的激励人数从起初的 500—600 人，到 2020 年已经超过 1000 人。

第四节　总结：在赢得客户中迭代能力

手机产业是一条很长的黄金赛道，但在这条厚雪长坡上，却很少有企业能够走得长久。通信技术的进步和交互方式的变革影响手机的体验和用户需求，也不断重塑手机产业的价值链。从终端品牌看，从最早的摩托罗拉，到诺基亚，到苹果、三星，头部的品牌都几次易主，更何况还有众多昙花一现的品牌。手机电池行业亦是如此，与欣旺达同期创业且专注于手机电池的厂商几乎全军覆没。但欣旺达不仅活了下来，还活得久，而且不断成长，成为细分领域的世界冠军。对高品质的追求是欣旺达的成功之道，这让他们在不断洗牌的手机市场中始终与巨人同行，与赢家为伍，服务市场中同样对品质有高要求的品牌客户。在欣旺达的成长道路上，王明旺也有意识地利用品牌客户来倒逼企业成长，不断迭代企业能力。

国际品牌客户拥有众多优质供应商，而且品牌商和供应商之间的关系坚不可摧，新供应商想要撬动原来的供应关系并非易事。更何况，除了牢固的供应链关系外，还有众多优秀的竞争者虎视眈眈，成为国际品牌的供应商是一场激烈的竞争。手机产业链上有数不清的企业都希望挤进国际品牌客户的资源池，成为他们供应链中的一员。有志者，事竟成！欣旺达在品牌市场和智能手机时代都成功得到了国际品牌客户的青睐。

在进入品牌市场的时候，欣旺达的策略是提前为品牌客户准备好超预期的创新方案——性能更高、成本更低、研发周期更短的替代方案。欣旺达在手机电池工艺方面的创新是他们能够赢下品牌客户的关键，其替代方案总是能够打动客户，让客户难以拒绝。在提前准备好更佳方案之后，王明旺则需要尽最大的努力获得一次证明自己产品的机会，从而赢得客户的认可。王明旺一方面是主动出击，不断跟客户争取产品开发的机会，因此拿下了南方高科、康佳等手机品牌；另一方面便是等待时机，一旦对手松懈或犯错，欣旺达就有了机会，欣旺达正是抓住了飞利浦供应商犯错的时间窗口，争取到跟飞利浦的合作。

智能手机时代，想要赢得全球核心手机品牌客户则需要靠过硬的综合实力。除了跟上客户每年的手机供货节奏外，还要保证上亿颗手机电池的质量，做到"又快又好"的大批量制造。当时看来，全线自动化是最关键的一招。而事实上，这种"制造一亿颗电池都同样好"的先进制造能力并不是一日建成的，而是欣旺达多年投入的结果，是需要长时间积淀和多次实战检验的。

纵观欣旺达 3C 电池制造能力的构建历程，欣旺达的成长可以总结为"以能力赢得客户，以客户迭代能力"。"制造一亿颗电池都同样好"的先进制造能力一方面来自欣旺达自身的积极投入，另一方面也离不开外部品牌客户的强压。就像肌肉训练一样，想要让肌肉更强壮，就需要施加足够的重量刺激自己，而肌肉含量的增长又能让人承受更大的重量；此后想要变得更加强壮，又需要施加更大的重量。欣旺达手机电池模组的成长就类似这个道理。

欣旺达创始人王明旺非常注重也非常舍得在关乎客户价值的长期能力上做投入。在做替代电池阶段，王明旺就投入时间精力"泡"模具厂学本事。在发展初期便开始"砸"巨资建造模具注塑厂、SMT 自动化产线、检验检测实验室，并长期持续投入。在后期意识到电芯的重要性后，又果断收购电芯企业进行布局并迅速建厂实现量产。此外，还有管理能力的提升，包括对项目流程管理体系的优化，引进 IBM 咨询进行流程 IT 化的改革等。欣旺达总是提前布局，同时主动拥抱客户的苛刻要求。这些制造能力的提前布局让欣旺达抓住了一次又一次的机会，比如模具研发是赢得南方高科和康佳的基础；SMT 简易自动化产线和检验检测实验室是抓住飞利浦、日本和国内品牌客户的关键；SMT 全线自动化、实验室检验检测、项目流程管理体系能够满足智能手机全球核心品牌的高要求。通过长期且持续在客户关键价值点上的大胆投入，欣旺达才能够去追求更高水平的客户，构建如今的制造优势。

与此同时，高水平的客户，比如飞利浦、日本客户、智能手机全球核心品牌客户，反过来向欣旺达提出更高的要求，刺激欣旺达的制造能力攀上一个新台阶。飞利浦提升了欣旺达对产品的认知水平和研发能力，助其成为一家规范的手机电池 ODM 厂商。全球核心手机品牌则代表了智能手机时代的最高品质标准，大批量出货同时保持高品质的要求，推动欣旺达的自动化提升到世界级的水平，建立起智能制造的能力。在这种"以能力赢得客户，以客户迭代能力"的成长模式中，欣旺达进入了一个不断正反馈的企业良性增长通道中，最终在激烈的竞争中成长为消费类 3C 电池的冠军企业。

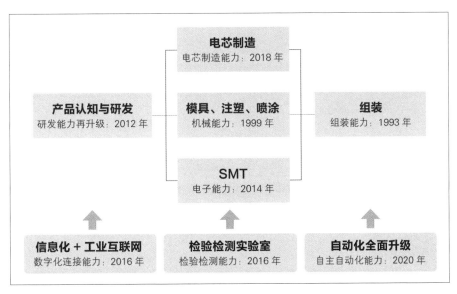

图 6-3　欣旺达 3C 电池制造能力 4.0

消费电子商业模式
的变化

第七章

冠军：通往行业的世界之巅

长期以来，人们往往会把中国制造跟"低端、低价、低品质"这类词联系在一起。这种刻板印象已经成为中国企业走向国际化道路的主要障碍。即使是中国本土企业，在选择供应商的时候，也会优先考虑进口产品。如何改变这种刻板印象？

在企业面临灭顶之灾、濒临破产之时，是选择放弃，还是心怀梦想，力挽狂澜？

在激烈的国际竞争中，遇上世界第一的竞争对手，是要退避三舍，还是迎难而上？更进一步，如何从世界第一手中抢夺客户？

在细分行业如何长期做到世界第一，并且稳稳占据市场份额的绝对优势？

这一系列问题的答案，都能在中集天达的发展历程中找到。中集天达是登机桥领域的世界冠军，其发展历程本身就具有很强的故事性和魅力：它既有王者归来的英雄主义色彩，又是中国崛起的经典传奇。

中集天达的登机桥业务起源于 20 世纪 80 年代的蛇口。中集天达抓住改革开放后机场建设的浪潮，迅速实现登机桥的研发和制造，一跃成为本土第一的登机桥制造商。国际化发展是深圳企业的基因，中集天达很早就进入了美国市场，并取得了不少的订单。然而，由于缺乏对美国市场知识产权保护的认知，中集天达掉入了美国合作伙伴的知识产权陷阱，在美国市场官司缠身，最终陷入困境，濒临破产。

中集天达的领导者并没有就此放弃，他们制定策略，休养生息。在家门口抓住了广州白云国际机场项目的历史机遇，与世界一流的德国登机桥制造巨头同台竞技，并以微弱优势取得胜利。这次胜利让人们看到中国制造也可以达到世界一流的品质。

趁着广州白云国际机场项目的胜利，中集天达顺势进入欧洲市场，与登机桥领域的世界第一正面交锋，并以超前的创新赢得了法国戴高乐机场的赞许。在突破欧洲市场后，中集天达一发不可收拾，不断在发达国家市场"攻城略地"，成为登机桥领域的世界冠军。

目前，中集天达在欧洲市场占有率超过60%，全球市场份额继续保持着第一，成功开创了一个属于自己的新时代。中集天达已为五大洲80多个国家和地区超过380个机场提供了近8000座登机桥。

图 7-1　中集天达的登机桥屡次被评定为制造业单项冠军产品

第一节　敢闯敢拼的蛇口精神

中集天达的登机桥业务，最早是源自中集集团的自救行动。中集集团全称是中国国际海运集装箱（集团）股份有限公司。今天的中集集团在集装箱、道路运输车辆、能源化工及食品装备、海洋工程、重型卡车、物流服务、空港设备等多个领域已经处于世界领先地位。中集集团不仅是一家世界冠军企业，也善于孵化世界冠军。他们在干货箱、冷箱、折叠箱、罐箱、特种箱、专用车辆、登机桥等多个领域都做到了世界第一。

一家专注于海运集装箱的企业，当时为什么会留意到登机桥这种空港设备？

回顾历史，中集集团在发展之初并不顺利。而登机桥业务，就是公司在早期艰难探索中发展起来的。1980 年 1 月，中集集团在深圳蛇口成立。作为改革开放的"拓荒牛"企业，中集集团由招商局与丹麦宝隆洋行合资组建，初期由宝隆洋行派员管理。在 20 世纪 80 年代，欧、美、日等主要经济体经济增长放缓的大背景下，集装箱市场空前低迷，处于中外磨合期的中集集团很快就感受到市场的寒意。自 1982 年公司投产以来，中集集团业绩一直表现不佳。尤其是 1986 年遭遇国际航运行业的低谷，市场萧条，公司亏损高达 200 万美元。在集装箱没有销路的情况下，公司积极开展多种经营方式自救。当时，中集集团的主要领导麦伯良等站出来鼓舞团队，与同事们积极探讨新业务。他们认为可以利用厂房和设备优势，将集装箱业务转移到钢结构产品加工上，尝试的领域有防盗网、广告板等与钢铁加工相关的各类业务。

在与三菱重工的合作中，他们接触了登机桥业务。在这次合作中，中集集团分包了登机桥部分部件的制造，以此获得了登机桥结构的部分资料，同时也了解到了一些关于登机桥的标准、结构及其他技术细节。中集集团观察到机场登机桥外形和结构与集装箱类似，包括材料也一样，于是开始探索登机桥业务。

以麦伯良为首的中集集团领导判断登机桥的需求将随着改革开放的深入而快速增长。当时国内的航空业发展还处于起步阶段，乘客数量极少，机场数量也很少，登机桥数量自然也就很少。国内仅有的十几座登机桥全部是从美国和日本进口。中集集团的高层们需要经常搭乘飞机拓展国际业务，他们意识到改革开放政策会引领中国向全球化发展，因而国内的航空业也会迎来井喷式发展。随着国内航空业的发展，登机桥业务将会是一个极具前途的业务。

1989 年底，登机桥业务在中集集团众多经营业务中被明确为需要重点发展的业务，中集集团同时成立了由 6 位核心工程师组成的登机桥研发小组。其中，就有后来中集天达的灵魂人物——郑祖华。中集集团领导们秉承着"敢为天下先"的蛇口精神，联系一家设计院的几位工程师帮助中集集团登机桥研发小组完善图纸。

图 7-2　中集集团打造的第一座登机桥，被誉为"天使之吻"的历史性衔接

在完成登机桥的技术研发后，中集集团就开始在国内机场开展销售。1990 年的北京亚运会给中集集团提供了处子秀的机会。当时，天津滨海国际机场（简称"天津机场"）作为备降机场，需要购买 2 座登机桥。国内没有制造登机桥设备的厂商，而进口设备耗时长，完全无法满足交付进度要求。

中集集团的领导们就拿着一套图纸向天津机场推荐自己。这帮年轻人希望在深圳成就一番事业，充满活力和梦想，凭着初生牛犊不怕虎的闯劲不停地去跟客户做技术沟通。中集集团的团队都是在市场经济环境里摸爬滚打的，他们非常重视客户，并能很好地跟客户进行技术沟通。在交流的过程中，他们的专业能力让客户信服，客户也被他们执着的精神所打动。经过不懈的努力，天津机场决定让他们试一试，他们拿下了登机桥业务的第一个项目。

由于是第一次制造登机桥，中集集团的团队完全没有经验，车间制作尚不够完整，也不达标。登机桥本身特别复杂，尺寸也比较大，因而必须拆解才能运输。在整个运输的过程中，登机桥的完整性做得也有缺陷，导致现场的整体安装调试比较混乱，在安装的过程中欠缺很多零部件。中集集团的团队一方面采用各种方式进行材料补发，另一方面在现场没日没夜赶工，确保登机桥在亚运会前完成交付。

"你们绝对是一个能打硬仗的公司，我感觉到如果登机桥坍塌下来，你们用肩扛着的心理准备都有。"在首次登机桥成功对接之后，当时的天津民航管理局局长对中集集团的领导说道。

后来，郑祖华和许多工程师说："制作登机桥我们是越做越害怕。但就是在当时，一帮在深圳血气方刚的年轻人，无所畏惧，敢为天下先，才让中国有了自己的登机桥。"尽管第一座登机桥很不成熟，还存在诸多缺陷，但当时的企业领导将其和进口产品进行了对比，发现很多功能和性能都差不多。而且能够在那么短的时间内做出来，他们认为中集集团的登机桥团队是值得培养的。天津机场项目后，中集集团的登机桥团队又陆续获取并交付了包括北京首都 T1 航站楼、上海虹桥、成都双流、重庆江北等的多个登机桥项目。

第二节　"造得出"和"造得好"的差距

　　中集集团在发展登机桥业务时，很早认识到世界一流的产品标准至关重要。中集集团的登机桥团队很早接触到世界一流的客户，帮助他们理解产品的国际标准。如果说和三菱的合作让他们发现了开展登机桥业务的可能性，那么香港启德机场（简称"香港机场"）项目，则把中集集团的登机桥业务整体提升到了一个更高的层次。

　　1992 年，中集集团中标了香港机场的 6 座带尾端升降的登机桥项目。在获得香港机场的登机桥业务后，中集集团的机场设备部也正式于 1992 年 7 月 18 日注册为"深圳中集天达空港设备有限公司"。在中集天达完成产品交付的过程中，他们也从香港客户那里认识到自己的产品、工艺标准、项目管理等与国际水平的差距。

图 7-3　1992 年中集集团为香港启德机场建造的登机桥

首先，从香港客户那里，中集天达认识到了什么是国际水平的产品和工艺标准。当时内地的制造业普遍思维为"能用就行，不关注完美"，中集天达的制造工艺并不成熟，登机桥存在不少问题，比如桥身角度测量的仪表可靠度不够、结构缝隙太大以及生锈等问题，虽然中集天达对自己建造的登机桥是比较满意的，但香港机场的工作人员却不这么看。香港机场是政府运营的项目，团队整体素质都很高。当时他们派来一位项目经理，项目经理是一个项目中最重要的角色。这位项目经理是一位具有电子制造专业背景的机电工程师。当时，中集天达交付深圳机场的登机桥已经投入使用，他便到深圳机场考察登机桥。他总是能看出被中集天达团队忽视的问题，包括设计、工艺等。香港企业以进口为主，且只进口世界上最好的产品，香港和内地的体系标准和施工标准是不一样的。

在与香港工程师的合作中，郑祖华对香港客户带来的帮助印象深刻。在发现登机桥桥头下面生锈等问题后，香港客户发函来询问。时任总经理郑祖华按照要求对问题进行了详细解释，但香港客户却认为他没有回答问题。因为按照香港的工作方式，他们不仅要对问题进行解释，还需要提供有效措施来确保问题不会再次发生。

"为什么之前中国什么都能生产，但产品质量却没有保证，而发达国家和地区只生产很少的东西，但他们所生产和所用的都是高品质的产品？因为中国对产品主要停留在原理和功能实现的阶段，而发达国家和地区则已经上升到可靠度和优化阶段。"郑祖华对产品不同阶段的总结，很好地体现了中集天达对自己产品和国际一流产品之间差距的认识。

除了产品和生产工艺的标准，中集天达还从香港客户身上学到项目管理方法。即使是不起眼的文件管理方法，中集天达也从中学到了不少项目管理的专业知识。当时中集天达成百上千的文件都是按照日期编号。香港客户认为不能按照简单的一种方式去编，而要根据项目从头至尾进行连续序号编辑。连续序号编辑的最大好处是所有事情能够连贯起来，便于从一个项目的整体去考虑，并且围绕项目只有一个出口，所有文件都经过项目经理，查找就更加方便。此外，早期国内企业的项目管理体系很不成熟，还没有认识到写申请报告的作用。例如项目延期交付，如果是意外事件导致项目延期的话，可以提前写一个申请报告说明原因，申请相应的进度延迟，获得批准后就能够对延迟进行免责。否则的话，客户可以对延迟处罚和要求赔偿。

在香港工程师们的指导和帮助下，中集天达快速成长，从"没见过、不理解"到"努力学、拼命追"。在不断向客户学习的过程中，中集天达快速夯实了登机桥工艺和产品质量，优化了项目管理体系，并养成了高标准、高要求的思维方式。最后，香港机场项目实现完美交付。香港机场登机桥项目是中集天达发展史上的里程碑工程，为其后来的全球业务打下坚实的基础，也是内地大型机场地面设备首次走出内地。

第三节　不懂游戏规则的灭顶之灾

　　中集天达的发展历程并非一帆风顺，他们曾经在美国市场遭遇灭顶之灾，公司几乎倒闭。在不熟悉、不重视（因为不涉及专利）市场规则的情况下，他们陷入了美国对手，也是合作伙伴的知识产权陷阱中，跌至谷底。中集天达天生就具有国际化基因，这让他们着眼于全球市场，不会仅仅满足于中国第一。但是，进入一个新的市场，深入理解当地的游戏规则是重要的前提。不理解美国人的知识产权保护，就很难在美国市场站稳脚跟，还会陷入无尽的知识产权官司中，拖垮公司的正常经营。

　　早在 1992 年，在内地市场大获成功的中集天达就开始探索如何进军全球市场，然而他们仅收获香港机场一个项目。于是，公司与美国老牌登机桥公司 JETWAY 合作，JETWAY 希望借此能够再进中国市场，中集天达希望借助 JETWAY 的品牌效应走向国际。JETWAY 是登机桥的发明者，也是当时世界第一的登机桥制造商。双方于 1993 年签订了联合制造协议，合作方式为：中集天达在中国市场的登机桥订单中采购的相应部件的一半要来自 JETWAY，从而换取 JETWAY 在国际上的登机桥订单的一些部件生产。本想着借助一流企业的名气在国际上大干一场，然而，他们没有想到的是，JETWAY 与中集天达签约，只是为了在中国市场分一杯羹。JETWAY 始终没有把国际订单跟中集天达分享。签约后三年，JETWAY 没有给中集天达提供过一个订单，反而拿走了中集天达国内市场一半的业务。于是，中集天达提出解除合作。

　　解约后的 1996 年，中集天达和 JETWAY 甚至在一个关键项目上成为直接竞争对手。彼时北京 T2 候机楼开始兴建，并抛出了建设 49 座登机桥的"巨无霸"项目。如果能得到北京 T2 候机楼项目，那将是中集天达从事登机桥业务以来最大的项目，而且他们也将实现单个合同额首次突破亿元。由于机场建设的资金来自日本海外经济协力基金贷款，美国议员给日本政府施加压力，日本方向中方明确，如果不把项目给 JETWAY，将不同意贷款。因此尽管中集天达的投标价格最低，机场起初还是把项目给了JETWAY。最终，考虑到首都机场登机桥在全球交往中的特殊意义——登机桥是海外人士踏入国门的第一步，应鼓励和支持中国厂家来承接，机场决定把登机桥改交给中集天达，给了中国制造一次宝贵的机会。

在北京 T2 候机楼项目交付期间，时任国务院副总理邹家华受国务院委托到访中集天达。在听取中集天达如何在登机桥这样的高端装备上填补国内空白的励志经历后，勉励并题词"走向世界，为国争光"。邹家华副总理的到访让中集天达创新热情空前高涨，他们在这批登机桥设计里加入多项创新应用，比如将电缆隐藏侧悬挂改为底部滑触线，给登机桥加装空调等。

在北京 T2 候机楼项目成功后，受到鼓舞的中集天达决定开辟美国市场。1998 年，他们拿到了美国西南航空公司的 3 份登机桥合同。随后很快又拿到了多个项目，合同价值超 700 万美元，这标志着中国登机桥成功打入美国市场。就在中集天达与中国媒体对中国登机桥进入登机桥发明地、登机桥业务最发达的美国市场而兴奋不已时，一场灭顶之灾悄然降临。

中集天达早期建造的登机桥结构相对粗壮，在与 JETWAY 合作的三年里，他们吸收了一些 JETWAY 的工艺与技术，对结构进行了简化。在进入美国市场时，中集天达对国际贸易规则并不熟知，也缺乏对知识产权的认识和足够的重视，很快就掉入了 JETWAY 在合作协议中设下的"陷阱"。由于缺乏国际合作经验，中集天达没有识别出 JETWAY 在此前合作协议中暗藏的不公平限制条款。协议要求在双方中止合作后十年内，中集天达不能再使用 JETWAY 的知识产权。而在知识产权方面，JETWAY 是设置了"陷阱"的，首先是合作期内双方共同研发的技术归 JETWAY 所有；其次是 JETWAY 的知识产权覆盖面广到离谱，包括 JETWAY 的全部图纸（与其他厂家的结构细节大体相同，未涉及任何专利），如螺丝使用数量、筋板数量、遮棚的折数等。这给中集天达之后在美国市场的发展埋下了巨大隐患。

1998 年，中集天达在美国市场拿到登机桥订单后，中国制造的优势让 JETWAY 备受威胁。在要求中集天达退出美国市场未果后，JETWAY 先是在美国对中集天达即刻申请了禁止令，之后就知识产权侵权事宜对中集天达发起诉讼，侵权内容甚至包括螺丝、筋板使用数量等共 200 多处。而当时的国际环境在很大程度上对中国企业存在主观不信任，特别是在知识产权方面存在很强的不信任感，中集天达顿时陷入前所未有的困境。整个诉讼历时一年有余，诉讼费用加上已中标的美国项目不能实施的损失超过1200 万美元，让中集天达的净资产变成了负 750 多万美元，濒临破产。

这是中集天达全球化道路上付出的惨痛代价，他们只能退出美国市场。在其他地区的市场上，中集天达也受到 JETWAY 的压制，其他竞争对手也乘势落井下石。那个时候，中集天达的天空仿佛笼罩着层层乌云。

2000 年初，考虑到中集天达面临的巨大财务困境，中集集团本着"有问题就有人负责"，对中集天达的董事和管理层进行了改组，董事会成员全部更换，原来的总经理和另外一名副总经理被免职。中集集团副总裁赵庆生出任中集天达董事长，郑祖华任代总经理。新董事会有意将中集天达清盘，并将中集天达的业务出售给宿敌 JETWAY。

临危受命的郑祖华认为必须要让中集天达正常经营并盈利，才能提升员工士气，并获得董事会对中集天达持续经营的认可。为此，他确定了中集天达发展主思路：止血堵漏、固本培元、立足国内、内涵优化。郑祖华一方面要配合董事会出售中集天达，另一方面还要实现中集天达盈利，以增强董事会对中集天达的信心。他将中集天达的部门由 14 个精简为 9 个，300 多人精减为 150 人，以向死而生的意志，带领全员共克时艰，并抓住每一个业务机会。

经过一年的努力，中集天达当年完成销售额 800 万美元，盈利 80 万美元。为了进一步鼓舞士气，郑祖华向管理层和员工提出如果进一步把中集天达做好，将向董事会提议管理层持股。为了强化董事会信心，充满信心和激情的郑祖华甚至提出了中集天达 10 年后实现销售额 10 亿元人民币的愿景！据当时的经理回忆，大家听到这个"异想天开"的疯狂目标时，都哑然失笑。经过 2 年多的奋发图强，中集天达每年有近千万美元的销售收入，以及近百万美元的盈利。中集天达已经慢慢摆脱了生死危机和被出售的命运，但中集天达只能算是"活"下来了。此时的中集天达不能进入国际市场，仅仅局限在体量较小的国内市场，这显然不是郑祖华所期待的。

要在残酷的国际市场竞争中生存下来，必须按照国际市场游戏规则、标准做事情。在此后的发展中，中集天达吸取之前知识产权官司让公司几乎破产的惨痛教训，全方位地注重专利申请和知识产权保护，包括对特殊部件与供应商共同研发，共享知识产权，对研发设计按照标准化、模块化来进行等，从而使公司的竞争力进一步提高，让公司登机桥的竞争力和市场地位得以不断提升。迄今为止，公司的专利比同行业全部厂家的总和还多，中集天达从知识产权的弱者变成了知识产权的强者和获利者。

第四节　必争的客户

在战争中，有一些决定战局的关键战役，赢下则能够扭转战局，瞬间决定未来的战争走势。解放战争中，中国人民解放军在辽沈战役、淮海战役、平津战役三场战略性战役中击败国军，彻底摧毁了国民党的主要军事力量，从而奠定了全国胜利的结局。商场如战场，关键客户就如同"三大战役"一样具有战略性意义，一旦赢下这类客户，将成为企业发展的里程碑，代表企业发展到达一定的高度，收获相应的行业地位。广州白云国际机场之于中集天达，就是具有扭转战局意义的关键客户。

2002年，中集天达迎来了公司发展史的一次历史性转折。这一年，广州白云国际机场（简称"白云机场"）开始向全球公开招标登机桥采购项目。随着改革开放的深入，20世纪90年代，珠三角地区的经济飞速发展，白云机场的旅客吞吐量和起降架次曾连续8年位居中国前三。旧的白云机场已经难以满足大客流量的运输任务，于是衍生了白云新机场项目。在当时，广州白云新机场建设耗资198亿元人民币，是中国民航史单一投资最大的基础建设项目，立志打造中国民航标志性机场。白云机场的扩建也拉开了中国新一轮机场建设潮的序幕。

白云机场项目对中集天达是一个触底反弹的机会。然而，想要参与到该项目并非易事，他们面临着与众多世界一流企业的竞争。作为世界级的项目，中集天达要与美国的JETWAY、德国蒂森克虏伯（以下简称"蒂森"）、瑞典FMT、荷兰NKI、西班牙TEAM以及韩国现代等世界行业巨头较量。尤其是蒂森，这家公司拥有超过百年的工业积淀，还有"世界五百强"和"德国制造"两大光环，其登机桥业务在跨世纪的时刻，超越美国的 JETWAY 成为新的世界第一。当时的中集天达，不论是实力上还是名气上完全不能和这些"洋牌子"相比。

如何才能突出重围？这是一次严峻的考验。

让中集天达备受打击的是，当时人们更倾向于进口设备，对中国制造的高端装备并不认可，也不信任。对中集天达来说，白云机场的招标门槛甚至高到难以企及。经过多番打听，中集天达了解到广州政府的真实想法。广州市政府明确表示："白云机场是广州市的标志性建筑，也是世界候机楼的标志性建筑，世界一流的机场只接受世界一流的产品——欧洲的产品，不接受中集天达这种三流的产品。"在当时人们的眼里，德国和日本的产品是一流的，韩国的产品是二流的，国产的产品则是三流的。

在招标要求中，项目设置了三个门槛：一是投标企业必须有 15 年以上的登机桥制造历史，而中集天达只有 13 年；二是登机桥企业所生产的登机桥必须在 3 个旅客流量在 3000 万以上的机场安全使用至今，而中集天达只有北京首都机场 1 个项目符合要求，本身有 3000 万流量的香港机场已经关闭，而上海浦东机场和上海虹桥机场合计流量超过 3000 万，但单个没有；三是必须生产超过 100 座玻璃型登机桥，而中集天达只生产了 20 座。每一个条件都将中集天达牢牢地排斥在外。

那时候，麦伯良并不奢求完全拿下广州白云国际机场项目，他的想法是希望广州在把订单给德国、日本的同时，能够给中集天达一点小订单，来支持中国企业。广州市政府的选择让中集天达团队感到失望。"中国制造如果得不到本国政府的认可，怎么能走向世界？"郑祖华说。

然而，中集天达并没有放弃，他们为投标积极做准备，中集集团的领导也为他们四处呐喊。在准备投标的那两年里，郑祖华很少在家。他组织了一个拥有 10 多名骨干的研发小组，立志研发出具备世界一流性能的登机桥。与此同时，郑祖华给团队准备了一笔差旅费，要求他们飞往欧洲考察，自己制订计划，实地调研欧洲的各个国际机场，观察对比自己的登机桥和欧洲的登机桥之间的差异，学习先进经验和设计。

这次出访，研发小组的相片里满是各种各样的登机桥，没有一张风景照。从与蒂森竞标开始，中集天达就逐渐意识到自己和行业标杆的差距原来如此之大。一次技术研讨会上，郑祖华指出："蒂森公开的技术规格书中，一个关键参数让我们目瞪口呆。"蒂森的登机桥，2节桥体的伸缩长度可以达到20米，而中集天达2节桥体的伸缩长度只有10米，20米的伸缩长度必须要有3节桥体才能达到。一位主管级工程师甚至边摇头边说："不可能，这一定是搞错了！""与蒂森相比，不论是在技术上还是在外观上，我们都有很大的差距。"郑祖华指出，"我们之前一直是学习和参照美国（最早的行业标杆），我们也做了一些创新，可是不够系统化。"

在赴欧洲考察学习后，中集天达的每个人都要对自己的登机桥挑出问题，把照片里看到的差距写进自己的改进计划，不断完善产品设计细节和工艺流程。很快，中集天达迅速设计了全新的登机桥方案，并且对自己设计的登机桥进行了全面的性能提升和设计优化，各项指标均达到最高标准。

在进行产品研发的同时，郑祖华还要跟着中集集团的领导四处奔走呐喊，想尽一切办法获得投标的机会。尽管他和市场团队不断与白云机场相关领导、北京的招标公司沟通，但是不让中集集团参与投标是广州市委领导的决定，机场和招标公司只是服从单位。郑祖华并没有轻易放弃，他和市场团队又找到中集集团的领导，不断争取广州市委领导同意中集天达参与投标。除开展正常业务外，郑祖华和核心团队天天围着广州新白云机场项目转，一遍遍研究方案，一次次推销。然而，在接近2年的时间里，这一局面都没能改变。

图 7-4　中集天达的玻璃登机桥

功夫不负有心人！在中集集团二十周年庆典上，公司展示的新研发的玻璃登机桥，以其亮丽的形象和出众的质量得到了业内人士和各级领导的高度认可。玻璃登机桥的过硬品质让广州市委领导不再执着于欧洲产品，开始接受国产登机桥。最终，白云机场将登机桥分为 2 个标段进行采购，中集天达获得了投标资格。对于这 2 个标段，中集天达认真完成标书编写，并且都提供最低价。中集天达最后只得到其中一个项目——西 1 西 2 指廊的登机桥，而东 1 东 2 指廊的登机桥则给了蒂森，也就有了中集天达和蒂森同台打擂的故事。

图 7-5　2003 年 6 月，中集天达举行广州白云新机场登机桥开工仪式

当时，中集集团的总裁麦伯良给白云机场提了一个请求，希望在完工后请世界专家对德国产品和中集天达的产品做一次评估。麦伯良的目的不在输赢，而是想看看自己的产品和世界一流产品的差距究竟在哪里。如果输了的话也不丢人，中集天达就应该向世界一流的企业学习，等到3年后再来比一次，说不定就能从三流变成二流了。广州白云国际机场同意了他的请求。为此，麦伯良还专门组织了中集天达的誓师大会，他要让世人知道，中集天达的设备到底是几流。郑祖华回忆，在誓师大会现场，全体员工群情激昂，中集天达所有班组长宣誓"我们一定要打赢擂台"。那一刻，每一位中集天达人都意识到了这场与世界一流企业之间的擂台赛背后的深远意义——那是为了中国制造的尊严而战！竞标过程中所受到的种种排挤更加激发了中集天达人内心的斗志。那个时候，中集天达就像上紧了发条一样，日夜高速运转着。

图7-6 郑祖华带领所有中集天达员工郑重宣誓：誓为中国制造的尊严而拼搏！

经过一年多的艰苦奋战，中集天达交上了一份令人满意的答卷。产品交付后，由来自各方面的专家组成的团队日夜对比，最终他们宣布的结果是：中集天达产品的可靠度超过了德国的产品。中集天达登机桥亮丽的外观、内饰，获得机场的好评，被认定与德国原装进口的登机桥不相上下。更重要的是，在登机桥投入使用后，所显示出的性能可靠度比原装进口的还好。产品的可靠性，是中集天达取胜的关键。登机桥最重要的三个方面是：安全性，功能性和可靠性。安全性是第一位的，任何企业都经不起一场事故。功能性在高水平的竞争对手之间往往不相上下。在同样一流的产品里，可靠性就成了获胜的关键。

中集天达登机桥的可靠性体现在产品设计细节、长期稳定的性能和超高的有效使用率以及本土优势上。登机桥的任何设计，都要经过结构的计算、可行性研究和测试。例如，登机桥用的是飞机充气轮胎，如果发生爆胎，则可能翻车。对机场而言，最重要的是人和价格极其高昂的航空器。如果登机桥因发生爆胎而侧翻，桥里有人的话就会受伤，还会对航空器造成破坏。中集天达在设计的时候就充分考虑到了这个问题。登机桥主要是一个支点，通过两个油缸升降。如果有一个轮胎出现失压或者爆胎的话，另外一个油缸要足以支撑它，而且必须在非常快的反应时间里面做调整。

飞机的周转关系到机场的盈利能力，因而机场对有效使用率这个指标非常关注。有效使用率反映的是登机桥和飞机的对接情况。机场非常繁忙，飞机起降次数非常多，要求飞机来了就能接登机桥，且登机桥不能有任何故障，连延时故障都不能有。中集天达对自己登机桥的有效使用率非常自信，这源于他们此前的香港机场项目。在给香港机场做了6座登机桥后，香港的机电工程师每年都会进行有效使用率的测试，而这个结果基本都接近100%。

中集天达登机桥的可靠性还体现在本土优势带来的全生命周期低维护成本。尽管蒂森是老牌工业专家，质量上是有保障的，但中集天达更了解中国人。蒂森的设备需要从海外漂洋过海来到广州安装，要依靠本地资源进行安装，因而产品和软件并非完全适应。而且蒂森在广州的调试也不是很充分，因为客户对技术的要求，也会随着合作不断提高。中集天达因为是本土作战，可以现场服务，就有了持续改进的机会。比如在白云机场，就有中集天达的驻场服务人员，可以在器件可靠度很高的情况下再进一步提供实施保障。很多方面，蒂森和中集天达其实不相伯仲，但中集天达在某些细节的考虑，略胜一筹。

打擂结果一宣布，麦伯良立刻将每座登机桥的价格提升了5万美元。"以前的产品是三流的产品，八流的价格；现在是一流的产品，三流的价格。"麦伯良戏称道。在打擂中赢了蒂森，意味着中集天达的登机桥已经达到世界一流水平，价格也自然应该提升到符合产品价值的段位。中集天达通过顽强的拼搏死而复生，赢来了自开展登机桥业务以来最扬眉吐气的一刻。广州白云国际机场在中集天达的发展历程中意义非凡，不仅让公司涅槃重生，还让他们意识到自己的能力已经不亚于世界第一的制造商。在此之后，凭着比德国产品品质略胜一筹的登机桥以及与各大机场良好的关系，中集天达接下来在国内市场的占有率几乎达到100%。

面对客户的"爱搭不理"，面对世界最强的竞争对手，很多企业很容易就选择退却。直接挑战世界最强的竞争对手，很多人可能会觉得不现实。问题在于：作为领导者，你希望你的企业，或者业务能力，达到一个什么样的高度？如果你的目标是世界第一，那么就不能放过任何一个通向这种市场地位的客户——这是必争的客户，也是必赢的客户。

图7-7 广州白云新机场玻璃登机桥

第五节　低价必胜？

　　低价竞争，是中国企业非常热衷的商业策略。作为发展中国家，2010年之前的中国具有明显的劳动力成本优势和土地成本优势。靠着无可比拟的人口红利，中国企业能够将成本做到比海外竞争对手低很多。在深圳，产业的高度集聚带来独特的供应链优势，制造企业能够在当地找到所需的零部件，大大降低运输成本。再加上牺牲产品质量，低标准的产品要求又能节省一部分成本。低价成为中国企业在国际竞争中得心应手的策略。然而，低价策略就能无往不胜吗？沿着中集天达的发展历程，我们提供两个低价竞争的失败案例：一是世界巨头蒂森希望用低价策略在中国市场打败中集天达，却让自己陷入不断亏损的泥潭中，最终其登机桥业务从世界第一走向覆灭；二是中集天达初入欧洲市场，尽管在报价上具有绝对的领先优势，却没能顺利拿下客户的订单。

一、在中国市场打价格战？自取灭亡！

　　广州白云国际机场项目的成功，给了郑祖华国际化发展的信心。彼时的中集天达已经走出了亏损的困境，各方面都步入正轨，公司展示出持续向好的经营表现，而且逐渐建立起了空港高端装备制造的品牌。

　　中集天达天生就是一家国际化的公司，走向海外的雄心一直在中集天达人的心里，尤其是郑祖华。中集天达脱胎于中集集团，中集集团是国内最早的中外合资企业，企业的领导层也具有国际视野，渴望成为世界级的企业。此前之所以会遭遇美国 JETWAY 的挑战，也是因为想要走出中国本土，走向世界。"深圳本身就有这种'出海'的基因，"中集天达现任总经理姚乐然说道，"美国的经历只是走向海外过程中遇到的挫折，而广州白云国际机场项目让我们重新恢复了这个信心。"

2004 年，中集天达制定了瞄准中国周边发展中国家的国际化战略。然而，世界巨头蒂森的一次到访，让中集天达迅速调整战略，直接进军难度最大的欧洲市场。

中集天达在广州白云国际机场项目的成功引起了蒂森的注意。蒂森是当时全球最大且最有实力的制造集团，不仅是上海磁悬浮列车项目的供应商，还投资了中国最大的外资企业上海不锈钢。在登机桥业务方面，蒂森已经在 21 世纪初取代 JETWAY 成为世界第一。白云机场项目，蒂森本来也是志在必得的，但是最后分了一半给中集天达。此后，由于成本和交期的因素，蒂森的登机桥业务在中国市场一直难有斩获。但是，蒂森认为中国的登机桥市场会越来越大，作为登机桥业务世界第一的他们是不可以缺席的。2005 年 4 月，蒂森到访中集集团，并给中集集团两个选择：要么将中集天达出售给蒂森，要么蒂森将在中山设厂，与中集天达展开正面竞争。

蒂森的并购提议对郑祖华没有任何吸引力。首先，如果合并的话，即使质量再好，成本再低，中集天达的工厂只能定位为区域工厂，因为蒂森已经在欧洲和美国有了登机桥生产基地。而且，更进一步，合资对中集集团和中集天达的品牌来说没有任何意义。如果合资的话，按照销售额计算的股权比例是 4：1（当时蒂森的登机桥销售额已经高达 8000 万欧元，而中集天达却只有 2000 万美元），加上蒂森在全球范围内具有更强的影响力，在合并后的品牌选择上，肯定会选择蒂森的品牌。

当中集集团的领导问到郑祖华的时候，他不同意这项并购。他认为中集天达能够在一段较长的时间内抵挡住蒂森的"进攻"。在中国市场，中集天达起码在 3 年甚至更长时间都有足够的竞争力。因为中集天达已经做了十几年登机桥，而且经历了很多磨难，他们对登机桥已经有了很深的理解，拥有的竞争优势也不单单是低成本。在技术方面，中集天达已经在全球布局了很多专利，做到技术领先了。而且，中集天达是一个很好的品牌，中集集团本身是做 2B 业务的，登机桥提供了一个展示集团品牌的窗口。登机桥广泛服务于高端商务人士，很多高端商务人士坐飞机都会在中集天达的产品上走过。

面对来势汹汹的蒂森，最终，中集集团让德国人空手而归。合作不成，对于中集天达来说，必定将迎来一场恶战。郑祖华对中国市场的担心不是蒂森的技术和质量，而是蒂森会凭借在欧洲等发达国家市场赚取的利润来跟中集天达打价格战。当时的蒂森，在欧洲市场占据了百分之八十的市场份额。郑祖华认为蒂森在欧洲市场非常赚钱，在中国市场肯定会跟中集天达打价格战，通过欧洲源源不断给中国市场输血，这会让中集天达在竞争中处于不利地位。令人惊讶的是，郑祖华做出了一个大胆的决定——进军欧洲市场。郑祖华将此次关键决策称为"挺进大别山"行动。这个解放战争历史上的伟大转折，也是中集天达全球化进程的关键突破。2006 年 10 月，蒂森在广东中山的工厂投产。一场长达 9 年的世界级登机桥市场争夺战，就在中国和欧洲两大市场同时拉开了序幕。

事实证明，登机桥市场不是光靠低价就能取胜的。中集天达凭借其良好的客户关系，先进的技术和优质的服务，牢牢地守住了中国市场。即使蒂森在一些项目中开出比中集天达更低的价格，中集天达依旧可以中标赢得项目。更关键的是，中集天达还在欧洲市场不断拿下重量级的机场客户，不断蚕食蒂森的欧洲"根据地"。

反观蒂森这边，不仅抢占中国市场的如意算盘落空了，最终还退出了

登机桥业务。进军中国的多年时间里，蒂森几乎颗粒无收，而且每一年都
亏损，第二年就已经资不抵债。为了改变这一被动局面，他们主动发起价
格战，将原来的价格一降再降，最多甚至降到 50% 以下。尽管这让他们
获得了四五个项目，对中集天达的进攻似乎取得了成功，但是因为价格太
低，他们亏损得更多。更让人哭笑不得的是，为了减少亏损，他们偷工减
料，产品质量出现严重的问题，对机场以及自身品牌进一步造成伤害。在
连续亏损 9 年后，蒂森于 2015 年宣布停止中国的登机桥业务。在中集天
达的节节胜利中，蒂森在欧洲的登机桥业务的经营状况也非常不好，最后
只好在 2018 年将整个业务全部出售。

二、进军欧洲，低价不是绝对优势

如果说蒂森在中国市场的低价是盲目的商业策略，那么中集天达的低
价则是中国企业实打实的独特能力。然而，价格仅仅是客户考虑的重要因
素之一，并不是决定性的因素，尤其是对于发达国家或地区的客户。中集
天达"挺进大别山"计划的第一战是失利的，但却让他们受益匪浅。他们
认识到——低价并不是赢得发达国家市场客户的关键。

2005 年第二季度，中集天达第一次参加了欧洲登机桥项目的竞标——
法国戴高乐机场 S3 号卫星厅的 39 座登机桥及配套桥载设备项目，总预算
超过 2400 多万欧元。法国戴高乐机场的旅客流量在欧洲高居第二，是欧
洲主要的航空中心。当时中集天达的报价非常优惠，各项指标也达标准，
但却仍旧未能中标。戴高乐机场最终选择了总价高出很多的蒂森。

中集天达的团队对此次失利做了深刻的复盘。这次失利并不是由于
产品本身的问题，更不是由于价格因素，戴高乐机场的选择更多是出于风

险的考虑。首先，中集天达是一家远离欧洲本土的企业，当时初入欧洲市场，缺乏当地资源的配套体系。加上是全新的项目，体量巨大且重要级别极高，交付的要求也非常高。而且，他们对中集天达在大型国际机场项目上的组织管理能力和经验也缺乏信心。

低成本是中集天达最突出的优势。之所以能在竞标中比对手的报价低 30%，是因为中集天达当时在成本控制上已经领先对手很多。登机桥是小批量、定制化的产品，而且有复杂的拖尾配件，工厂一年才生产小几百座，而且还分不同品种。中集天达将所有的登机桥都集中在一家中国的工厂进行生产，而蒂森有三家工厂，而且还是在发达国家。在制造成本上，中集天达已经有了规模、劳动力成本等方面的优势。在此基础上，中集天达不断优化制造工艺，持续提升自动化和信息化能力，降低制造成本。集中到一家工厂生产则能积累足够多的量，中集天达可以慢慢地投入改进工厂，实现模块化设计，安装 ERP，实现信息化，大幅提升运营效率。模块化设计不仅更稳定、更高效，还能满足客户的一些定制化需求。中集天达不仅在产品设计和质量上超过对手，在生产管理上也领先竞争者。现在，中集天达的工程师完成设计后不用出图，直接通过网络上传到生产工位，在工位用平板阅读。

尽管中集天达的投标以失败告终，但也给戴高乐机场留下了深刻印象。他们让客户觉得"这是一家能够把登机桥产品做好，品质达到欧洲标准要求的公司，还有很强的学习能力，能够得到很大提升，也能够去提升的一家公司，值得培养"。在整个竞标过程中，中集天达对戴高乐机场发出的技术澄清和商务澄清都在 12 小时内准备并在 24 小时内回复，客户对这点十分钦佩。

中集天达的学习能力惊人，无论客户提出的要求是英文还是法文版本，他们都会在最短的时间内去研究理解直到掌握为止。随着回复的内容越来越多，标书也从第一次投标时的只有几页纸到最后一次时的一摞纸，戴高乐机场对此也十分敬佩。

在这之后，中集天达也进入了戴高乐机场的视线，成为他们培养的对象。戴高乐机场一直有意培养一个登机桥第二供应商，以摆脱蒂森凭借市场垄断地位所带来的高成本和不便。为此，他们在全球考察了具有登机桥设计和制造能力的企业，其中就包括中集天达。戴高乐机场会对供应商的技术实力进行考察，同时对供应商的整个质量体系进行审查。在考察交流中，他们经常会提出非常刁钻的问题，来考察供应商对技术的理解能力，从而识别公司的内在实力。中集天达也牢牢把握住了这次机会，他们的专业水平、学习态度和服务质量赢得了戴高乐机场的认可和青睐。

第六节　打败世界第一

一、补齐短板，超前创新

既然价格不是影响客户选择的最关键因素，那要如何赢得欧洲客户的信任，敲开欧洲市场的大门呢？中集天达不仅补齐了他们在商务沟通上的短板，还以登机桥的重大产品创新突破关键客户。

投标失利后的一个多月，戴高乐机场又有一个8座登机桥的项目招标，该项目简称"ADP项目"。这次，中集天达多了一个商务沟通方面的帮手。戴高乐机场推荐的一家法国登机桥供应商SOVAM主动找到中集天达。这家法国公司是专业的登机桥供应商，他们在欧洲市场已被蒂森逼得无路可走。郑祖华决定和他们合作，让SOVAM负责与戴高乐机场的沟通及登机桥的安装工作。

这时候有人担心与法国公司合作会增加成本，影响中集天达的竞争优势。郑祖华倒不这样认为，他分析道："之前蒂森以超出我们近40%的竞标价拿下了项目，这显然不是成本的问题。SOVAM的法语和英语都很好，作为曾经的登机桥制造商，对登机桥的理解非常深刻，也很懂这个客户。由他们去和机场沟通，显然要比我们去顺畅得多，我们是免费找了个专业代理商，以及一个非常专业的安装方。"中集天达和SOVAM的合作效果立竿见影，顺利拿下了订单。

除了展示出来的学习能力、技术实力，以及商务沟通策略，真正赢得戴高乐机场还是靠中集天达超前的创新能力。中集天达的团队是具有很强创新能力的。登机桥业务的初期团队就是由一帮不安于现状的年轻知识分子以及一群来自各行各业的工程师组成的，他们刚开始不懂登机桥，但在与登机桥相关的技术知识（比如结构、机械、电子、控制、软件等）和技术素养方面，可能比从事登机桥业务的普通技术人员水平要高很多。这支团队所缺乏的，是对登机桥的产品认知和用户知识。随着中集天达经历多个登机桥项目，这类相关认知被逐渐培养出来。

在中集天达内部，还形成了一种关注产品的文化。这种文化也慢慢成为公司的核心竞争力。"中集天达的技术人员和销售服务人员，每一趟出差必须提出中集天达登机桥不少于 2 个缺点以及竞争对手不少于 2 个优点。"姚乐然回忆道。2000 年以前，中集天达在常规登机桥方面只能算一个后来者，但随着公司对技术研发的重视，21 世纪的中集天达在公司竞争力和市场地位上都得到显著提高。

回到戴高乐机场，中集天达之所以能拿下 ADP 项目，就在于他们成功研发出了 A380 飞机的上层机门登机桥。中集天达持续关注客户需求和产品创新，让他们发现了 A380 飞机登机桥的机遇，并且抓住机遇，早早就建立了独特的竞争优势。

2005 年 4 月，空中客车 A380 首航成功。这款拥有 555 个座位的超大型远程宽体客机的面世，正式掀起了全球客机市场的新一轮浪潮。早在几年前，中集天达就意识到 A380 飞机的登机桥是公司实现后来居上、弯道超车的机会。在做好常规登机桥研发的同时，中集天达专门成立了服务 A380 飞机的登机桥研发小组。研发小组高度关注 A380 的研发进程，还参与到空客公司服务 A380 上层机门国际工作小组中。

为 A380 飞机打造登机桥是世界级的难题。常规飞机的最高接机高度是 5.4 米（比如波音的 B747 飞机），普通客机的接机高度大多都是在 5 米以下，而 A380 客机上层舱门要求登机桥对接高度为 8 米。这个高度对登机桥的稳定性是不小的挑战。在 A380 飞机面世之前，行业一般都使用双轮驱动技术来完成登机桥与客机舱门的对接。这种结构的登机桥，桥体在地面的支撑点只有一个，位于两个轮子之间。中集天达登机桥技术部经理向卫用"壮汉跳芭蕾"——芭蕾舞中单脚支撑的动作来形容这一结构。如果登机桥的对接高度加高，就变成了"高个壮汉跳芭蕾"，会导致登机桥的重心不稳。尽管 ADP 项目的登机桥数量不多，但在需要更换的 8 座（合同签订时追加为 10 座）登机桥里，就有 4 座为 A380 飞机设计的登机桥。戴高乐机场明确要求中集天达提供相应的解决方案。

郑祖华从小孩骑自行车中受到启发，提出了采用主辅轮增强登机桥高位稳定性的方案。另外，经过调查，技术人员发现国外有普通登机桥使用四轮技术的先例。这种方式可以使登机桥与地面的接触支撑点由一个增加到两个，登机桥静止时稳定性大大增加。但是，在运动过程中使用 4 个轮子，同步一致性就会比使用 2 个轮子差很多。国外的这种四轮技术，2 个是驱动轮，另外 2 个是从动轮，而且需要额外增加导向系统来操作。即使这样，在运动过程中仍然没有很好地解决四轮同步性差，以及转向阻力大引起的轮胎严重磨损的问题。而且导向系统价格昂贵，维护起来成本高，也不方便。向卫等技术人员经过反复研究，决定在 A380 登机桥上沿用四轮技术，采用 4 个轮子都能独立驱动的创新方案来解决同步性差这个问题。

图 7-8 2006 年在法国戴高乐机场交付的中集天达登机桥

　　为了攻克这个难关，中集天达的技术人员像"打了鸡血"一样，长期置身于一堆技术资料中钻研琢磨。历经数次失败之后，2005 年底，这一系列技术难题终于被破解，中集天达全球首创的四轮独立驱动技术问世。这一技术成功解决了 A380 登机桥的不稳定性问题，并且在 ADP 项目中成功实施运用。2005 年底，时任戴高乐机场技术总监与 7 位技术专家一行来到中集天达，对 A380 登机桥进行出厂验收。看到拥有四轮驱动技术的登机桥稳稳地对接到机舱门，技术总监赞不绝口，并竖起了大拇指。当天晚上，他们甚至用彻夜狂欢来庆祝这次验收，可见法国人对验收结果是多么"得意"！这位技术总监自此对中集天达"一见倾心"，现在的他甚至成为中集天达欧洲运营中心的负责人。

　　由于首次进入欧洲市场，ADP 项目的困难不仅仅在于产品研发和制造，还有工程管理和登机桥运输方面的挑战。产品方面，中集天达的登机桥很好地满足了欧洲的标准，包括钢材、电控、系统等技术方面要求，还有 A380 这种特殊机型的要求。在工程管理方面，中集天达面临的挑战是登机桥的安装。戴高乐机场一直处于运行状态中，实施项目过程中不能影响机场的日常运营。如何在拆除旧桥时保留其他设施，需要进行充分测量和勘察。除此之外，在进行新桥的安装时也要保证其他的设施不受影响，这需要投入大量的业务人员进行现场调试。

　　如何将登机桥及时运输到欧洲，是一个更大的挑战。由于是非本土作战，组织调配登机桥的运输力量和资源是难度极大的。登机桥的体积庞大，运输价格非常高昂。登机桥的长、宽、高都超过了日常道路运输的标准，属于特种设备，需要特别申报。运输中所有的道路状况包括经过的隧道等也都需要测量，保证运输过程中产品完好无损。登机桥到达港口后，中集天达就可以借助中集集团海运巨头的优势，将登机桥通过海运运往欧洲。他们首创用集装箱船顶层运输登机桥，经历艰难险阻，克服重重困难，项目如期交付。

2006 年初，整个项目无论是在交付时间，在技术档次，还是在质量上都非常成功，戴高乐机场客户也非常满意。全球航空最知名的期刊英国《简氏机场评论》也对此给予了报道，并给出了非常高的赞许。

图 7-9 2006 年法国戴高乐机场交付后英国《简氏机场评论》的报道

二、势不可当，登顶世界冠军

与广州白云国际机场一样，戴高乐机场也是一家决定战局的关键战略客户。赢下了戴高乐机场，就相当于敲开了欧洲市场的大门，同时也敲开了其他发达国家市场的大门。这种客户之所以能够扭转战局，一战定乾坤，是因为他们具有很强的示范效应，让中集天达具备成为同类客户供应商的资格，获得了某种背书。

在戴高乐机场一战成名后，郑祖华并没有满足于眼前的胜利，而是利用刚刚打出来的影响力积极进取。在国际业绩考核上，他要求国际销售部每年必须新增 3 到 5 个国家的机场客户。中集天达在发达国家市场的登机桥业务从此一发不可收拾——法国、荷兰、德国、西班牙、芬兰等国家的订单接踵而来。

2007 年的加拿大温尼伯机场项目是中集天达的另一个经典案例。温尼伯是加拿大第八大城市，也是世界上最冷的大城市之一。温尼伯的气候是温带大陆性湿润气候，每年 11 月中到次年 3 月之间的平均温度都在 0 摄氏度以下，夜晚最低温度甚至可以到零下 40 摄氏度。中集天达团队第一次到温尼伯机场的时候，就遇上了一个超低温的冬季。超低温的环境对登机桥的正常运行是一个不小的挑战。以制造登机桥的材料为例，当温度到零下 23 摄氏度后，普通钢材的性能会受影响，因而需要寻找耐超低温的材料。在加拿大温尼伯机场，中集天达攻克了在极寒环境下登机桥的性能稳定性难题，打造了 11 座登机桥。温尼伯机场的登机桥也成为已故英女王伊丽莎白二世生平第一次走过的登机桥。

事实上，中集天达在加拿大温尼伯机场项目上算下来是不盈利的，但温尼伯机场项目对中集天达却有着重要的意义。首先，从市场突破上，加拿大温尼伯机场项目让中集天达在此前美国市场失利后，时隔多年重新突破北美市场。其次，这个项目让他们掌握了应对极端寒冷环境的技术，从而制造出能够适应超低温环境的登机桥。他们知道怎么选择适合超低温环境的材料，怎么在超低温且潮湿的环境下执行项目。温尼伯机场登机桥的成功帮助中集天达后续突破俄罗斯等其他寒冷地区的市场。

2008 年，法国戴高乐机场 4 号卫星厅招标。这个项目与 2005 年机场 3 号卫星厅的 39 座登机桥项目完全一样，这次中集天达在价格提高几百万欧元的情况下，仍然能够轻松中标。

同年 8 月，新加坡航空满载奥运代表的 A380 飞机抵达北京 T3 航站楼，中集天达实现三桥同时接机，展现了登机桥行业的最高水平。历时近一个月，中集天达的登机桥顺利完成奥运保障任务。

图 7-10　2008 年中集天达团队圆满完成 A380 登机桥首次三桥同时接机

　　随着业务的深入，中集天达的全球项目管理能力也得到提升，他们在世界各地设立驻点，服务当地客户。此时，中集天达的登机桥业务已跃居世界第一。

　　2009 年，中集天达又迎来了一次历史性的机会。当时，法国巴黎机场管理公司和荷兰史基浦机场集团（AAS）联合招标未来 10 年（5+5）登机桥和桥载长期供应商。这个项目可以说是世界登机桥领域最高水平的竞技舞台。中集天达以中国企业的身份突出重围，一举成为法国和荷兰所有机场旅客登机桥更换、改造和购置的全球唯一的供应商。此项目合同有效期为 5 年，第二个 5 年作为备选。2015 年 10 月，"5+5"框架协议成功续签。中集天达的独家供应商资格延续至 2020 年，整个合同期间执行的金额超过 1 亿欧元。2021 年荷兰机场又续签，2023 年初，法国也续签。荷兰阿姆斯特丹机场采购经理说："我们非常高兴地看到中集天达不断致力于服务力量的提升，这将让中集天达在欧洲的业务更加稳固，也让我们对于未来的合作充满信心。"

　　中集天达用了 18 年的时间，从一沓设计图纸成为国内第一，在经历灭顶之灾后又触底反弹，成为全球冠军。目前，中集天达在欧洲和澳大利亚市场占有率已遥遥领先，成功开创了一个属于自己的新时代，全球市场份额继续保持着第一。中集天达已为五大洲 80 多个国家和地区超过 380 个机场提供了近 8000 座登机桥。

图 7-11　2015 年 4 月中集天达福永基地投入使用仪式上，
荷兰史基浦机场集团赠送具有历史意义的飞机螺旋桨

第七节　总结：不断进攻！在一次次胜利中登顶

中集天达的世界冠军之路就是不断进取、不断突破的创新历程。"对企业来讲没有守，因为进攻也是最好的防守，所以企业每时每刻都处于进攻的状态。"海尔张瑞敏的话是对中集天达走向行业领先地位最好的描述。

商场如战场，市场竞争是激烈而残酷的！宏观政治经济环境，市场形势的好坏对所有同行业的企业都是一样的。经济欣欣向荣的情况下所有企业都有更多的机会，而疫情中所有企业都要面对疫情，通胀下所有企业都要面临高成本的经营环境。问题是形势好的时候能不能跑得比对手更快，在经济下滑的时候能不能有更强的韧性。面对同样的形势，市场中客户有限，尤其是优质的客户，你多一家客户就意味着对手少一家客户；同一家优质客户释放的订单也有限，你多一单就意味着对手少一单。竞争是一种此消彼长的动态过程！获得多少客户，在同一位大客户那儿获得多少份额，最终决定企业的市场地位，因而企业总是盯着市场份额看，从而调整策略，不断创新产品／服务。这种市场份额、客户份额的争夺，最终进一步影响企业获得的资源（营收）、成本优势（规模效应）和产业链话语权。

从这个角度看，中集天达拼命争夺北京首都机场、广州白云国际机场，甚至制定令人震惊的"挺进大别山"战略便很好理解。登机桥市场在改革开放后的中国是一个不断扩张的市场，但即使在全球范围，这个市场的总量也有限，毕竟全球的机场数量是有限的。北京首都机场、广州白云国际机场这种体量大的客户更是意义重大。拿下白云机场对中集天达稳固中国本土第一的位置至关重要。

这种竞争中的此消彼长在中集天达与蒂森的全球竞争中更是体现得淋

漓尽致。蒂森到中国本土抢占中集天达的市场，而中集天达则选择直接进
攻蒂森的欧洲老巢。前者在中国没有捞到好处，还需要欧洲市场输血；后
者则在守住本土市场的同时，不断蚕食蒂森的欧洲市场份额，在欧洲打垮
蒂森。试想一下，中集天达如果光靠守，别说夺下蒂森世界第一的宝座，
在本土可能也会陷入泥潭中。

在不断进取的过程中，中集天达也通过一个个关键客户突破自我，将
企业能力提升到更高的等级。从中集天达的发展史上，我们可以选出五个
塑造其发展轨迹的重要客户。收获这些具有里程碑意义的客户每一次都是
一场艰苦的硬仗，而每次胜利都意味着中集天达的突破与成长，也为后续
的发展埋下伏笔，打下基础。

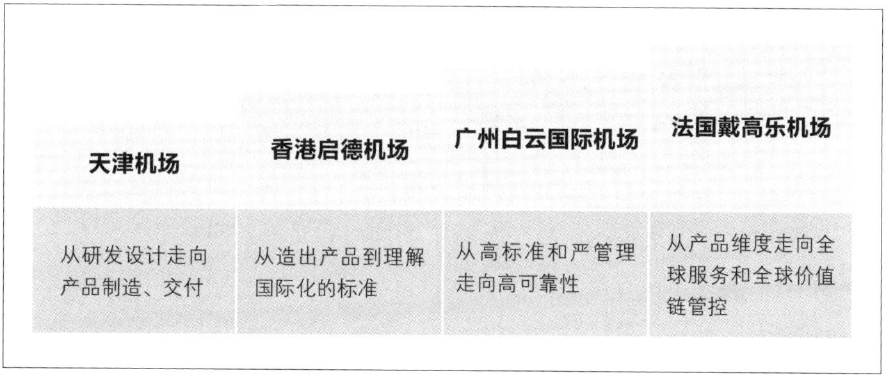

天津机场	香港启德机场	广州白云国际机场	法国戴高乐机场
从研发设计走向产品制造、交付	从造出产品到理解国际化的标准	从高标准和严管理走向高可靠性	从产品维度走向全球服务和全球价值链管控

图 7-12　中集天达"冠军之路"上的关键客户

创业的第一个客户往往具有开创性的历史意义。天津滨海机场项目让
中集集团的登机桥完成了从产品设计到制造交付的突破，意味着企业开始
进入登机桥这一全新领域。

第二，香港机场项目让中集天达团队不仅满足于产品的实现，还要追
求更高的国际品质和标准。中集天达的团队是一支具有创新能力和高超专

业技术水平的工程师团队，香港机场恰好给了他们最缺的产品知识。在理解了国际一流产品的要求后，他们便知道如何将掌握的技术转化为更可靠的产品。

第三，美国JETWAY严格意义上不能算中集天达的客户，但这段合作经历对中集天达的发展也至关重要，给他们带来了刻骨铭心的教训。与美国JETWAY的合作不仅没有帮助他们打开国际市场，还让中集天达在美国深陷知识产权官司的泥潭，甚至进入破产清算程序。这样天价的学费也让中集天达深刻地理解了国际市场的游戏规则，理解了知识产权对于一家技术公司的重要性。

第四个重要的客户是白云机场。这不仅让中集天达起死回生，也让他们打造出不亚于德国制造的世界一流登机桥。为了跟国际巨头竞争，他们积极寻找自己跟欧洲一流产品的差距，不断地打磨和改进自己的产品。最终，他们在产品的功能、可靠性、高标准的管理和服务上都赢了对手。白云机场项目的成功彻底扭转了中集天达的发展运势——不仅解决了公司财务上的危机，更是提升了公司全体人员的士气，塑造了企业改进产品、追求卓越的文化。中集天达着眼于全球市场的信心又重新回来了。

第五，戴高乐机场的意义就如"挺进大别山"对解放战争的战略意义一样，标志着从战略防御走向战略进攻。中集天达吹响了进军欧洲市场、进军全球市场的集结号。在戴高乐机场项目中，首创的A380登机桥体现了中集天达超前的创新能力，让他们脱颖而出。戴高乐机场项目的成功不仅意味着中集天达的产品能够在发达国家市场取得成功，也让其他机场客户看到了中集天达在全球范围的服务能力和价值链管控能力。

在成为登机桥行业世界冠军后，中集天达并没有停下发展的脚步，而是积极探索多元化发展，再造下一个世界冠军。2010年，中集天达因为全球金融危机中断了长达9年的增长。为此，郑祖华经过了近2年的思考，认为必须发掘第二增长曲线，实现多元化发展，才能保持中集天达更长久的增长。他们将目光投向机场之外，制定"机场主要设备全覆盖，围绕机械＋结构＋液压＋自动网络控制等核心技术，抓住城镇化蓬勃发展的机遇，向物流自动化和城市作业车辆拓展"的发展战略，并提出了 5 年 10 倍销售收入的挑战目标。此后，中集天达的多元化战略已经在空港装备、消防与救援、自动化物流等方面多点开花。

与登机桥行业一同成长起来的机场物流行业于 2013 年独立出自动化物流仓储业务，目标直指国内行业一流的集成商及核心设备供应商。通过收购新加坡上市公司德利国际，中集天达也成为机场行李系统的主要供应商，并进一步补强了公司的物流自动化业务。目前公司的物流自动化业务规模已经在国内行业领先，并保持快速增长。

之后，公司高层还洞察到消防和救援装备的机会。国内消防车装备的产品质量和性能不能满足快速增长的消防救援需求，而机场也是消防车的主要用户。最为重要的是，国内消防车行业没有集中度，是中集天达以地域和品类全覆盖的方式成为世界第一的基础。2013 年，中集天达全资收购了具有 125 年历史的德国老牌消防车企业 Ziegler，开始进入消防行业。截至目前，中集天达已经拥有德国 Ziegler、四川川消和萃联、沈阳捷通、上海金盾、中集安防等核心成员企业，每个企业都各具特色。中集天达在国内已经成为应急救援行业当之无愧的龙头，在消防车领域练就另一个世界冠军也成为他们努力的方向。

"对于发展中国家来说，中国搭上的是末班车，错过了就很难再有一次机会了，对处于劣势的我们来说，进攻就是最好的防守。"马云说道。"进攻是最好的防守"，马云和张瑞敏不约而同地道出企业家应有的态度！进攻，一方面是企业家应对变化莫测的市场的方法，中国企业参与国际竞争应有的态度和策略。对于企业家而言，防守是不可能赢得竞争的，"躺平"更不可能实现持续经营。另一方面，不断进取是企业家的使命，是企业家精神的外在表现。回到德鲁克对企业家精神的讨论，创新是企业家的职能，创新是要给客户不断地提供更好的产品和服务的。这意味着企业家要一直处于创新的状态，不断洞察客户需求，并为之不断创新。因而企业家只有不停进攻，不断进取。从这个意义上，"以客户为中心"是无止境的，创新是无止境的。

隐形冠军的真正
内涵

CHAPTER 8

第八章

深圳经验：
『以客户为中心』的创新

第一节 　为什么"以客户为中心"能成功？

　　"以客户为中心"是深圳企业的基因，也是他们走向成功的原因。"以客户为中心"作为一种企业管理的基本理念，几乎是不证自明的全球性共识。因而人们经常思考的是企业（卖方）对客户的益处，比如更低价的商品、更高质量的产品、更快的响应速度、更贴心的服务。更进一步，人们会从企业组织管理的角度思考如何建立"客户导向"的组织，营造"以客户为中心"的企业文化。比如，"以客户为中心"还要求企业构建良好的客户关系，要以一种长期主义的观念来对待客户，而不是只看眼前利益。莱维特将客户关系比作婚姻关系，他提出："成交相当于完婚，只不过是求婚成功和婚姻生活的开始；婚姻生活的好坏，则取决于卖方对双方关系的管理，管理的好坏决定了这桩生意是得以继续并不断扩大，还是麻烦不断甚至分道扬镳，也决定了是成本增加，还是利润上升。"[1]成功的营销是将订单成交（恋爱）转变为成功的合作关系（婚姻），而且这段关系的维持需要企业用心管理。这种话题在企业管理培训的课堂十分普遍。

　　商业是互惠互利的！卖方需要"以客户为中心"是毫无疑问的。然而，与之相反的视角却几乎很少有人深度探讨，那就是客户能为卖方企业带来什么？订单，更多、更长期的订单，或者更直白地说，源源不断的钱吗？

　　客户能够给企业带来什么？毫无疑问，客户给企业成长带来的直接贡献就是经济价值——企业营收，为企业带来的最直接的资源就是现金流。

---

[1]西奥多·莱维特.营销想象力[M].辛弘，译.北京：机械工业出版社，2007：115.

这是普遍性的规律，深圳企业也不例外。客户订单对企业发展的重要性不言而喻，尤其是在企业的初创、转型、濒临破产等关键时期。早期锐明从PMP产品方案收获的300万元是让赵志坚难以忘怀的，这让初创的锐明成功生存下来。国显在大客户战略实施期间，第一个大客户台湾PC品牌带来的订单也扭转了（由于放弃白牌客户）其营收急剧下滑的局面，止住了颓势，提振了团队信心。而白云机场项目对中集天达来说更是挽救了危局，让中集天达走出破产危机，实现涅槃重生，重新踏上国际化征程。

关于客户能为企业带来的益处，经济价值往往是讨论的重点。然而，在探索深圳创新之谜，复盘深圳企业创新发展的过程中，我们发现，客户为企业带来的远远不止财务方面的回报。客户还能提供战略牵引、知识来源，以及推动组织能力升级（在服务客户中实现能力升级）。

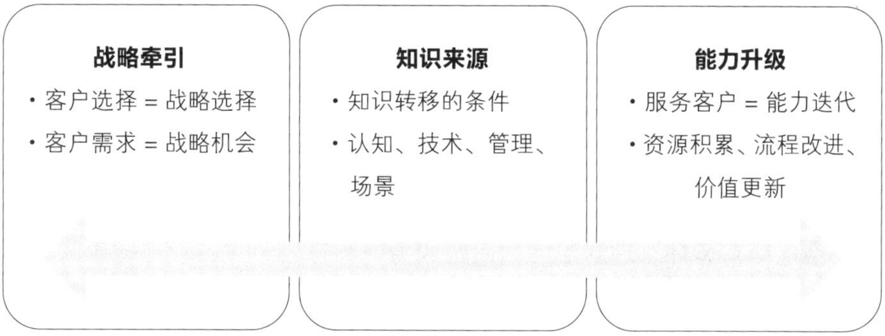

战略牵引	知识来源	能力升级
·客户选择＝战略选择 ·客户需求＝战略机会	·知识转移的条件 ·认知、技术、管理、场景	·服务客户＝能力迭代 ·资源积累、流程改进、价值更新

图8-1 深圳企业"以客户为中心"的创新的成功机理

客户能够为企业带来公司层面和业务层面的战略牵引。从公司层面看，选择服务世界一流企业本身就是一种战略选择。这种选择是市场洞察分析、自身能力权衡和价值追求的综合结果。从业务层面看，客户会带来各种各样的新需求，已知的、未知的、已经被满足的、还不满意的，这些都是企业开展新业务的机会，也是创新的创意来源。

深圳企业诞生和成长于中国改革开放进程中，赶上了发展中国家赶超发达国家的经济腾飞时代。由于起步发展晚，中国企业和世界一流企业存在着巨大的知识差距。世界级客户拓宽了深圳企业的认知边界，为他们带来先进的技术知识和管理理念，让深圳企业逐渐掌握技术产品化能力，提升制造能力，从小作坊走向大企业。此外，客户提供的使用场景则是新技术最好的孵化器，不断催生新技术的诞生、应用和组合，为技术的产品化和产品迭代提供方向。

客户还能带来组织能力的升级。每次客户价值的实现都是企业抓住了特定时代下的需求，并通过独特的创新行为满足客户需求的成果，而这种创新行为也成为企业抓住下一次时代机遇的能力基础和竞争优势来源。通过一次次实现关键客户的价值，企业不断成长，组织能力持续提升。组织能力的提升不仅在于资源的积累，流程的建立，还包括价值观的强化和重塑。

从这些深圳腰部企业成为行业领导者的历程中，我们看到客户给企业（卖方）带来的多重价值。更全面地理解了客户对企业的贡献，与客户建立一种长期紧密的关系就成了顺理成章的事情。如此，"以客户为中心"才不会停留在情怀、理念层面，而是成为一种符合经济、管理规律的管理之道。如此，"以客户为中心"才能真正成为一种经营方法、一种企业管理的实践。

第二节　客户的战略牵引

一、客户选择就是战略选择

战略关乎选择，而客户选择就是战略选择。这是 6 家深圳企业的发展为我们带来的重要启示。一方面，由内而外，客户选择回答了企业的价值追求、品牌定位和核心能力。正如德鲁克所言："是顾客决定了企业是什么。"另一方面，由外向内，应对复杂的竞争环境，在资源和能力有限的情况下，企业需要通过客户选择，聚焦到能让企业实现长期可持续增长的客户上。

客户选择来自对企业使命和价值观的坚守。欣旺达的发展历程就是不断追逐手机品牌客户的过程。为什么能如此坚决地追求品牌客户？为什么甘愿冒风险去投资适合品牌客户的能力？"山寨机"那么火爆，门槛也不高，为什么不试一试？其实这都与创始人王明旺对高品质的追求密不可分！早在"大哥大"替换电池时期，我们就能够看到王明旺对手机电池品质的执着。这种执着贯穿企业发展，因而他自信地将欣旺达的核心能力总结为"制造一亿颗电池都同样好"。

客户选择关乎品牌定位！登机桥产品不像普通消费品，这个细分市场本身就是一个高端市场。即使是在今天的中国，相比于其他交通方式，乘坐飞机仍旧是比较高昂的消费。作为关系到旅客人身安全和机场财产安全的特种装备制造商，中集天达必须在品质追求上永不停息，达到并保持世界一流水准。因此，中集天达"死磕"白云机场，最终成功改变了世人对中国制造的观感，展示了具有世界最高水平的中国制造。后来进军欧洲市场，顺利赢得戴高乐机场的认可和赞许更是如此。

客户选择还取决于企业能力。出于自身技术能力的考虑，擅长嵌入式架构的锐明选择进入车载 DVR 市场。根据能力选客户，这对于很多企业来说都是很自然的做法，但这里要强调的是基于企业能力（资源和技术能力）的战略取舍问题。后来同时涉足 DVR 和 MDVR 两个快速增长的市场，锐明就面临了战略取舍的难题。最终，研发能力有限的锐明不得不舍弃市场前景同样光明的家用 DVR 市场，从而把所有研发资源都聚焦到 MDVR 市场上，牢牢守住细分市场第一的位置。

从外向内看，客户选择关乎成长空间，甚至关乎企业存亡！中集天达的"挺进大别山"战略，进军欧洲市场就是关乎企业存亡的关键选择。当时世界第一的竞争对手蒂森已经兵临城下，在中山设厂，企图以价格战来蚕食中集天达的基本盘。进军欧洲市场的选择看上去不可思议，却是改变局势的合理选择——从源头消灭对手打价格战的可能。否则对手会从欧洲发达国家市场获得丰厚利润，源源不断在中国市场跟中集天达打价格战。进军欧洲市场另一个战略意义是中集天达实现了发达国家市场零的突破，让他们走上了国际化发展的康庄大道，是通往世界冠军的必经之路。

国显的大客户战略亦是关乎生死的抉择。在平板电脑兴起之时，市场高速增长，且市场格局尚未形成，国显面临的产业环境非常复杂。更为动荡的局面，更加复杂的竞争局势是对领导者战略决策的重大考验。终端品牌（国显的客户）竞争激烈，此消彼长，国显必须看清形势，果断抉择。国显需要提前洞察到未来的赢家，并且在格局还未稳定的时候加入他们，才有机会成为未来市场的赢家。否则，就连存活都会很艰难。短期来看，"山寨机"客户发展势头很猛，占据平板电脑市场的半壁江山。但从长远考虑，品牌厂商的下沉势必会将"山寨机"打得体无完肤。更何况白牌客户一不能带来利润，二则伤害长期能力建设。所以国显的大客户战略是在抢占明天的胜利，在动态竞争中选择了未来更具扩张机会的品牌客户，而放弃了未来会不断萎缩的白牌客户。

客户选择关乎企业增长空间，而赢得目标客户群中最优质的客户则是获得增长空间的快车道。要想突破一个新市场，不管是某个区域或是某个行业，成为该细分市场领军企业的合作伙伴，往往能让企业事半功倍。在任何市场，最优质客户的争夺从来都是激烈的，永远有许多高水平竞争对手争先恐后想要赢得并且锁定这类客户。因而想要争取到最好的客户，需要的不仅是勇气，还有实力。能在这些强大的竞争对手中脱颖而出，企业的专业能力和综合实力也就不言自明了。这类客户的示范效应是巨大的，企业一旦获得了龙头企业的青睐，同行业的其他客户也会纷纷跟随，选择成为其合作伙伴。

当杰普特收获 G 公司——电阻行业的世界知名企业后，其他知名的电阻厂也纷纷选择杰普特做供应商。今天国际成为比亚迪、C 公司两家一线新能源汽车电池厂的供应商后，排在市场二、三线的电池厂也纷纷效仿，成为今天国际的新客户。欣旺达早期在收获客户飞利浦后，又顺利成为众多手机品牌客户的供应商。在智能手机时代，欣旺达成为全球核心手机品牌的供应商，其他知名手机品牌也自然会把欣旺达纳入自己的供应商名单中。中集天达的白云机场项目让世界看到其世界一流水平的登机桥研发制造能力，证明了自己的实力丝毫不亚于德国制造巨头蒂森。戴高乐机场项目让中集天达进入欧洲市场后，发达国家市场也就触手可及了。从这些案例不难看出领军企业客户的示范效应究竟有多大。

另一种快速获得增长空间的客户选择是拿下战略联盟中的关键企业。物以类聚，人以群分。品牌客户的"朋友圈"中的企业也是优质企业，一旦进入他们的"朋友圈"就能够获得更多产业链上下游的优质客户。品牌客户的其他供应商、合作伙伴也能成为潜在客户。品牌商往往追求品质和稳定供应，越是高端的产品，上下游的合作就越紧密，圈子越封闭，后来者进入就越困难。国显赢得芯片巨头的合作机会，进入其主导的联盟是大客户战略实施中的重要决策。加入该联盟后，国显顺利收获了多家传统PC品牌厂商客户。

二、客户隐藏着战略机会

客户那里总是蕴藏着战略机遇，这些机遇有时候会送到眼前，但更多时候需要企业自己去挖掘。战略机会源自客户需求，可能是未被满足的客户需求或痛点，可能是受限于技术条件的潜在需求，可能是为已知需求创造更好选择（创造出的需求），还可能是认知以外的未知需求。"以客户为中心"的企业会不断围绕目标客户进行思考，从而发现客户处隐藏着的战略机遇，进而抓住机会，实现创新成长。

1. 未被满足的客户需求或未被解决的痛点

今天国际的成长就是一个不断发现和满足客户需求的过程。在发现自动化物流的技术趋势后，今天国际很快洞察到了烟厂对海外品牌设备的需求；从事代理后又发现售后服务费用高、响应慢的痛点，进而从事售后和软件开发；再后来走向集成规划，又把物流集成核心技术掌握在了自己手里，并完成了智能机器人的创新突破。因为长期服务烟厂客户，今天国际深知客户那些未被满足的需求和痛点。依靠着对技术的热忱，在围绕客户痛点解决问题的过程中，今天国际逐渐走向了价值链中更高端的环节。

未被满足的需求使国显得以在上游和下游都强势的消费电子产业链中找到生存空间。平板电脑夹在手机和笔记本电脑两大产品线之间，该品类本身对上游原厂缺乏市场吸引力；下游的品牌商虽然对产品品质有要求，但却由于出货量有限而难以得到原厂的重视。这种不平衡的关系让国显找到了存在的价值，从而以平板电脑的显示模组切入消费电子产业，成为中尺寸模组的 ODM 厂商。

2. 受限于技术条件的潜在需求

技术进步会衍生新的需求，很多受限于技术条件的潜在需求也会逐渐显性化。自动化生产方式就催生了工厂物流自动化的需求，今天国际的创立就是为了满足这种需求，并使得其从代理海外自动化物流设备开始，逐渐发展成了综合物流解决方案商。

最初，锐明的产品和方案只是满足了安全监控的需求。随着人工智能技术的进步，锐明意识到客户需要一套车载场景的综合解决方案——除了原先的安全需求，还要满足基于行业特征的业务需求和管理需求。因而锐明转型为商用车的解决方案商，并且提前进行了 AI 技术布局，将前沿技术应用到解决方案中。

iPhone 引领了智能手机的新纪元，此后手机逐渐具有了"快消品"的特征。智能手机品牌的供应商需要适应"快消品"的商业模式和节奏进行生产制造。大量、快速的高品质制造就成为智能手机时代品牌客户的需求，这要求 OEM/ODM 厂商采用自动化技术。欣旺达正是深刻理解了智能手机全球核心品牌的制造需求，才会提前大力投入，自主研发全线自动化。战略是面向未来的，要洞察先机，不仅仅是盯着眼前客户的需求，还要看着未来客户需求的方向，提前进行布局和投入，做好能力建设。

3. 为已知需求创造更好选择

"为已知需求提供更好的方案"就是人们常说的"难而正确"的事情。之所以难，恰恰是因为那是已知的需求。在充分竞争的自由市场，无数的厂商、卖家会绞尽脑汁去满足这种已知需求，到最后总会到达一个难以逾越的技术瓶颈。只要是"让客户变得更好"的技术方向，就是值得坚持的正确选择，也是难得的战略机遇。杰普特的 MOPA 激光器研发就是基于激光器工业应用场景痛点的创新。MOPA 激光器能够弥补固体激光器在工业场景中开机慢、易发热、不能分参数调节等不足，在提升效率、改善效果的同时还从整体上降低设备的综合成本。在服务大客户 G 公司的时候，杰普特发现了传统调阻机的不足，洞察到在调阻机领域实现颠覆性创新的机会。在研发出更好的量测系统，以 MOPA 激光器替换固体激光器后，他们重新发明了调阻机。从企业成长的角度看，从激光器走向调阻机的策略是战略性的。这让杰普特扩充了产品线，从部件走向了设备整机。

"为已知需求提供更好的方案"也是欣旺达不断赢得品牌大客户的方法。王明旺团队总是在围绕手机电池的用户体验做思考，针对每一位目标客户的产品提前准备好比他们现有电池更好的产品，并且还要保证以惊人的效率让客户快速看到成果。这其实就是 ODM 的核心竞争力。对南方高科、康佳、飞利浦等品牌客户，欣旺达都提前进行了超预期的创新，为他们提供性能更强、成本更低的电池产品。在准备好超预期的产品之后，剩下的就是不断去争取机会，等待对手犯错，随时取而代之。

4. 认知以外的未知需求

最后一种战略机会可遇不可求，那就是认知以外的未知需求所带来的机会。这种机会有一定的运气成分，因为它是客户主动找上门的，企业自己往往都还没有意识到这种客户需求。杰普特最大的客户 G 公司就是主动找上门寻求合作的，他们的 AOI 检测装备需要 MOPA 激光器，而这种需求是杰普特团队此前都没有认知到的。今天国际进入新能源赛道也是这方面的例子。尽管今天国际也在努力把自己的能力带到更多的行业，但新能源赛道并不是其关注的焦点。但比亚迪找上了今天国际，从此带今天国际踏上了这个高速发展的赛道，与众多新能源汽车电池厂商并肩作战，造就了中国新能源汽车的异军突起。机会总是眷顾有准备的人，而深圳企业恰好就在运气来临前做好了准备！

企业家思考问题的
方式

第三节　客户作为知识来源

一、知识转移的条件

知识的获取是企业创新的前提。对于伴随着改革开放成长起来的一批深圳企业来说，客户扮演着高校、科研院所一般的创新知识源头的角色，是企业重要的知识来源，来自客户的知识是深圳企业创新的关键成功要素。本书6家企业的经历都展示了服务客户（尤其是世界级大客户）的过程也是一个知识获取和转移的过程——知识从国际知名企业流向深圳企业。那么，为什么知识转移能够发生呢？复盘这六家企业的创新成长，我们发现知识转移存在三个重要前提：一是双方知识存在巨大差异，二是客户有培养企业的意愿，三是企业自身的努力。

1.中国企业与世界一流企业间的知识差距

深圳企业诞生和成长于改革开放的时代背景下，随着中国的市场化改革和对外开放（尤其是加入WTO）进程一起发展起来。中国企业和世界一流企业之间存在着巨大的知识鸿沟，尤其是在20世纪八九十年代。改革开放刚开始的20年，刚刚孕育出中国的消费市场，中国企业在技术和商业知识储备上可以说是一穷二白。企业可能有技术的概念，个别企业有一定的技术水平，但却没有对产品品质的概念。很多产品还停留在手工加工的阶段，产品研发也只在技术上具有可实现性，缺乏产品品质的标准，更谈不上对用户体验的认识。可以说，当时的中国企业只是能把产品做出来，根本不知道该怎样做好产品。反观同期的西方发达国家，他们已经处于信息时代的前夜，第二次工业革命的成果已经进入千家万户。东西方企业的差距是多方面的，不仅限于技术上。在商业实践上，发达国家已经有了不少发展百年的世界级企业。时间就是最好的财富。近百年的商业发展让发达经济体不仅在行业内进行了更加细致的分工，在企业内部的活动上也有了成熟的分工体系，研发的、市场的、制造的、人力资源的、财务的，甚至还有专门研究市场的、分析消费者行为的、制定中长期市场战略的。而中国企业，中集天达在香港机场项目中才认识到这种差距，锐明、今天国际、国显、欣旺达，也都是在接触到世界先进客户后才认识到这种差距。

客户越优秀，客户与企业之间的知识差距就越大。彼时，这批初出茅庐的深圳企业，遇到的客户（或者服务客户中的合作伙伴）要么已经享誉全球，要么在细分行业举足轻重，比如杰普特的客户有电阻行业的龙头企业 G 公司和 K 公司、半导体龙头和消费电子龙头；锐明技术的客户有美国校车监控领域的细分巨头 R 公司；今天国际早期的客户有自动化物流设备国际品牌，后期的客户有新能源汽车电池的龙头企业 C 公司和比亚迪；国显有几家世界排名前五的 PC 制造商客户和美国世界知名品牌客户；欣旺达的客户有飞利浦、日本手机品牌、智能手机的全球核心品牌等；中集天达则有诸如香港机场、白云机场、戴高乐机场这样的世界级机场客户。

处在时代潮流中，把握和引领时代需求的往往是世界一流的企业，他们是行业中创新的佼佼者。优秀的客户总是希望找到同样优秀的供应商，而不会选择跟自己水平不匹配的合作伙伴。这些客户总是为深圳企业带来更高的标准、更先进的技术，以更高的要求牵引着深圳企业不断攀登。深圳企业与世界一流企业之间的差距既是知识从发达国家的公司流向深圳企业的前提，也是深圳企业不断提升的动力。与这些世界级的客户为伍，深圳企业也自然而然地不断走向卓越，成为细分行业的领先者。

2. 客户的意愿

客户的意愿在知识转移中起到了非常重要的作用，客户主动培养是对深圳企业创新和成长最大的帮助。世界级企业客户有着主动培养供应商的动机。出于专业分工的考虑，他们希望聚焦在自己擅长的领域，比如研发、品牌、客户经营，然后培养专注于制造的高质量供应商，这在国际分工体系中非常常见。另一个考虑是他们不愿意只依靠一家大的供应商，而希望有更多可靠的选择，或者对原有的强势供应商形成制衡，戴高乐机场扶持中集天达就有这方面的考虑。

在国显的大客户转型中，我们就提到了国际品牌大客户选择供应商的逻辑——他们希望建立长期的合作伙伴关系。国际品牌客户一旦选择了潜在供应商就会为供应商赋能，扶持他们成长。这种方式也会不断加深企业与客户之间的联系，久而久之二者便成为密不可分的利益共同体。当锐明的竞争对手想以更低的价格去抢夺 R 公司的订单时，R 公司回复道："你在开玩笑吧！我们教锐明教了五六年，要再教你五六年吗？"访谈中一位亲历者说道。这便是这种密不可分的客户关系的体现。

3. 深圳企业"以客户为中心"的理念和学习态度

深圳企业"以客户为中心"的理念和学习态度是知识转移发生的第三个重要前提。学习态度是一种提升能力的意愿，其实也是"以客户为中心"的表现，因为提升能力的最终目的是创造更高的客户价值，更好地服务客户。在服务客户的过程中，中集天达等几家企业都展示出了虚心好学的态度，他们就像上进的学生，让客户看到他们非常具有可塑性，具有成为一家优秀供应商的潜质。

深圳企业总是会主动学习。中集天达的郑祖华会主动思考香港机场工程师对他们的评价，不断派人到机场去考察竞争对手的产品并寻找差距，在答复客户问题中学习和改进。欣旺达则是积极寻找和追求飞利浦这种类型的优质客户，以客户的高标准"倒逼"自己进行能力提升。在客户审厂提出整改意见后，国显非常认真地针对客户的一百多条建议进行改善，"痛并快乐着"实现蜕变。在锐明的案例中，R 公司在发展上过于谨慎和保守，很多技术需要搞清楚后才会行动；而锐明是一家快速成长的企业，他们采用的方式是摸着石头过河，边行动边调整，不断在实践中纠正错误。最终，主动学习和钻研的锐明在后来青出于蓝而胜于蓝。就这样，这些具有进取心的企业家积极地将客户的知识转变为自己的知识资产（专利、产品设计等）和创新能力（研发管理、产品开发流程等）。

处于特定的历史环境中，世界级企业与中国企业存在的知识差距让知识转移更容易发生。客户培养供应商的意愿，加上深圳企业"以客户为中心"的理念和好学向上的态度，让知识转移具有了充分的发生条件。从这 6 家企业的发展经历中，客户的知识转移对他们的创新和成长都起到了不可忽视的作用。

二、客户带来的知识

改革开放以来，深圳企业积极融入全球化的浪潮，积极拥抱全球供应链的中国化，积极参与到全球的大市场中，在各自的细分行业扮演着重要的角色。进入中国的跨国企业不仅带来了订单，还带来了很多新鲜事物，譬如新奇的产品、多元的服务、先进的制造工艺、高效的工作方式、专业的管理模式等。这些都极大地打开了面向全球市场的深圳企业的视野，让他们看到了完全不同的新世界。中集天达的母公司中集集团就是中国最早的中外合资公司之一，中集集团的高层正是在国际差旅中发现了登机桥的机会才有了中集天达的诞生；今天国际的创始人也是在参观海外的自动化物流后有所触动，开始创业；锐明团队是在以色列出差时发现了 PMP 产品形态；杰普特的创始团队中，则有不少是海归的高层次技术人才；欣旺达、国显、今天国际创始团队中不少人年轻的时候都在港资公司得到过历练和成长。在这种背景下，深圳企业天生就具有国际视野，着眼于全球市场，善于服务海外客户或者引进海外产品。相应地，深圳企业对产品也有更高的标准和要求，从而埋下了不断追求卓越的种子。对于深圳企业而言，客户能够拓宽他们的认知边界，传授他们技术知识，带来先进的管理理念以及提供创新的场景知识。

1. 拓宽认知的边界

与世界一流大客户的长期深层次合作和交流，会不断改变深圳企业的原有认知，打破企业固有的认知边界，让企业不断改进，跟上客户的认知和要求。最直接的方式就是客户提出的改进要求。在国显的大客户战略转型中，我们就看到了大客户从制造车间的环境、产品设计要求、制造设备、制造流程、产品检测、产品交付等各个环节更新和颠覆了国显团队的认知。欣旺达也有类似的经历，这是深圳制造业企业在承接国际品牌客户订单中必不可少的环节。客户的反馈，尤其是负面评价，也能带来深圳企业认知的改变。中集天达的郑祖华从香港客户的反馈中看到了20世纪90年代中国制造和世界制造的差距——"造得出"和"造得好"的巨大差距。

2. 创新的技术知识

"R公司（的团队）非常专业，首先他们的规格书写得很好，其次是他们的测试验证手段也非常专业。很多东西锐明的技术人员自以为按照规格做好了，到了R公司一做测试就发现有很多问题。很多时候在拆开包装后的半小时内，R公司就会提出很多问题。R公司就像老师一样，很多时候都是一边骂一边合作。尽管他们提出了很多要求，但后来证明了那些要求都是行业所需的。"

这是锐明研发人员谈到他们客户R公司时候的评价。尽管现在锐明的研发水平已经超越了R公司，时至今日，锐明团队在提及R公司对他们的帮助时仍旧印象深刻。正如他们所说，R 公司对他们的指导方式就如同老师对学生一般，他对锐明产品研发的帮助几乎是重塑性的，这也为锐明后来成长为车载 DVR 细分行业龙头奠定了能力基础。

飞利浦在合作过程中也扮演了"老师"的角色，给予欣旺达很多帮助。首先是派驻工程师对欣旺达的研发和监控流程全程进行指导，其次是协助欣旺达搭建项目管理体系框架，最后还帮助欣旺达建立了产品检验检测标准。飞利浦相当于为欣旺达搭了一个架子，将一整套飞利浦的工作体系传授给欣旺达，手把手教会欣旺达应该怎么做好电池产品。在飞利浦的一次次严格训练下，欣旺达重新进行产品设计、调整成本结构、改进研发流程和建立产品检验检测标准，顺利地成为飞利浦的合格供应商。

在深圳企业创新的道路上，客户有时候就是老师，他们直接传授关于产品的技术知识，包括研发流程和管理、制造工艺等方面的经验和知识，甚至手把手教。国外优秀企业在多年的发展中，已经将技术知识显性化，把丰富的实战经验和最佳实践总结作为标准和要求，形成具体的文本，比如产品规格手册、制造工艺标准等，直接提供给企业，并进行针对性的指导。在客户这位"老师"的辅导下，深圳企业可以在短时间内获得客户多年积累的知识和最佳实践，并且能有效吸收。K 公司之于杰普特，R 公司之于锐明，飞利浦、智能手机全球核心品牌等大客户之于欣旺达，中国大陆和台湾的 PC 品牌、美国平板电脑品牌之于国显，都是这种典型案例。这类客户可遇不可求。遇到这样的客户是幸运的，能够让企业迅速成长，提升创新能力。尤其是在产品创新上会少走很多弯路，极大地降低了失败的概率和创新的成本。

3. 专业的管理理念

除了技术知识外，世界一流的企业还为深圳企业展示了先进的管理理念和做事方法。在创业初期，锐明团队无知者无畏，很多事情都是凭着一股拼劲去干。和 R 公司的合作让锐明意识到"什么是管理"——如何进行事前规划，过程中如何进行版本管理和项目管理。

很多做事的理念尽管现在看起来是常识，但是 R 公司那种认真、专业的态度还是让当时锐明的管理者非常佩服。"当你把一项工作成果交付出去，就要代表你的最高水平，代表你的团队所有的努力。如果草率地完成一项工作去糊弄别人，别人也会反过来糊弄你，而且会瞧不起你。"锐明的一位高层回忆起 R 公司里的一位中国人讲过的关于签名的重要性。任何一项工作，如果在纸上签上名字，就代表了对这件事负责——事情的成败好坏都会关系到自己的名誉。因此签名关乎责任荣誉，不能随便签署。

此外，R 公司的团队非常务实，而且对客户十分负责。比如某款产品，锐明希望保留某个还未完善的功能，等完善后再给用户开放。R 公司坚决不同意，认为没有实现的功能就要删掉，做成后经过测试才能最终交到用户手里，不能给用户一些多余的东西。这些理念和坚持让锐明团队受益匪浅，让他们学到了现代化的管理理念以及做事的专业精神。

中集天达团队也有过类似的经历。他们在跟香港机场的沟通交流中还学到了专业的项目管理和文件管理方式。

4. 创新的场景知识

客户是深圳企业独特的知识来源，其中场景知识对于产品研发来说是最重要的，也是企业成功实施创新的关键。一项新技术是否具有商业前景，需要回到技术的使用场景中去分析。在进行光纤激光器决策和 MOPA 技术路线选择时，杰普特就是从自己的亲身经历出发，回到激光器的使用场景中去思考和对比不同技术的优劣，从而进行决策。新产品的研发需要先理解场景，完成原型设计后，需要在具体使用场景中进行验证，从而进一步改进设计和制造。通过服务客户，深圳企业能够近距离地体验客户场景，客户还会帮助深圳企业理解场景，将隐性的场景知识显性化为技术参数指标。

提供解决方案的企业，比如锐明、今天国际、杰普特（激光装备业务），也非常需要客户提供真实的技术和产品的使用场景，从而获得特定行业的专业知识，最终形成对客户问题的深刻认知，进而设计出符合客户需求的解决方案。这就是锐明为什么提出"成为离客户最近的技术公司"，并且采用直接面对客户的直销模式。对客户场景的深刻理解就是这些解决方案提供商的核心竞争力，因而他们需要跟客户建立紧密联系，从而获得更多接触客户场景的机会。随着项目经历的积累，他们就能积累更多的行业知识，对客户的工作习惯、工作流程等各种场景的理解也更深刻。今天国际就是在这种积累中练就了超越同行的高效，才能将智慧物流集成的能力带到新能源行业，满足新能源电池厂快速实现产能布局的需求。

客户对深圳企业创新最大的贡献莫过于给订单，相当于提供了创新的最佳实践场景。中集天达自创立起就是一家具有技术优势和创新能力的企业，他们汇集了那个年代的天之骄子和从科研院所出来的技术人才。这些技术人员原来就具备的突出技术能力是其能够完成超前创新的基础，也是形成长期领先优势的前提。中集天达的登机桥团队需要的是理解登机桥作为产品的要求，并且把自己的技术优势转化为世界领先的产品。"干中学"是比较普遍也是非常重要的创新途径，具有挑战的客户和项目恰恰给他们提供了"干中学"的最佳场景。关键的机场客户给他们提供了实践的机会，将登机桥团队的多学科工程技术知识转化为登机桥的设计、制造和交付能力，让中集天达的创新能力得以体现，同时也让组织能力在克服困难中得到跨越式的提升。

此外，客户还能帮助新技术找到应用场景。对于一项新技术来说，找到尽可能多的使用场景才能够发挥这些技术更大的潜能。在成功完成MOPA 激光器的研发后，杰普特只知道这项技术具有广阔的前景，但对其具体的使用场景仍摸不准。是客户帮助杰普特一一解锁了这项新技术的应用场景，让 MOPA 激光器得到了更多的使用空间。

优秀的客户是深圳企业天然的知识宝库，是他们取得创新成就的秘密武器。这也是在缺乏学术科研基础、技术来源、资本支持的情况下，深圳仍然能产生大批优秀的专精特新企业，乃至世界冠军企业的重要原因。

站在用户的角度
定义使命

第四节　在服务客户中完成能力升级

　　企业实现客户价值的过程也是实现组织能力升级的过程，尤其是服务关键的战略性客户。深圳企业的创新成长之路就是通过一次次实现关键客户价值来完成的。企业在不同的成长阶段，都顺利抓住了时代机遇，发现了时代需求，并通过自己独特的创新行为满足了客户需求，赢得了竞争，进而建立起了自己的竞争优势。建立竞争优势的过程就是企业完成组织能力迭代的过程，也是企业抓住下一次时代机遇的能力基础。

　　克里斯坦森采用"资源—流程—价值观"框架来描述组织能力：资源是支持公司业务的有形和无形资产，包括人员、设备、技术、产品设计、品牌、信息、现金以及与供应商、分销商和客户的关系等；流程则是企业将资源转化为产品或服务的价值创造过程，包括企业内外人员的互动、协调、沟通和决策；价值观则是确定决策优先级所遵循的标准。[①] 三者中资源是最容易调整的，也可以在不同组织之间流动，而流程和价值观则对企业有着更深刻的影响，因而也是推动和束缚创新的关键因素。

　　1. 资源

　　资源是客户对组织能力升级最直接的贡献。世界级大客户为深圳企业带来的最直接的益处就是比一般客户更可观的经济价值，包括客户、订单、品牌、资金等。这些客户能带来长期、稳定且金额巨大的订单，不仅为深圳腰部企业带来效率的提升，也让他们具有了持续投入企业创新、长

---

①克莱顿·克里斯坦森. 创新者的窘境：大公司面对突破性技术时引发的失败 [M]. 胡建桥，译. 北京：中信出版社，2010：180-188.

期能力建设的资源、底气和动力。世界一流企业客户的品牌影响力也能传递到企业，提升企业的知名度和品牌力。此外，为了服务好客户，企业会围绕客户进行自动化设备投资、实验室投资、信息化建设、人才升级，这也间接地提升了企业资源方面的能力。

知识无疑是客户给深圳企业带来的最重要资源。客户能带来新的认知、技术知识、专业管理理念和场景知识，这些会在互动中转变为企业的流程和价值观，从而对企业的长期发展产生深远的影响。

2. 流程

在服务客户的过程中，知识从客户转移到企业，也会在实现客户价值的过程中逐渐固化为企业的流程，形成产品研发、制造、客户服务团队，以及服务模式等方面的能力。产品研发能力上，杰普特的调阻机、锐明的 MDVR、中集天达的香港机场项目都是这方面的案例。制造能力升级则体现在了欣旺达、国显的案例中。客户服务团队建设方面的案例包括今天国际的集成团队建设、国显的端到端打通、欣旺达的组织变革等。服务模式创新比如锐明的解决方案和直销模式、今天国际的物流集成方案、国显的全流程解决问题、中集天达广州机场的本土服务和戴高乐机场的全球服务等。

3. 价值观

价值观的改变是客户对企业组织能力最大的塑造，从而影响到公司的战略选择和核心业务选择，客户在深圳企业每个发展阶段都起到这方面的作用。客户对企业价值观的塑造有两种方式：最多的方式是强化企业的原有价值观，另一种则是转变企业原来的决策范式。

选择客户就是选择战略，选择本身就体现了企业的价值追求。在实现客户价值的过程中，企业原有的价值观自然也得到了强化。国显创始人欧木兰女士怀着崇高的理想进入制造业，希望打造一家受人尊敬的企业。经过大客户的洗礼后，国显的目标是成为世界级的百年企业。欣旺达的王明旺从一开始就重视产品的客户体验，这种坚持在后来服务品牌客户的过程中不断深化，也在智能手机时代外化为大量快速的高品质制造能力。今天国际的起步是因为看到了国内和海外在自动化物流上的差距，在之后一个个客户项目中，今天国际逐步走向了技术自主可控。诞生于中集集团的中集天达，天生就具有世界冠军的基因。香港机场项目让中集天达团队见识到了世界级的产品品质标准；广州白云国际机场项目则让他们比肩世界一流制造，形成追求卓越的文化；戴高乐机场项目则让他们进一步突破自我。这些客户让中集天达的世界冠军梦想一步步照进了现实。

客户对企业价值观的强化，既是对深圳的企业家精神的升华，也是"专精特新"的内在成因。长期与世界级的客户合作，让深圳企业家对企业的使命有了更深刻的理解。时至今日，这些企业家仍在不断寻求新的突破，在创新道路上不断探索前行。最初这些企业家来到深圳，更多的是带着对财富的渴望和梦想。因为接触到了世界一流的企业家，他们的梦想也得到了升华，开始追求对产品、服务的创新，对产业的贡献，以及对国家和社会的责任。正是客户对企业价值观的强化，才让他们有动力长期在一条赛道上深耕，最终做到"宽度一厘米，深度一公里"。

客户能够转变企业原有的决策范式，从而打开企业新的成长空间。同样是"以客户为中心"，对客户负责是一种态度，而从客户的问题出发去进行解答则是一种方法。杰普特选择光纤激光器的决策逻辑是寻找高附加值的行业以及开展差异化竞争，从而实施突破性技术的研发。在经历过调阻机的研发后，杰普特开始以"创造性地解决客户问题"为傲，不再局限于为 MOPA 激光器寻找新的工业应用场景，开始从部件走向设备整机。锐明也是这种转变的绝佳范例。创业之初的锐明就是想活下去，因而"会什么做什么"。R 公司的 MDVR 研发让锐明认识到用户场景的重要性和专业的产品研发应该如何开展。此后，锐明也开始从客户出发去思考问题，进而围绕客户问题去整合技术做解决方案，预先进行技术布局。国显的转变则在经营思路层面。大客户战略让国显跳出生产型制造的思维，通过全流程的服务创造价值。如此，国显就不再是被动地接单，而是主动思考客户的发展瓶颈并提出建议，为客户寻找新的玻璃资源。在客户价值的不断实现中，深圳企业将"以客户为中心"从态度落地到实践方法，将其作为一种战略思考的方式。

表8-1 深圳企业的成长复盘和能力升级

企业	发展阶段	企业成长复盘			企业能力升级		
		时代/客户需求	企业行为	竞争优势	资源	流程	价值观
杰普特	MOPA激光器研发	效果更好、个性化激光加工需求	脉宽独立可调的MOPA激光器	MOPA激光器技术和产品	场景知识	技术到产品的研发	追求差异化、高价值
	调阻机研发	更高效、更低成本、效果更好的调阻机	整合MOPA激光器和新型测量系统的调阻机	具备研发制造激光装备的能力	场景知识、自动化技术、客户	部件到整机的研发、设计、制造	创造性地解决客户问题
锐明	早期发展	观看体验更好、视频储存更方便	PMP、DVR方案	嵌入式架构数字视频技术	资金	产品方案设计	活下去
	MDVR阶段	车载环境下的安全监控	MDVR研发	可靠性环境适应性技术	车载技术、新客户、供应商	研发管理	从客户出发思考
	解决方案阶段	结合业务管理需求的需求的安全监控	转型为解决方案商	平台软件技术+人工智能技术	客户、收购团队、AI技术	解决方案	国际客户提前布局国内技术
今天国际	代理阶段	烟厂的自动化生产带来未来自动化设备需求	代理国际名牌设备	理解客户场景和自动化物流集成技术	客户、设备供应商	代理模式	抓住自动化物流趋势
	集成商阶段	工厂低成本、快速响应的需求和痛点	从软件开始，成为自动化物流集成商	自动化物流综合解决方案	集成技术、客户、人才	代理到集成	追求技术自主可控
	跨行业发展	新能源车电池制造厂产能快速提升	机器人研发、智慧物流解决方案	智慧物流集成解决方案商	未来应用场景、客户	智慧物流集成	国产化技术突破

续表

企业	企业成长复盘				企业能力升级		
	发展阶段	时代/客户需求	企业行为	竞争优势	资源	流程	价值观
国显	白牌客户	白牌客户的低成本显示模组	中尺寸模组ODM能力	低成本、快速响应的制造能力	ODM能力、客户	低成本、快速制造	追求成为受人尊敬的企业，制造思维
	品牌客户	品牌客户的高品质显示模组	制造能力升级，全流程解决问题，端到端打通，供应链孵化，人才升级	高质量的制造	订单、大客户、先进制造、人才、供应链	高质量制造、规范化管理	建设世界级企业，规范化经营、服务思维的制造
	智能时代	智能时代多品种、小批量的需求	构建三大核心能力：巨量定制化的敏捷开发能力，卓越供应链能力，智能化制造能力	多品种、小批量的高质量制造	智能制造技术	高质量智能制造	世界级的百年企业
欣旺达	替代电池市场	手机替代电池的高品质需求	跟模具师傅学习	手机电池模组的模具能力，组装能力	资金、模具能力	手机电池模组制造	追求高品质的客户体验
	品牌手机阶段	国产手机第一次崛起	电池模组设计，高品质制造能力，自动化产线，人才计划和经营管理能力提升	满足品牌客户的高品质手机电池ODM能力	大客户、高品质制造、ODM能力、品牌、人才	高质量制造	高品质的认知和强化

续表

企业	发展阶段	时代/客户需求	企业成长复盘		企业能力升级		
			企业行为	竞争优势	资源	流程	价值观
欣旺达	智能手机时代	又好又快的大量制造	全自动化生产能力，BMS系统，检验检测能力，信息化水平，布局电芯，国际化人才	大规模、快速、稳定高品质的消费3C电池制造能力	大客户、全线自动化设备、国际化人才	管理、信息化、大规模快速高质量制造	世界一流的高质量制造
中集天达	20世纪80年代末90年代初	改革开放以来的机场建设	研发、制造登机桥	登机桥设备的设计、制造能力	客户、资金、设备制造能力	登机桥设计、制造	敢闯敢拼、责任担当
	20世纪90年代初期	中国企业出海发展	国际合作，承接海外登机桥项目	深刻认识到国际产品的标准、知识产权的重要性	客户、高质量设备制造能力	登机桥项目管理	对世界级品质、知识产权、国际竞争的认知
	涅槃重生阶段	新一轮机场建设潮与广州白云国际机场项目	玻璃登机桥创新，产品设计细节，长期稳定且超高的有效使用率，本土服务	低成本的世界一流登机桥	大客户、世界一流制造能力、品牌、专利	大型机场登机桥项目管理	追求卓越、比肩世界第一的设计、制造
	进军欧洲	戴高乐机场项目	A380飞机登机桥；海外合作伙伴：中国制造，欧洲安装	登机桥的全球价值链管控能力	发达国家客户、全球供应链、品牌、A380登机桥	海外大型登机桥项目管理	不断突破、超前创新、世界第一

深圳经验，还适用吗？

"以客户为中心"是深圳企业的基因，是他们成功实施创新的前提。以客户为中心，在不断服务客户、贴近客户的过程中实现创新，不断成长，这是深圳企业成功的独特经验。

"以客户为中心"不只是一句口号，深圳企业为我们展示了四种不同层次的内涵。首先，"以客户为中心"最基本的内涵是对客户的责任和担当，这也是所有优秀企业应具备的基本品质。我们看到锐明的赵志坚在 B 公司案例中毫不犹豫地承担责任，以客户利益优先，不惜牺牲自己的利益。今天国际在华美冷库钢材选择的专业态度也体现了其担当精神。

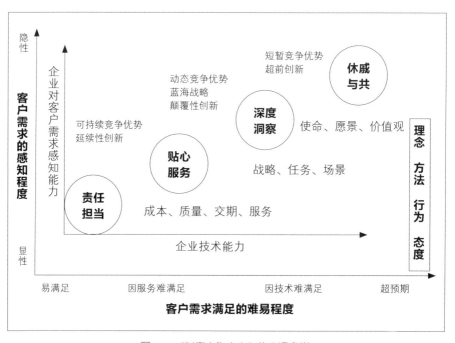

图 8-2 "以客户为中心"的内涵升华

其次，"以客户为中心"是对客户的贴心服务，是不断关注和倾听客户需求，并在成本、质量、交期等方面的显性诉求上不断改进和创新。这样一方面能够加强客户对企业的黏性，强化信任关系；另一方面也能找到企业能够做贡献的地方，发现新的机会，从而开展新业务。我们能从今天国际的发展，国显的大客户服务得到启发。

再次，"以客户为中心"也是一种方法。客户的需求不一定能显性表达出来，也可能受限于技术而难以实现。"以客户为中心"是需要方法的，通过科学的方法去深刻理解客户的战略、任务、场景。这是战略性技术路线选择的可靠依据，也是实施颠覆性创新和超前创新的基础。杰普特的产品研发、锐明和今天国际的解决方案、欣旺达和国显的高品质制造、中集天达的登机桥，都是这方面的例子。

最后，"以客户为中心"还是一种经营理念，力求建立企业与客户之间的利益共同体。这要求企业深刻理解客户，并通过持续创新掌握客户离不开的技术（比如今天国际与新能源电池厂、欣旺达"又好又快"的制造、中集天达的登机桥等），对于作为供应商的企业尤其如此。"以客户为中心"不是一句空谈的口号，而是应该通过方法和流程成为企业每位员工的共识，落地到企业每一个员工的日常行为中。

时过境迁，改革开放 40 多年了，中国也在全球化浪潮中成功融入世界，成为世界经济发展和技术创新的推动力。在过去 40 多年中，中国企业不断消化吸收西方的工业知识，还没被掌握吸收、可编码的显性知识越来越少，与西方领先企业的知识差距越来越小，知识转移的机会和空间也越来越小。在某些制造技术方面，中国企业更是已经和世界一流企业处在同一起跑线，甚至有过之而无不及。一些成为行业冠军的中国企业已经开始进入创新的无人区！

另一方面，能源革命和新技术的快速发展也给中国企业创新带来了更大的挑战。凭借政策的大力支持，中国新能源企业实现弯道超车，在日趋白热化的新能源车竞争中占据了一席之地。未来，随着技术的成熟和制造能力的不断突破，新能源赛道的终局也将加速到来。本书即将成稿之时，ChatGPT横空出世。这款能够实现流畅对话甚至还能写诗的工具被英伟达创始人黄仁勋称为AI领域的"iPhone时刻"，让众多在人工智能领域投入多年的中国企业大惊失色。

经历30多年的高速发展，中国企业享有的全球化红利也在逐渐退去。全球经济进入低增长周期，中美之间的大国竞争，全球供应链重构，新兴市场的追赶，人口红利的消失，中国企业的国际化发展将日益困难。在国际合作上，我们甚至还要面临失去客户的挑战。还有愿意并且能够为中国企业赋能的世界级企业客户吗？

如今，面对新时代、新环境、新挑战，深圳经验——"以客户为中心"的创新，对于新一代的企业还适用吗？面对新形势，企业要如何进行创新，实现高质量发展？

可以肯定的是，面对复杂的局势，深圳经验依然值得借鉴，也需要新时代的企业不断深化和发展。首先，客户的战略牵引作用依旧不可忽视。从公司层面上，实现高质量发展，必须积极拥抱全球的高质量客户。不管在什么时代，最一流的企业对时代需求的把握永远是最深刻的，对前沿技术的理解也是最透彻的。中国企业要更进一步实现创新突破，必然需要与世界一流的企业合作，坚持与巨人同行。从业务层面，企业也需要深层次地把握客户需求。"以客户为中心"在方法论层面是深入洞察客户的战略、任务、场景，甚至理解客户的客户，即产品和服务最终使用者的生活和感受。实现这一点需要商业方法论的创新（比如VOC"客户之声"方法）和新技术的应用（大数据）。

如今，许多中国企业已经成长为细分行业的世界翘楚，他们不再是被发达市场的客户带着成长，而是主动为推动产业进步做贡献。欣旺达从消费 3C 电池制造走向动力电池和储能领域，近几年新业务发展迅猛，已经成为新能源革命的推动者。他们正在从知识转移走向知识创造，从客户引导下的能力升级走向自主能力布局。

在数字化转型的浪潮中，深圳企业提前布局，积极做出贡献。今天国际结合 5G、物联网、工业互联网、人工智能、云计算等前沿技术，打造智慧物流和智能制造系统。国显和欣旺达是最早开展信息化转型的制造企业，近几年他们都致力于以数字化、自动化和智能化打造智能时代的制造能力。中集天达深耕智慧机场领域，助力全球机场实现智慧机场转型，推出了全球首创的无人驾驶智能登机桥。

在技术突飞猛进的时代，不少中国企业开始进入底层技术的创新研究，将更前沿的技术带到客户场景。杰普特围绕光学激光、精密量测、机器视觉和人工智能、运动控制四大底层技术开展研发。锐明深耕人工智能领域，把人工智能带到更多商用车场景，以及生活中的特殊应用场景。

随着技术进步和企业经营环境的变化，思考企业竞争优势的思想也随着时代变迁不断进步，从原来的可持续竞争优势，到动态能力，到蓝海战略，再到短暂竞争优势（transient advantage）。然而，在战略管理思想的演变中，始终不变的就是聚焦客户需求的思考和洞察，以及实现客户价值的方法和模式创新。因为企业的目的就是创造客户，通过创新去满足客户需求是企业家永远的使命！从基于客户显性需求（成本、质量、交期）的延续性创新，到基于客户行为（战略、任务、行动）的洞察开展的颠覆性创新和超前创新，"以客户为中心"的创新也在不断发展和深化。

本书是我院研究者多年服务和跟踪研究创新企业的成果。明德创新企业成长研究院（简称"明德"）会聚了深圳市一批非常优秀的民营及中小企业，这让我们有机会与企业家深入交流，并近距离观察和研究，从而总结、提炼和升华他们成功的创新经验。这种近距离观察、高频率互动，让我们获得了最鲜活的企业案例。这对于从事企业管理研究来说是极其宝贵的机会！

　　我们将深圳举世瞩目的创新成就与其在创新条件上的先天不足形成的落差，描述为"深圳创新之谜"。深圳企业"以客户为中心"的创新弥补了深圳在创新资源上的不足，创造了经济奇迹。在这个过程中，离不开深圳市委和市政府的关爱，更离不开深圳市中小企业服务局（简称"中小局"）的支持和帮助。

　　作为改革开放的先行者，深圳很早就设立了专门服务中小企业的部门。中小局的前身是2004年成立的中小企业服务中心，后来发展为中小企业服务署，最后在 2019 年挂牌升级为局级政府单位。中小局自成立便旨在帮助企业提升管理水平，建立现代化企业制度，同时推进为中小企业提供融资担保、市场开拓、人才培训、创业创新、科技孵化等多方面、多层次的服务体系建设。

随着深交所中小板市场、创业板市场的开通，深圳市政府决定实施"深圳市中小企业上市培育工程"，并在中小企业服务中心设立办公室，由中小企业服务中心牵头引导和推动中小企业改制上市，为企业提供"一站式"协调服务。比如帮助他们形成上市公司要求的股权、税收、用工、环保的管理规范，协助解决台账不完善、缴费不合理、物业手续不完备等具体问题，从而扫除企业上市的障碍。深圳经济的高速发展以及多年后深圳上市企业总量在全国名列前茅，中小企业服务中心功不可没。

早在 2006 年，深圳市便出台了《关于进一步加快民营经济发展的若干措施》，提出"切实解决我市民营经济在发展中面临的问题与困难"，并实施"企业家培训工程"，为企业家提供较高层次的专业培训。明德就是在这个背景下从 2009 年开始为企业家提供管理培训，带领企业家到海外实地学习，开展与世界一流企业的交流。通过开展系列培训，明德形成了深圳的优秀企业家社区，非常有幸能与包括本书中提到的企业在内的众多企业一起成长。如今，这个社区已经发展为卓越汇企业家创新学院。

原中小企业服务署署长顾宏伟对卓越汇企业家创新学院的创立提出过许多宝贵意见。遗憾的是，他已于 2021 年猝然离世，未能见证本书成稿。斯人已逝，但精神长存。卓越汇企业家创新学院能有今天的发展与成就，离不开中小局历任领导的扶持与帮助。中小局全心全意帮助中小企业发展、创新的初衷，催生出一批乐于奉献自己以服务企业的先驱，他们的这种情怀与不畏困难的精神，激励和鼓舞着企业家们，为深圳企业持续走专精特新的发展道路打下了基础。本书承载着服务深圳中小企业创新与成长的使命，也包含着对所有帮助过我们的人的感激之情。

　　谨以此书致敬深圳市中小企业服务局与所有服务中小企业的先驱。

汪小娟

深圳市明德创新企业成长研究院 /

卓越汇企业家创新学院执行院长

2023 年 2 月 5 日

[1] 彼得·德鲁克.创新与企业家精神 [M].蔡文燕,译.北京:机械工业出
版社,2007.

[2] 彼得·德鲁克.管理的实践 [M].齐若兰,译.北京:机械工业出版社,
2009.

[3] 陈劲,郑刚.创新管理:赢得持续竞争优势 [M].北京:北京大学出版
社,2016.

[4] 大前研一.企业参谋 [M].裴立杰,译.北京:中信出版社,2007.

[5] 赫尔曼·西蒙.隐形冠军:未来全球化的先锋 [M].张帆,吴君,刘惠
宇,等译.北京:机械工业出版社,2019.

[6] 黄卫伟.以客户为中心:华为公司业务管理纲要 [M].北京:中信出版
社,2016:07.

[7] 克莱顿·克里斯坦森,泰迪·霍尔,凯伦·迪伦,等.创新者的任务 [M].
洪慧芳,译.北京:中信出版社,2019.

[8] 克莱顿·克里斯坦森.创新者的窘境:大公司面对突破性技术时引发的
失败 [M].胡建桥,译.北京:中信出版社,2010.

[9] 吴军.硅谷之谜 [M].北京:人民邮电出版社,2015.

[10] 西奥多·莱维特. 营销想象力 [M]. 辛弘，译. 北京：机械工业出版社，
2007.

[11] 张军. 深圳奇迹 [M]. 北京：东方出版社，2019：9.

[12] Eric von Hippel. The Sources of Innovation [M]. New York: Oxford
University Press，1988.

[13] Harreld J. B., O'Reilly C. A., Tushman M. L. Dynamic Capabilities
at IBM: Driving Strategy into Action[J]. California Management Review,
2007，49（4）：21 - 43.

[14] Palmatier R. W., Moorman C., Lee J. Y. Handbook on Customer
Centricity: Strategies for Building a Customer-centric Organization[M].
Gloucester: Edward Elgar Publishing，2019.